Andreas Frank / Markus Zydra
Dreckiges Geld

Andreas Frank / Markus Zydra

DRECKIGES GELD

Wie Putins Oligarchen, die Mafia und Terroristen
die westliche Demokratie angreifen

Mehr über unsere Autorinnen, Autoren und Bücher:
www.piper.de

ISBN 978-3-492-07089-8
© Piper Verlag GmbH, München 2022
Satz: Eberl & Koesel Studio GmbH, Altusried-Krugzell
Gesetzt aus der Swift EF
Litho: Lorenz & Zeller, Inning am Ammersee
Druck und Bindung: GGP Media GmbH, Pößneck
Printed in Germany

Inhalt

Prolog

von Markus Zydra

Am 11. Mai 2000 betritt eine ältere Dame das Casino in Baden-Baden. Sie trägt einen schicken Hut und Handschuhe. In ihrer eleganten Handtasche liegen 20 000 Mark in bar. Sie ist die Tochter eines Diplomaten, spricht mehrere Sprachen und bewegt sich trittsicher auf internationalem Parkett – in diesem Augenblick ist sie aber doch ein wenig nervös.

Einige Tage zuvor, in einer Wohnung im Zentrum Baden-Badens: Eine Familie sitzt in der Küche am Esstisch und schmiedet einen Plan. Der Familienvater kennt sich im Bankwesen aus, er hegt einen schlimmen Verdacht und will nun die Spielbank der Stadt auf die Probe stellen. Dazu braucht er aber noch einen Mitspieler oder eine Mitspielerin. Seine Schwiegermutter schaut auf – und nickt. Sie wird es machen, sie wird den Lockvogel spielen. Damals ist sie bereits über achtzig Jahre alt.

Evelyn Schmidt betritt also wenige Tage später gegen 20 Uhr das nahe gelegene Kurhaus, wo die Spielbank ihre vornehme Adresse hat. Am Empfang legt sie die 20 000 Mark aus ihrer Handtasche auf den Tisch. Der Casino-Beschäftigte nimmt das Geld umstandslos entgegen und gibt ihr den Depot-Beleg mit der laufenden Nummer 3340. Mit unschuldiger Miene fragt die elegante Dame, ob sie auf dieses Depot auch Geld überweisen könne. Der Herr am Schalter antwortet: »Das ist überhaupt kein Problem.« Da schnappt die Falle zum ersten Mal zu, denn dem Casino ist es gesetzlich verboten, ein Konto anzubieten. Das dürfen nur Banken.

Doch das Spiel mit der Spielbank geht noch weiter: Wenige Tage später gehen als anonyme Überweisung aus der Schweiz 35 200 Mark auf das Spielbankkonto von Evelyn Schmidt ein. Hinter der Überweisung steckt ihr Schwiegersohn Andreas. Die Familie ist gespannt: Wird die Spielbank Baden-Baden wenigstens jetzt so reagieren, wie es das Gesetz verlangt? Wird sie wegen der anonymen Einzahlung bei den zuständigen Behörden Alarm schlagen? Bingo! Die Spielbank Baden-Baden tut – nichts. Evelyn Schmidt hat bewiesen, dass es hinter den Türen der Spielbank der eleganten Kurstadt nicht mit rechten Dingen zugeht, und sie hat bewiesen, dass es ein Leichtes ist, in unserem Lande Geld zu waschen.

Der aufmerksame Leser ahnt es vielleicht schon: Hinter Schwiegersohn Andreas verbirgt sich einer der beiden Autoren dieses Buches, Andreas Frank. Ich lerne ihn vor einigen Jahren im Zuge meiner Recherchen zum Thema Geldwäsche kennen. Wir sitzen in seinem Arbeitszimmer, als er mir diese Geschichte erzählt. Durch das Fenster blickt man auf die Mammutbäume im Garten. Irgendwo im Haus bellt der Rottweiler. Frank zeigt mit dem Finger auf den Bildschirm seines Computers: Es sind die Kontobelege seiner Schwiegermutter aus dem Casino. Die wagemutige Aktion liegt zu dem Zeitpunkt fast zwanzig Jahre zurück, doch Frank erinnert sich noch gut an diese Finte. Die Spielbank Baden-Baden hat er damals schon lange im Visier. Er ist nicht etwa Fahnder oder Kriminalbeamter, er ist Banker. Und als einer der Direktoren einer Privatbank erlebt er 1994 hautnah, wie sein Kollege, ebenfalls ein Direktor, das Geld der Kunden veruntreut und in diesem Casino verspielt. Der Kollege war spielsüchtig, das war auch in der Spielbank bekannt angesichts der hohen Beträge, die der Mann Abend für Abend in das Haus trug. Das Casino belieh also Wertpapiere, von denen klar war, dass sie dem Direktor nicht gehörten. Der Fall ging durch die Presse, der spielsüchtige Direktor wurde später verurteilt. Der Spielbank passierte nichts. Das ärgert Andreas Frank, er schreibt unermüdlich Beschwerdebriefe an Behörden und Politiker, die aber zu nichts führen.

Doch in Berlin bei der deutschen Finanzaufsicht wird der Fall aufmerksam verfolgt, denn die Spielbank stand schon lange in Verdacht, ihren Kunden illegal Konten anzubieten. Das Bundesaufsichtsamt für das Kreditwesen (BaKred), das für diese Vergehen zu jener Zeit zuständig ist, hatte der Spielbank bereits in einem Mahnschreiben ausdrücklich untersagt, Spieler mit Konten zu versorgen. Doch hielt sich die Spielbank daran? Eines Tages meldet sich ein Mitarbeiter dieser Behörde bei Andreas Frank. Erstaunlicherweise bittet ihn dieser Mitarbeiter, seiner Behörde zu helfen. Könne er nicht prüfen, ob sich das Casino an die Regeln hält? Als Vertrauensbeweis schickt er ihm besagtes Mahnschreiben zu.

Andreas Frank ist perplex: Er, ein ganz normaler Bürger, soll der Behörde bei solch einer Ermittlung helfen? Gibt es dafür keine Spezialisten? Ist er selbst überhaupt in der Lage, die Spielbank hieb- und stichfest zu überführen? Er möchte es versuchen, sein Jagdinstinkt ist geweckt, und ja, er will, dass sich die Spielbank ihrer Verantwortung stellt.

Im Team mit seiner Schwiegermutter beschafft er die Beweise. Die schriftliche Dokumentation des Rechtsverstoßes durch das Casino übergibt Andreas Frank wie gewünscht dem Bundesaufsichtsamt. Ende gut, alles gut?

Weit gefehlt. Nach der »Aktion Schwiegermutter« geschehen seltsame Dinge. Plötzlich wird gegen Evelyn Schmidt wegen des Verdachts der Geldwäsche ermittelt, nicht aber gegen die Inhaber von Hunderten Depots mit hohen Geldbeträgen bei der Spielbank. Es gibt staatsanwaltschaftliche Durchsuchungen von Franks Haus und Büro, um vertrauliche Informationen wie etwa das Schreiben des BaKred zu beschlagnahmen. Auf wundersame Weise kommt die Spielbank in den Besitz dieser Informationen. Dann schneit eine Steuerprüfung ins franksche Haus. Sie findet nichts, die Anzeige gegen ihn – sie ist haltlos. Doch es bleiben Fragen: Wer macht da Druck auf ihn? Wer will ihn einschüchtern? Es kommt noch schlimmer: Seine Kinder berichten, sie seien von einem fremden Mann fotografiert worden. Die Oberbürgermeisterin von Baden-Baden warnt ihn, er solle besser immer unter das Auto schauen, bevor er den Zündschlüssel umdreht. Die Familie besorgt sich als Schutz einen Rottweiler. »Der Hund lässt jeden rein, aber niemanden mehr raus«, antwortet er jedem, der fragt.

Irgendwann beruhigt sich die Lage. Und Andreas Frank? Macht weiter. Bei der EU-Kommission reicht er zwei Beschwerden gegen Deutschland ein, denn Geldwäscherecht ist Europarecht, und Deutschland hat es nicht vollständig umgesetzt. Aufgrund der zwei Beschwerden mit den Aktenzeichen 2005/4572 und 2009/4572 rüffelt die EU-Kommission daraufhin Deutschland in einem Vertragsverletzungsverfahren. Ein großer Erfolg für Andreas Frank.[1]

Doch die Freude darüber trübt sich bald, als Frank merkt, dass Deutschland trotz alledem immer noch nicht mit aller Macht gegen Geldwäsche vorgeht. Er verfasst weitere Beschwerden – an die EU-Kommission, an die Bundesregierung, an die zuständigen Minister in den Bundesländern. Und er stellt Strafanzeige gegen Günther Oettinger. Der damalige CDU-Ministerpräsident Baden-Württembergs ist 2010 auf dem Sprung nach Brüssel als EU-Kommissar. Frank findet, Oettinger habe das Desaster bei der Geldwäschebekämpfung im eigenen Bundesland zu lange geduldet. Die Anzeige bringt Öffentlichkeit, mehr nicht. Andreas Frank recherchiert. Er ruft bei den Aufsichtsämtern an und fragt, wie es läuft mit der Geldwäschekontrolle. Ihm wird gesagt, dass es zu wenig Personal gebe, ja noch schlimmer: Insider verraten ihm, es fehle in Deutschland der politische Wille, gegen Finanzkriminalität vorzugehen.

Frank tritt in Kontakt mit anderen Antigeldwäscheexperten, er baut sich ein Netzwerk. Das alles macht er wohlgemerkt in seiner Freizeit. Im Hauptberuf ist er immer noch im Finanzbereich tätig. Doch sein Engagement wird von Fachleuten geschätzt und ernst genommen: Als Fachmann für die Bekämpfung von Geldwäsche und Terrorfinanzierung wird er als Sachverständiger vom Bundestag, dem Europarat und dem Europäischen Parlament eingeladen. Als Mitglied eines internationalen parlamentarischen Forums wird er als Referent zum US-Kongress, der französischen Nationalversammlung und anderen Parlamenten gebeten. Er besucht Fachkonferenzen im In- und Ausland. Frank besitzt inzwischen einen riesigen Berg von Korrespondenzen mit den Mächtigen der Welt und kann auf Knopfdruck nachlesen, wie sie sich immer aufs Neue herausreden. Seine Datenbank ist ein spannendes Stück Zeitgeschichte.

Andreas Frank hat sein Leben dem Kampf gegen Finanzkriminalität verschrieben, seit fünfundzwanzig Jahren ist er in dieser Mission unterwegs. Er lässt nichts unversucht, um die Bundesregierung und den Bundestag in die Verantwortung zu nehmen. Sie sollen ihre gesetzlichen Pflichten im Kampf gegen Geldwäsche und Terrorismusfinanzierung endlich erfüllen – um die deutsche Demokratie »vor ihren Feinden zu schützen«, wie er sagt.

Im Frühjahr 2020 telefonieren wir wieder einmal. Mitten in der Corona-Krise sprechen wir über das viele Geld, das die Bundesregierung nun braucht, und wir ärgern uns über das viele Geld von Kriminellen, das sich die Politiker durch die Lappen gehen lassen. Irgendwann kommt mir der Gedanke: Das muss jetzt mal alles an die breite Öffentlichkeit. Für einen Zeitungsartikel aber ist das Thema Geldwäsche zu gigantisch. Also sage ich: »Andreas, lass uns ein Buch machen!«

Einleitung

Die westlichen Demokratien bestrafen den Einmarsch russischer Soldaten in die Ukraine im Februar 2022 mit nie da gewesenen Finanzsanktionen. Auch die ausländischen Vermögen von Russlands Präsident Wladimir Putin und russischen Oligarchen sollen eingefroren werden. Doch dafür müsste man sie erst einmal finden. Die Öffentlichkeit erfährt, dass die Vermögen gut versteckt sind, in verschachtelten Firmen, auf Konten mit Strohleuten als Inhaber, in Offshore-Gebieten, mitten unter uns: in der EU, in Großbritannien, in den USA und in der Schweiz. Warum haben Banken und Ermittlungsbehörden solche Schwierigkeiten, die Eigentümer von Immobilien und Firmen zu identifizieren? Die Bürger fragen sich zu Recht, wie das möglich sein kann. Auf der Suche nach einer ersten Erklärung erinnert man sich an eine wohlbekannte Redensart: *Pecunia non olet*. Geld stinkt nicht, so hieß es bereits im alten Rom, als Kaiser Vespasian eine Latrinensteuer einführte. Und wenn das Geld übel roch, na, dann hielt man sich einfach die Nase zu.

Auch die heutigen Verfechter des Wirtschaftsliberalismus halten sich gerne die Nase zu. Sie sind überzeugt: Geld kann nicht schmutzig sein, es ist neutral. Es mag durch verbrecherische Taten erwirtschaftet worden sein – aber was solls? Sobald die dreckigen Rubel, Dollar oder Euro in unseren Wirtschaftskreislauf fließen, sind sie sauber. Punkt. Denn sie nutzen schließlich der Wirtschaft.

Und was für die Wirtschaft gut ist, nutzt jedem Einzelnen und der Gesellschaft. Denn es schafft Arbeitsplätze und damit Wohlstand.

Ist es so einfach? Ist Geld neutral, und darf man ihm die kriminelle Herkunft verzeihen? Drogengelder, Gewinne aus Menschenhandel, Waffenschiebereien und Umweltverbrechen sowie aus Deals mit Despoten, die ihre Bevölkerung knechten und ausbeuten – wer Geschäfte mit Schurken, mit kriminellen Banden tätigt und deren dreckiges Geld entgegennimmt, macht der sich nicht mitschuldig am Verbrechen des »Geschäftspartners«? Auf jeden Fall sorgt er dafür, dass diese geschäftstüchtigen Verbrecher weiterhin Verbrechen begehen, dass Despoten sich weiterhin an ihren Völkern bereichern.

Wie aber passt dieser Umstand zum Anspruch unserer westlichen Demokratien, eine Wertegemeinschaft zu sein, sowie zu dem gebetsmühlenartig nach außen getragenen Anspruch, Menschenrechte zu achten und diese zu schützen?

Dieses Buch zeigt, in welchem Ausmaß dreckiges Geld bereits zum Alltag in unserer Bundesrepublik Deutschland, aber auch in den anderen Staaten der freien Welt gehört. Doch das ist noch nicht alles. Wer viel Geld und düstere Absichten hat, kann Entscheidungsträger und Politiker bestechen sowie politische Entscheidungen zu seinen Gunsten beeinflussen, kann Fake News verbreiten, die den Ausgang von Wahlen mitentscheiden, kann Verunsicherung durch Cyber- und Terrorattacken schaffen und Staaten wie unsere westlichen Demokratien destabilisieren. Geld ist auch eine Angriffswaffe, wenn seine Herkunft verschleiert werden kann. Russlands Präsident Wladimir Putin beherrscht diese Disziplin. Er nutzt sie zur Unterwanderung von demokratischen Gesellschaften – und schreckt, wie der Einmarsch in die Ukraine zeigt, in der Konsequenz nicht vor militärischer Gewalt zurück.

Hier geht es längst nicht mehr nur um die Verletzung moralischer Ansprüche, hier geht es um die Bedrohung von Freiheit und Rechten der Bürgerinnen und Bürger, sprich: um die Aushöhlung demokratischer Systeme. In einer Demokratie sind der Bürger und die Bürgerin der Souverän des Landes. Dennoch gilt: Das »Geld regiert die Welt«. Der Spruch klingt abgedroschen. Aber die Aussage bleibt wahr. Und ebenso wahr ist: Dreckiges Geld regiert mit. Auch bei uns.

Manchmal wird die Gefahr der kriminellen Unterwanderung unserer Demokratien sichtbar: Wenn mitten in Europa Journalisten ihre Recherchearbeit zu korrupten Politikern, Geldwäsche und zu Organisierter Kriminalität mit dem Leben bezahlen. Der Zeitungsleser und Nachrichtenschauer schreckt kurz auf – und geht dann zum nächsten Thema über. Kaum einer ahnt, wie groß die Macht der unsichtbaren Parallelwelt in der EU schon heute ist.

In der Bundesregierung und in der EU-Kommission ist die Gefahr bekannt. Man weiß, dass Terroristen, Organisierte Kriminalität und Geheimdienste von Autokratien sogar untereinander kooperieren. Eine Dreifaltigkeit des Schreckens. Und unsere politisch Verantwortlichen wissen auch: Diese Verbrechen und Attacken auf unsere Staaten sind nur möglich, wenn Geld fließt. Nahezu allen kriminellen Taten ist eines gemeinsam: Sie funktionieren nur mithilfe verschleierter Finanztransaktionen. Aber wem läuft schon ein kalter Schauer über den Rücken, wenn er den Begriff »Geldwäsche« hört? Der Begriff klingt harmlos. Schließlich verbinden die meisten Menschen mit »Geld« und »Wäsche« etwas Positives.

Die Finanzkriminellen können sich freuen. Anders als der normale Bürger, der, sagen wir, wegen Falschparkens

gnadenlos verfolgt wird, haben die Schleuser des dreckigen Geldes wenig zu befürchten. In Deutschland werden
jährlich mindestens 100 Milliarden Euro an schmutzigem
Geld gewaschen.[2] Über die Zeit gerechnet kommt man da
schnell auf einen Billionenbetrag. Und was unternehmen
unsere Staatenlenker dagegen?

Im Bundestagswahlkampf 2021 zumindest wirbt nicht
eine einzige Partei mit dem Slogan »Kampf gegen Geldwäsche« oder »Wir holen die Billionen von den Kriminellen«.
Darüber muss man sich wundern, denn vielen Bürgern
hätte dieser Slogan sicher gefallen. Sie fragen sich schon
lange: Warum sollen nur die Ehrlichen mit ihren Steuern
den Staat finanzieren?

1

Wer hat die Geldwäsche erfunden?

Wenn Geld nur sprechen könnte, der Zwanziger, der Fünfziger, der Hunderter im Portemonnaie, er würde uns möglicherweise erzählen, dass er einst einem Verbrecher gehörte, der ihn sich durch Drogen- oder Menschenhandel »verdient« hat. Er könnte berichten von seiner langen, verzweigten Reise durch das internationale Finanzsystem, die so lange dauerte, bis das menschliche Leid, das Blut, das an diesem Geldschein klebt, abgewaschen wurde mithilfe von Überweisungsträgern, Bankkonten, Firmennamen und Strohleuten.

Geld kann bekanntlich nicht sprechen. Dafür hinterlässt es lesbare Spuren im globalen Finanzsystem. Gut geschulte Finanzermittler wären in der Lage, den Weg verdächtiger Überweisungen nachzuzeichnen. Wenn man sie ließe.

Wir leben in einer Welt, in der die demokratische Öffentlichkeit weder weiß, wem bestimmte Firmen und Immobilien gehören, noch, wie die anonymen Besitzer das Geld für ihren Kauf erwirtschaftet haben. Wenn eine Regierung öffentliche Aufträge vergibt, könnte das ausführende Unternehmen im Besitz einer ehrlichen Person sein. Die Firma könnte aber auch dem Minister gehören, der den Auftrag aus Eigennutz vergeben hat. Wir wissen es nicht. Es gibt zwar Register, in denen die Eigentümer der Firmen notiert sind, doch oft stehen dort keine Einzelpersonen, sondern andere Firmen. Und diese Firmen gehören wiederum Briefkastenfirmen. Der wahre Besitzer und Profiteur bleibt im Verborgenen. Selbst nach der Aufdeckung des Geldwäscheskandals bei der Danske Bank 2018 sind die von osteuropäischen Verbrechersyndikaten in das Finanzsystem geschleusten 200 Milliarden Euro verschwunden geblieben. Niemand weiß, wo die Beträge gelandet sind.[3]

Der Internationale Währungsfonds (IWF) schätzt, dass jährlich zwischen 2 bis 5 Prozent des globalen Bruttosozialprodukts und damit bis zu 4 Billionen Dollar gewaschen werden.[4] Das ist eine Zahl mit zwölf Nullen. Die internationale Geldwäsche entspräche damit der viertgrößten Volkswirtschaft der Welt, noch vor Deutschland mit 3,8 Billionen Dollar. Aber nur 1 Prozent dieser Gelder können die Ermittler weltweit sicherstellen, so Schätzungen. Und der Schaden für die Gesellschaft ist natürlich noch größer, als es die nackten Zahlen ausdrücken.

Geldwäsche wird oft verniedlicht, weil dreckiges Geld auf den ersten Blick das Wirtschaftswachstum in einem Land stärkt. Doch in der gebotenen holistischen Betrachtung ist dieses vermeintliche Wachstum ein Minusgeschäft. Die gesamtgesellschaftlichen Kosten, die durch die kriminellen Vortaten entstehen, sind viel höher. Man denke an die sozialen Folgen von Drogensucht, Prostitution und Waffenhandel. »Schädlich ist tatsächlich weniger die Geldwäsche als einzelne Handlung, sondern ihre Funktion für die Organisierte Kriminalität«, schreibt Thomas Achim Werner in PROKLA – Zeitschrift für kritische Sozialwissenschaft. Geldwäsche, so meint er, sei gleichzeitig Folge und Voraussetzung Organisierter Kriminalität. »Vergleicht man Geld und Gewinne mit dem Lebensblut der Organisierten Kriminalität, dann sind die Kanäle der Geldwäsche die Blutgefäße, welche einen Blutkreislauf erst ermöglichen.«[5] Der Aufsatz ist die Zusammenfassung seiner Diplomarbeit zum Thema, Werner war einer der ersten Wissenschaftler in Deutschland, die sich des Themas Geldwäsche angenommen haben. Er arbeitet inzwischen als Unternehmensberater.

Die Geldwäsche wird als Mutter des Verbrechens und gemeinsamer Nenner vieler Straftaten bezeichnet. Denn erst wenn es einem Drogenboss oder einem – korrupten – Politiker gelingt, das ergaunerte Geld in den Äther des Finanzsystems zu schleusen, kann er die Beute »legal« nutzen. Die Konsequenzen sind dramatisch, denn die Grundregeln der Marktwirtschaft werden unterhöhlt: Kriminelle Unternehmen waschen Geld und können dabei Verluste in Kauf nehmen. Sie müssen keinen Profit abwerfen – rechtschaffene Unternehmen hingegen schon. Die durch Geldwäsche finanzierten Firmen können die Marktpreise daher unterbieten – und sich so einen unschlagbaren Wettbewerbsvorteil verschaffen. Leistung lohnt sich nicht mehr.

Die Methoden der Geldwäsche sind raffiniert. Es braucht clevere und juristisch-ökonomisch gebildete Menschen, um die Herkunft und die Reise von illegal erwirtschafteten Vermögen im internationalen Finanzsystem zu verschleiern. Diese besonderen Anforderungen an den Geldwäscher sind nichts Neues, es gibt sie schon lange.

Die Ursprünge der modernen Geldwäsche liegen in den USA der 1930er-Jahre. Zu Zeiten der Prohibition werden die illegalen Einnahmen aus dem Alkoholschmuggel in den legalen Wirtschaftskreislauf kanalisiert. Der legendäre Al Capone investierte diese Gelder tatsächlich in Waschsalons. Der Begriff »Geldwäsche« soll auch aus jener Zeit herrühren. Der berühmte Gangster Meyer Lansky, 1902 in Russland geboren und 1983 in Miami gestorben, gilt in diesen Jahren als der Vertrauensbanker für das organisierte Verbrechen. Das FBI beißt sich an Meyer Lansky zeitlebens die Zähne aus. Trotz vieler Razzien finden die Ermittler nie belastende Materialien oder Beweise seines illegalen Handelns. Er besitzt ein ausgezeichnetes Gedächtnis, weshalb er so gut wie keine schriftlichen Unterlagen seiner Kunden vorhält. Meyer Lansky trainiert wie besessen Kopfrechnen und engagiert sogar einen Mathematiklehrer, der seine Fähigkeiten schärft. Er entdeckt als einer der Ersten die Vorzüge des anonymen Nummernkontos in der Schweiz. Er verspricht, dass seine Kundschaft keine Steuern bezahlen muss und die illegal erwirtschafteten Gelder sicher gebunkert sind. Man darf ihn als den Vordenker der modernen Geldwäsche bezeichnen. Sein Leben ist mehrfach verfilmt worden. »Meyer Lansky war für die Entwicklung der Geldwäsche das, was die Gebrüder Wright für die Entwicklung der Concorde bedeuteten«, sagt der investigative Buchautor mit dem Fachgebiet internationale Finanzkriminalität, Jeffrey Robinson.[6] Um Geldwäsche zu verstehen, so Robinson, müsse man sich vorstellen, dass jemand einen Stein ins Wasser wirft. Anfangs bilden sich an der Einschlagstelle Wellen, die sich konzentrisch ausbreiten. Doch je tiefer der Stein sinkt, desto schwächer werden diese Wellen, bis der Beobachter am Schluss nicht mehr weiß, wo der Stein liegt. »Das ist exakt das, was mit gewaschenem Geld passiert«, erklärt Robinson.

Watergate, Thatcher und Reagan

Der Staat reagiert damals nicht. Es folgen der Zweite Weltkrieg und die Neugestaltung der Weltordnung. Im Kalten Krieg sind den westlichen Politikern Aufbau und Wachstum wichtiger, als die Jagd nach schmutzigem Geld zu forcieren. Erst nachdem deutlich geworden ist, dass in den USA Drogenkartelle besonders aktiv sind, verabschiedet der US-Kongress 1970 den *Bank Secrecy Act*. Die Finanzinstitute sind fortan verpflichtet, die US-Regierungsbehörden bei der Aufdeckung und Verhinderung von Geldwäsche zu unterstützen. Sie müssen verdächtige Geschäfte ihrer Kunden melden – Geldwäsche stand in den USA erstmals unter Strafe. Doch nicht (allein) wegen der Gesetzesänderung erlangt der Begriff der Geldwäsche erstmalig weltweit größere Aufmerksamkeit – dies geschieht Anfang der Siebzigerjahre im Zusammenhang mit einer Affäre, die 1974 schließlich zum Rücktritt von Richard Nixon führt.

Beim »Watergate-Skandal« geht es um weit mehr als um die Steuerhinterziehung der Meyer-Lansky-Ära. Der republikanische US-Präsident Richard Nixon möchte in den 1970er-Jahren seine Wiederwahl sichern – auch mithilfe verbrecherischer Methoden. Seine Helfer brechen nachts ins Watergate-Hotel – das Hauptquartier der oppositionellen Demokraten – ein, um dort Wanzen zu installieren. Der politische Gegner wird abgehört. Die Republikaner finanzieren diese Aktion mit illegalen Wahlkampfspenden. Die Herkunft der Gelder wird durch Transaktionen über Banken in Mexiko verschleiert. Doch mit dem Auffliegen der Watergate-Affäre gelangt erstmals ein Fall verbrecherischer Geldwäsche aus der Politik an die Weltöffentlichkeit.

Allen Gesetzesverschärfungen und öffentlichen Skandalen zum Trotz macht in den Siebziger- und Achtzigerjahren die Mafia in New York mit der »Pizza-Connection« Schlagzeilen: Die Bande wäscht Heroingelder im Wert von 2 Milliarden Dollar über ihre Pizzerien. Die Methode: schwere Koffer mit Bargeld ins Lokal reintragen, die Scheine in die Kasse legen und als Umsatz bei der Steuer deklarieren. So funktioniert das auch heute noch. Versierte Steuerprüfer könnten den mit Schwarzgeld aufgeblasenen Umsatz durch einen Abgleich mit den (womöglich auch frisierten) Einkaufskosten von Teigwaren vielleicht abgleichen. Doch diese Steuerprüfungen werden aufgrund des Personalmangels selten durchgeführt.

Die Pizza-Connection und der erfolglose Kampf gegen Drogen rütteln die internationale Staatengemeinschaft auf. Man plant die Einführung von strengen Geldwäschegesetzen, um die Kriminellen in die Schranken zu weisen. Eine internationale Organisation, die Financial Action Task Force (FATF), wird die Umsetzung dieser Empfehlungen und Regeln ab 1989 regelmäßig prüfen. Der Aufruf zum Kampf gegen Geldwäsche kommt allerdings zu einer Zeit, da der Finanzkapitalismus mit aller Freiheit erst so richtig ins Rollen kommt. US-Präsident Ronald Reagan und Premierministerin Margaret Thatcher in Großbritannien treiben in den Achtzigerjahren die Entfesselung der globalen Finanzmärkte voran (in Großbritannien bekannt geworden als »Big Bang«). Die Geldwäschebekämpfung genießt in diesem politischen Umfeld keine Priorität.

Wie wenig Thatcher vom Aufspüren illegaler Finanztransaktionen hielt, finden britische Forscher im Jahr 2017 heraus. Sie dürfen eine bis dahin als geheim eingestufte Akte aus dem britischen Finanzministerium einsehen. Sie besteht aus persönlichen Korrespondenzen der damals verantwortlichen Politiker und anderen Dokumenten. Es geht um die Verabschiedung des Geldwäschegesetzes und den Kampf gegen Finanzkriminalität.[7] Die Unterlagen zeigen, dass die Gesetze zur Verbrechensbekämpfung in den Achtzigerjahren so geschnürt wurden, dass sie den Interessen der Finanzindustrie nicht im Wege standen – freie Fahrt also für die Wäsche dreckigen Geldes, insbesondere Geld aus Drogenhandel.

Ähnlich die Entwicklung in Deutschland: Experten weisen damals darauf hin, dass der Kampf gegen Finanzkriminalität verschärft werden muss – doch die Politik reagiert unzureichend. Das Bundeskriminalamt (BKA) warnte bereits 1986, dass die bei der Organisierten Kriminalität in Rede stehenden Summen einen gewichtigen Wirtschafts- und damit Machtfaktor bildeten. Es entstünde ein »gigantisches illegales und internationales Finanznetz«. Man müsste daher den Kriminellen »die ökonomische Machtbasis entziehen«, notwendig wäre die Einführung einer Beweislastumkehr. Die Justiz sollte, so die Empfehlung, verdächtige Sach- oder Geldvermögen einfrieren und am Ende konfiszieren dürfen, es sei denn, der wahre Eigentümer trete vor, belege die legale Herkunft des Geldes und dessen Versteuerung.[8]

Ein guter Ratschlag – der leider fast vier Jahrzehnte lang überhaupt nicht befolgt wurde.

Auch die Warnung des damaligen Präsidenten des Bundesamtes für Verfassungsschutz, Eckart Werthebach, verpufft bei den zuständigen Bundesregierungen. Werthebach schreibt 1994, die Gefahr für den Rechtsstaat liege nicht in der kriminellen Handlung als solcher, sondern in der Möglichkeit, durch Kapital Einfluss auf gesellschaftliche Entscheidungs- und Entwicklungsprozesse zu nehmen, die sich einer demokratischen Kontrolle weitestgehend entziehen. Es gehe, so Werthebach, um die Korrumpierung von Politikern oder anderer einflussreicher Entscheidungsträger in gesellschaftlich relevanten Positionen. »Durch ihre gigantische Finanzmacht gewinnt die Organisierte Kriminalität heimlich zunehmend Einfluss auf unser Wirtschaftsleben, die öffentliche Verwaltung, die Justiz wie auf die Politik und kann schließlich deren Normen und Werte bestimmen.«[9]

Und so kam es, wie es wohl kommen musste: Nicht

nur im fernen Amerika, sondern auch bei uns in Deutschland lernen Politiker die »Vorzüge« geheimer Konten schätzen.

Filz, Flick und schwarze Kassen

Wolfgang Schäuble gehört zu den profiliertesten politischen Persönlichkeiten Deutschlands. Der CDU-Politiker ist seit 1972 Abgeordneter im Deutschen Bundestag. Er hat die deutsche Einheit im Kern verhandelt und als Bundesfinanzminister Deutschland durch die globale Finanzkrise gesteuert. In seiner Funktion als Präsident des Bundestages sagte Schäuble im Jahr 2021 zu den verwerflichen Geschäften einiger CDU- und CSU-Politiker im Zusammenhang mit dem Einkauf dringend benötigter Schutzmasken in der Corona-Pandemie: »Das ist schlicht unanständig.« Schäuble gilt als gewiefter Politiker, versierter Jurist und einigen auch als moralische Autorität. Dieser Respekt ist seiner langen Karriere und Erfahrung geschuldet, aber auch seiner Aura: Er macht einen unbestechlichen Eindruck. Die Öffentlichkeit hat weitgehend vergessen, dass Schäuble bereits zuvor im Zuge der CDU-Spendenaffäre zugeben musste, dass er im Jahr 1994 von dem Rüstungslobbyisten Karlheinz Schreiber 100 000 Mark in bar angenommen hatte.

Rückblickend denkt man: Das darf doch nicht wahr sein! Ein Jurist mit zweitem Staatsexamen und Promotion, einer, der Bundeskanzler werden möchte, nimmt im Alter von 52 Jahren einen Koffer mit Bargeld entgegen? Der »Schwarze Koffer«-Vorfall wirkt mit jedem Jahr verstörender, macht der Akt doch deutlich, wie Teile der politischen Elite Deutschlands den Einsatz von Schwarzgeld ansahen: weniger als einen kriminellen Akt, sondern vielmehr als taugliches Instrument zur Verfolgung der eigenen Interessen.

Bereits der mächtige Flick-Konzern bezahlte ab 1975 jahrelang viele Millionen Mark an Parteistiftungen, Parteien und Politiker. Der Konzern nennt diese Spendenpraxis »Pflege der Bonner Landschaft«. Im Zuge der Flick-Affäre erhebt die Bonner Staatsanwaltschaft 1983 gegen viele Beteiligte Anklage wegen Bestechlichkeit. Im selben Jahr ruft der frischgewählte Bundeskanzler Helmut Kohl die »geistig-moralische Wende« aus. Doch sechzehn Jahre später, im Dezember 1999, muss Kohl in einem ZDF-Interview zugeben, unter Umgehung des Parteiengesetzes 2 Millionen Mark angenommen zu haben: Er persönlich – in bar –, an seinem Schreibtisch. Unter Berufung auf sein den Spendern gegebenes »Ehrenwort« weigert er sich, die Namen der Spender zu nennen, und gibt den Beleidigten: Wenn er jetzt höre, er sei geschmiert worden, sei das für ihn »ganz und gar unerträglich«. Kohl hält dieses »Ehrenwort« bis zu seinem Tod im Jahr 2017.

Die weitere Aufarbeitung der CDU-Spendenaffäre zur Jahrtausendwende dokumentiert bei vielen führenden Politikern eine erschreckende Doppelmoral. So trommelt der frühere Bundesinnenminister Manfred Kanther als selbst erklärter »Law and Order«-Verfechter im Jahr 1996 für eine härtere Gangart im Kampf gegen Geldwäsche und fordert härtere Strafen für Kriminelle. Umso größer ist die Bestürzung, als er im Januar 2000 einräumt, dass die Hessen-CDU über ein schwarzes Auslandskonto verfügt, von dem bei Bedarf Millionenbeträge – getarnt als »jüdische Vermächtnisse« – an die Partei zurückfließen. Die damalige CDU-Generalsekretärin und spätere Kanzlerin Angela Merkel spricht im Zusammenhang mit der CDU-Parteispendenaffäre von »geldwäscheähnlichen Strukturen«.

Die Annahme von Schwarzgeld gehört in manchen Kreisen zum guten Ton der Bundesrepublik. Der baden-württembergische Ministerpräsident Lothar Späth, ebenfalls CDU, lässt sich von Unternehmern Fernreisen sponsern, Stichwort »Traumschiff-Affäre«. Die Geldgeschäfte über Briefkastenfirmen des langjährigen bayerischen CSU-Ministerpräsidenten Franz Josef Strauß sind so blickdicht, dass sie erst posthum bekannt werden.[10] Es gibt so viele Finanzskandale, man hat sie fast vergessen. Wer erinnert sich an die Steuerhinterziehung des Deutsche-Post-Chefs Klaus Zumwinkel, an die skandalöse Pleite des gewerkschaftlichen Bau- und Wohnungsunternehmens Neue Heimat oder die Steuerhinterziehung von Uli Hoeneß?

Hinzu kommen Fälle, die nicht einmal strafbar sind. Zuletzt lassen es einige Politiker selbst in der furchtbaren Corona-Pandemie an Anstand mangeln: So erfährt die erstaunte Öffentlichkeit, dass der ehemalige bayerische Finanzminister Alfred Sauter (CSU) im Jahr 2020 über Liechtenstein und die Karibik hohe Provisionszahlungen für Maskendeals erhalten hat. Auch mehrere CDU-Bundestagsabgeordnete kassieren für die Vermittlung dieser Geschäfte. Gibt es Sanktionen? Das ist nicht so einfach, denn Parlamentarier genießen Immunität. Erst wenn der Bundestag diese aufhebt, sind Durchsuchungen und Anklageerhebungen möglich. Die Aufhebungen der Immunität sind zuletzt massiv angestiegen. In der Legislaturperiode des Deutschen Bundestags von 2013 bis 2017 waren es noch vier, in der Legislaturperiode von 2017 bis 2021 bereits 22 Fälle.[11] Diesen Anstieg kann man als Ausdruck einer wachsenden Korrumpierung der politischen Elite begreifen, möglich gemacht durch löchrige Vorschriften bei Nebenjobs für Abgeordnete. Und es kommt immer schlimmer: Es stellt sich heraus, dass die skrupellosen, geldgierigen Maskendeal-Einfädler Sauter, Tandler, Nüßlein, über die sich die gesamte Republik nebst ehemaligen Weggefährten empört, juristisch wohl nicht belangt werden können.[12] Sie sind abermals geschützt durch eine löchrige Gesetzgebung – Gesetze, die Politiker für korrupte Politiker beschlossen haben. Finde den Fehler.

Es ist geradezu erstaunlich, wie viele zweifelhafte Geldgeschäfte in Deutschland und Europa durch und durch legal sind. Diese Beißhemmung des Gesetzgebers trug und trägt dazu bei, dass sich das Krebsgeschwür Korruption und Vorteilsnahme in die politischen Institutionen weiter vorfressen konnte und kann – bis in die höchste Kammer der demokratischen Volksvertretung: den Deutschen Bundestag.

Diese Hemmungslosigkeit bei Geldgeschäften begleiten das politische und wirtschaftliche Leben seit Gründung der Bundesrepublik 1949 auch auf anderen Ebenen. Deutschland ist ein großer Rüstungsexporteur, oft gehen die Waffen an Nicht-NATO-Staaten, in denen militante Regimes die Bevölkerung unterdrücken und mit deutscher Militärtechnologie Kriege führen. Mitunter ist auch Korruption im Spiel, um Aufträge, beispielsweise für U-Boot-Lieferungen nach Portugal, Griechenland und Israel, an Land zu ziehen.[13] Der Siemens-Skandal zeigt, wie der Münchner Weltkonzern über Jahre ein System für Schmiergeldzahlungen an ausländische Partner installiert hat. Die Politik steht mit vorteilhaften Steuergesetzen Pate, denn bis in die Neunzigerjahre dürfen Unternehmen ihre Schmiergeldzahlungen steuerlich absetzen. Der Fachbegriff dafür lautet »nützliche Aufwendungen«.

Der reichen Elite unseres Landes wird auch im Nachbarland der Hof gemacht. In der Schweiz bunkern deutsche Millionäre jahrzehntelang ungehindert ihre Vermögen auf anonymen Nummernkonten. Um den zum Teil prominenten Steuersündern ohne Strafe und Offenlegung der hinterzogenen Vermögen einen Weg in die Legalität anzubieten, einigt sich Bundesfinanzminister Schäuble mit seiner Schweizer Kollegin Eveline Widmer-Schlumpf 2011 auf ein Steuerabkommen. Für die Zukunft ist eine Quellensteuer auf Kapitalerträge vorgesehen, die die Schweiz an Deutschland weiterleiten soll. Die Inhaber dieser Vermögen und damit die kriminellen Steuerhinterzieher sollen jedoch weiter anonym bleiben. Eine Schnapsidee, die belegt, wie desinteressiert Schäuble daran ist, diesen Personenkreis zu identifizieren. In einer Gesprächsrunde mit Schäuble weist der Kriminalexperte Sebastian Fiedler am 1. Dezember 2011 darauf hin, dass durch die vereinbarte anonyme Amnestie die Organisierte Kriminalität geschützt und Geldwäsche geduldet werde. Bei den deutschen Steuerhinterziehern in der Schweiz, die durch das Abkommen in den Genuss einer anonymen Amnestie kommen sollen, geht es aus der Sicht des Kriminalbeamten auch um Gelder aus Drogen- und Menschenhandel, Korruption und Betrug.[14] Doch Schäuble möchte die anonyme Amnestie trotzdem durchboxen. Dies trägt sich zu, als die EU-Kommission gerade ein Vertragsverletzungsverfahren gegen Deutschland führt und die Bundesregierung später rügt. Der Grund: Schäuble und seine Vorgänger im zuständigen Ministeramt haben die Europäische Geldwäscherichtlinie nicht ordentlich in deutsches Recht umgesetzt – einige Vorschriften sind damals bereits fast zwanzig Jahre überfällig, beispielsweise die Einrichtung von Aufsichtsbehörden im Kampf gegen Geldwäsche.

Diese Episode unterstreicht, dass der energische Kampf gegen Geldwäscher und Steuersünder in Deutschland politisch damals nicht erwünscht ist. Die anonyme Amnestie scheitert dann aber doch, der Bundesrat verweigert am 23. November 2012 seine Zustimmung, obwohl die Schweiz bereits ratifiziert hat. Schäubles Plan geht nicht auf, und die Schweiz macht weiter mit dem Schutz der Steuersünder. Mehr noch: Im Zusammenhang mit der Beschaffung einer Steuersünder-CD mit Bankdaten der Credit Suisse erlässt die Schweizer Bundesanwaltschaft gegen drei deutsche Steuerfahnder aus Nordrhein-Westfalen sogar Haftbefehl. Die deutsche Öffentlichkeit ist empört. Doch Schäuble wertet das Vorgehen der Schweiz als nachvollziehbar. Die Schweiz habe ihr Strafrecht, und darin sei die Verletzung des Bankgeheimnisses eben mit Sanktionen verbunden.

Verharmlost, schöngeredet und ignoriert

Steuerflucht und Korruptionsskandale gehören inzwischen zum Grundrauschen der europäischen Demokratie. Dennoch hat es bislang noch nie einen mehrheitlichen Aufschrei in der deutschen Gesellschaft gegeben, den toleranten Umgang mit kriminellem Schwarzgeld ernsthaft zu unterbinden. Der Bankraub wird mit Gefängnis nicht unter einem Jahr bestraft, doch mithilfe einer Bank illegale Gelder auf anonyme Konten zu transferieren, um Steuern zu hinterziehen, kriminelle Machenschaften zu kaschieren oder Schmiergelder zu bezahlen – das wird politisch leichtfertig hingenommen.

Der SPD-Bundestagsabgeordnete Andreas Schwarz setzt sich seit Jahren dafür ein, dass der Kampf gegen Geldwäsche verschärft wird. Er ist »verwundert« darüber, dass die Bundesregierung und seine eigene Parteiführung so wenig dagegen unternehmen. Die Geldwäsche werde von »mächtigen Gegnern in der Öffentlichkeit verharmlost und schöngeredet«. Schwarz spricht von einer »intellektuellen Unterwanderung« in weiten Teilen der Gesellschaft und der Entscheidungsträger.[15]

Diese intellektuelle Unterwanderung führte wohl auch dazu, dass die Gesetze zur Parteienfinanzierung in Deutschland immer noch untauglich sind. Der Europarat wirft Deutschland in seinem Bericht von 2019 vor, zu wenig gegen Korruption im Zusammenhang mit Parteispenden zu tun. So müssen Parteien hohe Spenden erst ab 50 000 Euro sofort beim Bundestagspräsidenten anzeigen – mit Namen und Anschrift des Spenders. Die Beträge darunter und deren Herkunft werden mitunter erst zwei Jahre später in den Rechenschaftsberichten der Parteien veröffentlicht. Die Namen der Spender von unter 10 000 Euro müssen Parteien überhaupt nicht offenlegen. So kommt es, dass finanzstarke Spender ihre Zuwendungen entsprechend stückeln. Der frühere Bundesgesundheitsminister Jens Spahn sichert sich im Oktober 2020 bei einem Abendessen mit einem Dutzend Teilnehmern eine Parteispende für den CDU-Kreisverband Borken in Höhe von 9999 Euro. Damit liegt der Betrag exakt 1 Euro unter der Meldeschwelle. Den oder die Spender muss Spahn qua Gesetz nicht offenlegen, und das tut er auch nicht.

Ein weiteres Beispiel, von dem die Nichtregierungsorganisation LobbyControl berichtet: Demnach lässt der Spielautomatenbetreiber Michael Mühleck der CSU über sechs verschiedene Absender insgesamt 120 000 Euro zukommen. 20 000 Euro überweist er dem Bericht zufolge als Privatperson und dann jeweils die gleiche Summe über fünf verschiedene Unternehmen, die aber alle in seinem Besitz sind. »So vermeidet Mühleck, dass seine Großspende bereits 2018 publik wird, wie es bei Parteispenden über 50 000 Euro eigentlich vorgesehen ist. Und er vermied damit auch eine öffentliche Diskussion darüber, ob seine Spenden als ›Argument‹ gegen eine stärkere Reglementierung der süchtig machenden Daddelautomaten verstanden werden sollten.«[16] Auch der Glücksspielautomaten-Hersteller Gauselmann kam in die Schlagzeilen, und zwar durch Investitionen in eine Firma, die im Besitz der FDP war.[17] Die Parteien bestreiten, dass sie sich durch Spenden »kaufen« lassen würden. Eine Beeinflussung der politischen Agenda im Zuge der Zuwendung erscheint aber naheliegend, wenn nicht gar zwingend. Deshalb ist Transparenz so wichtig. Nur wenn man weiß, dass – wie die Beispiele Mühleck und Gauselmann zeigen – die Glücksspielbranche, in der Kriminelle übrigens viel Geld waschen, eine bestimmte Partei finanziell unterstützt, kann man als Wähler eine informierte Entscheidung treffen. Das gilt auch für Kredite an Parteien, die, ausgestattet mit besonders niedrigen Zinsen oder Tilgungsraten, eine getarnte Spende sein können.

Der ehemalige Bundestagspräsident Norbert Lammert (CDU) kritisiert in diesem Zusammenhang vor allem solche Rechenschaftsberichte, in denen Geldgeber als »sonstige Darlehensgeber« anonym aufgeführt sind. Denn bei ihnen müsse man damit rechnen, dass sie »über eine Kreditvergabe nicht unter den üblichen geschäftlichen Bedingungen eines Kreditinstituts entscheiden, sondern nach Maßgabe politischer, taktischer oder strategischer Gesichtspunkte«. Insbesondere FDP und AfD stehen überwiegend bei solchen »sonstigen Darlehensgebern« in der Kreide.[18]

Doch das vielleicht Erschreckendste daran ist: Diese intransparente Art der Spendenpraxis ist nach deutschem Recht völlig legal.

In den Graubereich der Parteienfinanzierung gelangt man erst beim Sponsoring, wenn Geldgeber Veranstaltungen wie Parteitage, Weiterbildungen oder Diskussionsabende anteilig »unterstützen«. Noch weiter gehen sogenannte Parallelaktionen. Hierbei handelt es sich um die Finanzierung von Wahlwerbekampagnen von zumindest auf dem Papier parteiunabhängigen Dritten. Dazu können gehören: Flugblätter, Wurfsendungen in Briefkästen und Annoncen in den sozialen Medien. Die AfD profitierte von solchen anonymen Großspendern in Millionenhöhe. Zum Teil kam das Geld über Strohleute aus der Schweiz und den Niederlanden. Die frühere AfD-Chefin Frauke Petry erklärte 2021 gegenüber dem ZDF-Magazin »Frontal21« und dem gemeinnützigen Recherchezentrum »Correctiv«, dass Parteichef Jörg Meuthen Spendengelder des Milliardärs Henning Conle vorbei an den offiziellen Parteigremien in illegale Kanäle gelenkt habe, auch zur Finanzierung von Aktionen in den sozialen Medien.[19] Die AfD hat immer wieder erklärt, nichts mit diesen Wahlhilfen zu tun zu haben, denn es handle sich um »Parallelaktionen«, nicht um eine Parteispende. Deshalb müssten die Spender nicht genannt werden.

Der Wissenschaftliche Dienst des Deutschen Bundestags hat sich 2018 juristisch mit diesen »Parallelaktionen« beschäftigt. Die Experten kommen zu dem Ergebnis: »Um (...) Werbemaßnahmen (...) als Spende im Sinne des Parteienrechts einzuordnen, bedarf es eines nachweisbaren Zusammenwirkens zwischen dem Dritten und der jeweiligen Partei. Ein bloßer objektiver Nutzen der Werbemaßnahme für die Partei reicht für dieses Zusammenwirken noch nicht aus.«[20] Dies sind hohe Hürden, denn wer sollte, wer kann dieses Zusammenwirken von Spender und Partei nachweisen? Recherchen von Journalisten setzen die AfD unter Druck. Die Partei akzeptiert am Ende einen Sanktionsbescheid der Bundestagsverwaltung über 270 000 Euro wegen unerlaubter Parteispenden für ihren Vorsitzenden Jörg Meuthen. Es ging um Plakatwerbung.

LobbyControl spricht 2021 im Jahresbericht zu Deutschland von einer beispiellosen Reihe von Lobbyaffären und Skandalen in der vergangenen Legislaturperiode: »Maskenaffäre und Aserbaidschan-Connection in der Union, Wirecard und Amthor: Das Ansehen des Parlaments hat in diesen Jahren enormen Schaden genommen, und das Vertrauen und unsere Demokratie wurden beeinträchtigt.«[21] Inzwischen sind immerhin die Transparenzpflichten für Bundestagsabgeordnete bei Nebeneinkünften verschärft worden. Zusätzlich soll ein Lobbyregister für mehr Transparenz bei den Einflussnahmen auf die Politiker sorgen. Aber es gibt noch viele Lücken – das belegten auch die Aserbaidschan- und die Maskenaffäre, wie Transparency Deutschland 2022 noch einmal kritisierte: »Trotz der enormen Empörung nach Bekanntwerden der Fälle persönlicher Bereicherung konnten die betroffenen Abgeordneten am Ende strafrechtlich nicht zur Verantwortung gezogen werden«, so die Antikorruptionsorganisation. Dieser Missstand zeige: »Das Gesetz gegen Abgeordnetenbestechung ist bislang praktisch wirkungslos und muss dringend nachgeschärft werden.«

Man kann die unvollständige Liste der Finanzskandale seit Gründung der Bundesrepublik 1949 als eine Liste der Ausnahmen und vereinzelten Auswüchse bezeichnen, denn die allermeisten Bürgerinnen und Politiker dieses Landes dürften rechtstreu sein. Doch jeder Korruptions- und Betrugsfall, in den Führungskräfte aus Politik, Wirtschaft und Gesellschaft verwickelt sind, schwächt die Demokratie. Der Journalist David Montero beschäftigt sich seit Jahren mit den schlimmen gesellschaftlichen Konsequenzen der Korruption. Er sagt: »Eine Bestechung spielt sich im Gegensatz zu anderen Straftaten langsam ab, mittels einzelner und geheimer Zahlungen. Das Ergebnis ist ein Desaster in Zeitlupe, das wirtschaftliche, politische und soziale Schäden hinterlässt, die nicht entdeckt werden können. Das gilt so lange, bis jemand beginnt, danach zu suchen.«[22]

Das Wichtigste in Kürze

- Deutschland hat eine lange Geschichte von schwarzen Kassen und Korruption in Politik und Wirtschaft. Der Kampf gegen Geldwäsche genießt in dieser Kultur keine Priorität.
- Dabei sind deutschen Politikern die Gefahren der Geldwäsche seit langer Zeit bekannt. Die Enquete-Kommission des Deutschen Bundestag warnte bereits 2002, dass gewaschenes Geld die Ressource sei für die Entstehung einer »extralegalen Gegengesellschaft«.[23]
- Mehrere Bundesregierungen unter den Kanzlern Helmut Kohl (CDU) 1982–1998, Gerhard Schröder (SPD) 1998–2005 und Kanzlerin Angela Merkel (CDU) 2005–2021 haben die Geldwäschebekämpfung nicht ernst genug durchgesetzt. Die Politiker nahmen dadurch die Mästung der kriminellen Gegengesellschaft billigend in Kauf.

2

Wem gehören die Immobilien?

Das Palais an der Oper gehört zu den prominentesten Gebäuden in München. Die 1825 nach dem Vorbild des *Ospedale degli Innocenti* in Florenz errichteten Arkaden machen es zu »einem der italienischsten Gebäude im italophilen München«, liest man im Internet auf der Homepage der Liegenschaft. Im Innenhof finden sich heute exklusive Geschäfte und Gastronomie, Büros und Praxisflächen sowie luxuriöse Wohnungen. Die allermeisten Bewohner Münchens kennen das Gebäude, haben einen Bezug dazu und hegen vielleicht sogar ein wenig Stolz, in einer Stadt mit einer solch geschichtsträchtigen Anlage zu leben. Ein Rätsel umgibt das exklusive Ambiente jedoch: Wer ist der Besitzer? Niemand kennt die Antwort. In den Medien gibt es seit Jahren Spekulationen, ein russischer Oligarch und enger Freund Wladimir Putins sei der Besitzer. Doch was ist dran an dem Gerücht?

Ein unbekannter Eigentümer ist wie ein unsichtbarer Gast bei einer Party. Er kann alles mithören, ohne selbst etwas preisgeben zu müssen. Das ist zumindest unangenehm. Eine Stadt sollte doch eigentlich wissen, wem die Filetgrundstücke gehören. Münchens Oberbürgermeister Dieter Reiter (SPD) wirkt ratlos: »Wenn die Stadt nicht selbst Eigentümer dieser Immobilien ist, können wir nur indigniert zuschauen bei solchen Verkäufen.« In einem offenen globalen Markt könne München sich nicht abschotten. Eine Prüfung, wer welches Objekt erwerbe, und hinter Verschleierungskonstruktionen zu schauen sei schlicht unmöglich. »In meiner Stadtregierung würde es bei Immobilien, die uns gehören, aber keine Mehrheit für Geschäfte geben, bei denen wir Zweifel an den Erwerbern hätten«, so Reiter.[24]

Die bayerische Kurstadt Bad Kissingen hat erlebt, was schiefgehen kann, wenn man ein kommunales Grundstück an den Falschen verkauft. Das städtische Eishockeyteam hat vor einigen Jahren große Ambitionen, es ist sogar vom Aufstieg die Rede. Die Stadt besitzt auch eine allseits beliebte Eissporthalle, in der die Bad Kissinger Wölfe trainieren und die Einwohner eislaufen. Doch für den Unterhalt fehlt der Stadt das Geld. Also verkauft Bad Kissingen seine Halle im Jahr 2017 an einen Investor. Der verspricht Investitionen, möchte das Eishockeyteam stärken und der Bevölkerung einen modernen Eispark bieten. Doch es passiert – nichts. Die Halle steht mittlerweile seit über drei Jahren leer. Kein Kind läuft hier mehr Schlittschuh. Stattdessen gibt es in der Stadt Gerüchte, der ukrainische Käufer werde seit Langem von der ukrainischen Polizei gesucht. Es liege ein nationaler Haftbefehl vor, der aber nie vollstreckt wurde. Damit nicht genug, erfährt die erstaunte Öffentlichkeit plötzlich, dass der Besitzer der Eissporthalle gewechselt habe. Doch wer die Halle vom mutmaßlich polizeilich Gesuchten übernommen hat, das bleibt wiederum im Dunkeln. Dem Oberbürgermeister von Bad Kissingen fehlt mit dem unbekannten Besitzer auch der geeignete Ansprechpartner für die Halle. Und der Eishockeyverein, der Stolz vieler Bürger in Bad Kissingen? Nachdem das Team die Eishalle nicht mehr nutzen kann, zieht der Verein seine Mannschaft aus der Bayernliga zurück und stellt später einen Insolvenzantrag.

Der Fall empört einen Bürger so sehr, dass er Briefe

schreibt an die Stadt, an Bundestagsabgeordnete und die bundesdeutschen Geldwäscheaufsichtsbehörden. Der ehemalige Bankvorstand beklagt, die Stadt hätte vor dem Verkauf viel umfänglicher prüfen müssen, an welch windige Gesellen man die Eissporthalle veräußern würde. Doch in Bad Kissingen sah man sich außerstande, eine solche Prüfung vorzunehmen. Allein der Aufwand, und aus welchen Quellen sollte man Informationen zu dem Investor gewinnen können? Der resolute Pensionär, der im Buch anonym bleiben möchte, meint: Eine Stadt verwalte das Vermögen seiner Bürger und müsse daher Sorgfaltspflichten erfüllen, auch beim Verkauf von kommunalen Immobilien. Sprich: Die Stadt hätte so lange prüfen müssen, bis man wirklich Klarheit hat. Aber können die Verantwortlichen einer Stadt überhaupt Gewissheit erhalten über internationale Besitzverhältnisse in einer Welt mit anonymen Offshore-Konten in der Karibik?

Ein Blick nach Rostock, zur Ostsee-Stadt der Hanse mit ihren alten Bürgerhäusern und dem mittelalterlichen Flair. Die Stadt erzielte früher durch den Verkauf von Grundstücken und Immobilien hohe Einnahmen, manchmal bis zu 14 Millionen Euro pro Jahr. Das entsprach rund einem Zehntel des Gesamthaushalts. Doch dann mehren sich die Zweifel. Immer häufiger kommen Investoren von außerhalb, die zwar viel Geld für die Immobilien bringen, aber nicht unbedingt ein Herz. Die Bürgerschaft fragt sich: Möchte man das Grundkapital der Rostocker Bürger irgendwelchen Spekulanten überlassen? Unsicherheit macht sich breit. Hinter dem Firmennamen einer Wohnungsbaugesellschaft im Grundbuch kann sich eine andere Firma im Ausland verbergen – und dahinter noch eine Firma. Der wahre Eigentümer ist schwer zu fassen. Darüber hinaus stellt sich die Frage nach der Herkunft des Geldes, mit dem der Käufer den Preis entrichtet. Ist es schmutziges Geld, also Einnahmen aus dem Drogenhandel oder der Prostitution? Will die Stadt wirklich das Risiko eingehen, dass kriminelle Banden über Scheinfirmen in Offshore-Zentren der Karibik still und heimlich immer mehr Grund und Boden Rostocks besitzen?

Die Bürgerschaft der Hansestadt Rostock gibt nach vielen Diskussionen eine klare Antwort: Sie verkauft seit 2020 keine Grundstücke mehr.[25] Wer im öffentlichen Besitz befindliche Flächen für Wohnen und Industrie bebauen möchte, der muss sie pachten. Pacht bedeutet: Dem Käufer gehört die Immobilie, doch das Grundstück, auf dem sie steht oder errichtet wird, bleibt Eigentum der Stadt. Auch die niederländische Großstadt Amsterdam hat ihren Grundstückshandel auf Pacht umgestellt. Meist laufen diese Erbpachten zwischen 50 und 99 Jahre. Diese Eigentumsstruktur macht die Stadt wehrhaft. Wenn der Pächter im Kaufvertrag beispielsweise gar nicht der wahre Hauseigentümer ist oder wenn sich herausstellt, dass das Geld zum Kauf aus kriminell erwirtschaftetem Vermögen herrührt, kann die Stadt, der das Grundstück ja noch gehört, viel härter durchgreifen – etwa durch Entzug des Erbbaurechtes.

Die deutschen Städte können mittels Einführung der Erbpacht den Ausverkauf ihrer Liegenschaften verhindern. Doch oft sind Immobilien in guter Stadtlage wie das Palais an der Oper in München längst in Privatbesitz. Dann hat die Politik wenig Chancen einzugreifen. Es kann sogar bedrohlich werden, wie ein betroffener Bürgermeister erzählt, der aus Furcht vor seinen Gegnern anonym bleiben möchte. In seiner Stadt residiert eine Firma, die in den letzten Jahren Millionen Euro in Immobilien investiert hat. Der Bürgermeister berichtet: »Es ist total seltsam, was hier passiert. Die Firma kauft alles, was andere nicht kaufen, und sie bezahlt oft einen Preis, der über dem Marktpreis liegt.« Ihm ist dieses Verhalten suspekt. Auch die Tatsache, dass die Liegenschaften in meist zentralörtlicher Lage gekauft, dann aber nicht weiterentwickelt werden, treibt ihn um. Die Immobilien liegen meist über Jahre brach. Das Stadtbild ist an einigen Stellen entsprechend trostlos. Der Bürgermeister kennt sogar die Geschäftsführer der Firma, es sind Leute aus der Stadt, alteingesessen, gut vernetzt, politisch engagiert. Doch die wahren Eigentümer des Unternehmens sind der Öffentlichkeit unbekannt. Sie sollen in Russland sitzen oder in Kasachstan, so genau weiß das niemand. Es sind Phantome. Diese Unsicherheit über die wahren Inhaber liegt wie ein Tiefdruckgebiet über der Stadt. Manche Bürger tuscheln bereits über »sizilianische Verhältnisse«. Ein paarmal kommt die Polizei, niemand weiß genau, warum. Die Beamten stellen vor Ort einige Fragen, auch wegen der vielen Nobelkarossen. Außerdem soll ein steckbrieflich gesuchter Krimineller aus der ehemaligen Sowjetunion in der Stadt gewohnt haben. Nun ist er verschwunden. Diese Episoden aus einer dunklen Parallelwelt sind das eine. Das andere ist: Den Behörden fehlen gesicherte Erkenntnisse, mit denen man ein Ermittlungsverfahren begründen könnte. Ein Unbehagen durchzieht das tägliche Leben in dieser Stadt. Der Bürgermeister sagt: Ein Polizist habe ihm geraten, er solle aufpassen.

Unsichtbare Investoren – auch ein Problem für Hausbesitzer

Die Geldwäsche schadet nicht nur Städten und Gemeinden. Die Bürger sind auch direkt betroffen, meist ohne es zu ahnen. Es ist ja so: Viele Menschen streben nach den eigenen vier Wänden, suchen Sicherheit und Geborgenheit für die Familie. Die Wohnungspreise in Deutschland sind in den vergangenen zehn Jahren stark angestiegen. Das liegt auch an unsichtbaren Konkurrenten, denen der ehrliche Hauskäufer gegenübersteht: Strohleute kaufen über Scheinfirmen für mutmaßliche Kriminelle luxuriöse Villen, Schlösser und ganze Wohnviertel, wodurch die Preise für alle Immobilien stärker steigen, als sie es ohne diese Nachfrage tun würden. Wie hoch dieser Preiseffekt ausfällt, ist schwer zu sagen. Er dürfte je nach Lage und Beschaffenheit der infrage stehenden Immobilie stark variieren. Sicher ist jedoch: Der Effekt verstärkt die Verdrängung einkommensschwacher Haushalte aus den Städten. »Es muss klar sein, wer unsere Städte aufkauft und woher das Geld stammt«, fordert Lisa Paus, Bundestagsabgeordnete von Bündnis 90/Die Grünen. So könnten Mieterinnen und Mieter vor Organisierter Kriminalität und zudem vor steigenden Mieten geschützt werden. Paus weiter: »Denn auch schmutziges Geld lässt die Immobilienpreise steigen.«[26]

Die Justiz wirkt machtlos, denn es gibt nur wenige rechtskräftige Urteile gegen Kriminelle, die in Deutschland durch den Kauf von Immobilien Geld gewaschen haben. In der »Ersten Nationalen Risikoanalyse« zur Finanzkriminalität schreibt das Bundesfinanzministerium 2019, dass »die verstärkten Investitionen aus dem Ausland, insbesondere in Unternehmensbeteiligungen und Immobilien, eine hohe Bedrohung in Bezug auf Geldwäsche und Terrorismusfinanzierung darstellen«. Bei Investitionen aus Italien sei das Geldwäscherisiko »mittel bis hoch«, bei denen aus Russland »hoch«, was der höchsten Kategorie entspricht.[27] Außerdem heißt es dort: »Ein hohes Geldwäscherisiko wird im Immobiliensektor gesehen. Im Rahmen von Share Deals und verschachtelten Gesellschaftskonstruktionen (insbesondere im Zusammenspiel mit sogenannten Briefkastenfirmen aus dem Ausland) kann faktisch Anonymität hergestellt werden.« Bei einem Share-Deal werden Immobilien in einem Unternehmen gebündelt. Der Käufer übernimmt Unternehmensanteile – und keine Immobilien. Dadurch entfällt zum einen die Grunderwerbsteuer. Zum anderen erlaubt diese Konstruktion nach deutschem Recht, dass der wahre Besitzer unsichtbar bleibt.

In und um die wohlhabende Kurstadt Baden-Baden liegen drei Anwesen, die man mit Fug und Recht als deutsches Kulturerbe bezeichnen könnte. Die Villa Stroh, das Schloss Seelach und das Schloss Bühlerhöhe. Die drei repräsentativen Anwesen gehören inzwischen einer Investmentfirma mit kasachischem Eigentümer.[28] Detaillierte Informationen zur Identität des Firmeneigentümers und zur Herkunft des Geldes fehlen.

Es ist ein offenes Geheimnis, dass vor allem Russen viele Häuser in Baden-Baden besitzen. Die örtlichen Immobilienmakler sind glücklich, denn die Nachfrage aus Osteuropa erhöht die Preise für Immobilien – und damit steigt deren Verkaufsprovision. Die Makler räumen ein, dass sie bei diesen Deals oft auf Strohleute als Käufer treffen. Steckt ein krimineller Oligarch hinter dem Geschäft? Hat er sein Vermögen in den Neunzigerjahren nach dem Zusammenbruch der Sowjetunion illegal erbeutet? Die Antworten scheinen in diesem Zusammenhang kaum jemanden zu interessieren. Was verdächtig ist: Die Anwesen stehen nach dem Erwerb oft leer. Die Mieteinnahmen scheinen für diese Kreise nicht von Interesse zu sein. Peanuts. Den Schattenmännern reicht es offensichtlich, wenn sie ihr Vermögen in einer deutschen Immobilie sicher angelegt wissen.

Manchmal feiern deutsche Ermittler einen Erfolg. Das Landgericht Stuttgart verurteilte 2009 in einem der teuersten und aufwendigsten Verfahren der Stuttgarter Justizgeschichte drei Männer und eine Frau wegen millionenschwerer Geldwäsche zu langjährigen Gefängnisstrafen. Die Bande hatte ihr durch Schutzgelderpressung und Auftragsmorde angehäuftes Vermögen in Immobilien und Grundstücke im Raum Stuttgart investiert. Über diesen Schlag gegen die Moskauer Verbrecherorganisation Ismailowskaja sprechen die Ermittler im Landeskriminalamt Baden-Württemberg noch heute.

Aber in den allermeisten Fällen bleiben potenzielle Geldwäscher bei ihren Haus- und Wohnungskäufen unbehelligt. Die Makler berichten, viele Immobiliengeschäfte würden über Holding-Gesellschaften abgewickelt, deshalb könne man gar nicht genau beziffern, wie viele Häuser den Russen gehörten. »Wir haben in Deutschland keinen Überblick darüber, wer die Häuser und Wohnungen besitzt. Wir Ermittler wissen ziemlich genau, dass hierzulande Immobilien von kriminellen Russen und anderen Nationalitäten aufgekauft werden. Aber die Justiz ist überlastet, die Staatsanwaltschaften sind zurückhaltend bei diesen aufwendigen Verfahren, und neues Personal für die Geldwäschebekämpfung gibt es auch nicht«, berichtet ein erfahrener Polizist, der ungenannt bleiben möchte.

Die Anonymität ist der Passierschein für die Kriminellen und damit das Einfallstor für die Unterwanderung. In den Medien liest man Geschichten wie diese: »Ein undurchsichtiges Firmennetzwerk verdient an Tausenden von Wohnungen in Deutschland. (...) Die Mieten gelangen auf Umwegen bis auf die Britischen Jungferninseln.«[29] Episoden wie diese verstärken bei vielen Bürgern das Gefühl, es passiere um sie herum etwas Illegales. Der nette Nachbar von früher ist weggezogen. Stattdessen steht das Haus nebenan oft leer und wird nur wenige Tage im Jahr benutzt. Vom wem? Man weiß es nicht.

Mit einem Koffer voller Bargeld

Sommer 2019. Ein Interview mit dem damaligen Bundesfinanzminister Olaf Scholz. Das Thema: Die Bundesregierung plant mal wieder strengere Gesetze im Kampf gegen Geldwäsche. Der zuständige Minister ist zugeschaltet, hinter ihm auf einer Leinwand sieht der Zuschauer das Berliner Regierungsviertel. Dieser Bezirk Mitte ist eine der teuersten Wohngegenden der Stadt.

In Deutschland werden jedes Jahr rund 280 Milliarden Euro auf dem Immobilienmarkt umgesetzt. Schätzungen besagen, dass davon 15 bis 30 Milliarden Euro aus illegalen Geschäften stammen. Deutschland macht es Kriminellen zu leicht, denn hierzulande ist es – anders als in Frankreich oder Italien – immer noch erlaubt, eine Immobilie in bar zu bezahlen. Dazu wird Scholz an diesem Abend in den ARD-Tagesthemen befragt.

Warum gibt es kein Verbot von Barzahlungen beim Immobilienkauf? Der Minister antwortet, man solle doch nicht »das Kind mit dem Bade ausschütten«. Bargeld sei »in Deutschland sehr beliebt«. Und außerdem: Wenn dem Makler oder Notar im Rahmen der Bezahlung des Hauses etwas verdächtig vorkomme, dann müsse er bei der zuständigen Behörde Meldung machen. Die TagesthemenModeratorin Pinar Atalay bleibt hartnäckig:[30]

Tagesthemen: Aber Sie haben dann wieder einen Verdachtsfall, der wieder schwer abgearbeitet werden kann, also doch nicht besser bargeldlos? Dann gibt es erst gar keinen Verdachtsfall.

Scholz: Ich glaube, die meisten Ihrer Zuschauer sehen das anders. Die finden, dass Bargeld nicht gleich verboten werden soll, nur weil man dann besser gegen Geldwäsche vorgehen kann.

Tagesthemen: Fragt sich, wie viele Zuschauer 500 000 Euro in bar durch die Gegend tragen ...

Scholz: Nicht so viele. Wir beide ja auch nicht – vermute ich jedenfalls.

Die Argumentation von Scholz ist hanebüchen: Welcher ehrliche Hauskäufer würde zur Bank gehen, die veranschlagte Summe in bar abheben, um dann den Koffer samt Inhalt dem Verkäufer zu übergeben? Welcher ehrliche Haus*ver*käufer würde einen Bargeldkoffer guten Gewissens annehmen? Allein die Risiken: Womöglich wurde Falschgeld beigemischt, oder man wird überfallen auf dem Weg zur Bank. Daraus folgt: Nur Kriminelle haben einen Grund, diese Bargeldgeschäfte zu tätigen. Aber warum ist das in Deutschland immer noch erlaubt?

Scholz kennt in seiner Funktion als zuständiger Bundesfinanzminister die Fachberichte zum Thema. Er weiß, dass Bargeldzahlung und Geldwäscherisiko zwei Seiten einer Medaille sind. Im Drogenhandel auf der Straße und beim illegalen Straßenstrich, um nur zwei Beispiele zu nennen, wird in bar abkassiert. Dieses schmutzige Bargeld wird gewaschen, durch den Kauf von Immobilien, Autos oder Schmuck. Die Zeitungen sind voll von Berichten, wie Kriminelle in London und New York die besten und teuersten Immobilien gekauft haben. Inzwischen kann man diese Entwicklung auch in Deutschland beobachten, nicht zuletzt in Großstädten wie Berlin. Auch dort besitzen kriminelle Clans Immobilien. Die Berliner Justiz hat im Jahr 2018 insgesamt 77 Häuser beschlagnahmt, deren vorläufiger Wert mit rund 10 Millionen Euro beziffert wurde. Die Gerichtsprozesse laufen, einige Immobilien sind inzwischen rechtskräftig eingezogen worden.

In Bayern haben die Behörden 2019 Vermögen im Wert

von rund 50 Millionen Euro beschlagnahmt, darunter auch Immobilien. Der Verdacht: Das Geld zum Kauf soll aus Geldwäschehandlungen aus dem »Russian Laundromat« stammen. Hier schleusten kriminelle Banden rund 20 Milliarden Dollar illegal raus aus Russland. Sie nutzen dazu wenig kontrollierte russische Bankkonten, auf die sie Geld einzahlten. Von dort geht das Geld auf die Reise in den internationalen Finanzsektor, wo sich die Spuren weitestgehend verlieren. Das Journalistennetzwerk *Organized Crime and Corruption Reporting Project,* (OCCRP), hat den Skandal 2014 aufgedeckt.

Was sollten die Behörden also tun, wenn sie beispielsweise Häuser identifizieren, die mit Geld aus verdächtigen Quellen bezahlt wurden und deren Eigentümer sich hinter undurchsichtigen Firmenkonstruktionen verbergen? Der Vorschlag von Gerhard Schick, Vorstand der Bürgerbewegung Finanzwende, lautet: »Sind die wirtschaftlich Berechtigten einer Immobilie nicht feststellbar oder werden nicht offengelegt, sollte die Immobilie mit administrativen Mitteln beschlagnahmt und dann den Kommunen übertragen werden.«[31] In Italien darf der Staat schon seit den Achtzigerjahren Immobilien beschlagnahmen, wenn der Besitzer Mitglied der Mafia ist und der Verdacht besteht, dass das Geld zum Kauf kriminell erwirtschaftet wurde. Der Verdächtige muss beweisen, dass das Geld »sauber« ist. Man spricht von Beweislastumkehr, die der Kabarettist Volker Pispers so erklärt hat: »Man klingelt an der ersten Haustür und sagt: ›Wir kommen vom Finanzamt und hätten gern mal gewusst, wem das Haus hier gehört.‹« Wenn die Antwort ausbleibt, »lass ich den Bulldozer kommen, und dann renaturieren wir das ganze Gelände«. Die Conclusio des Kabarettisten: »Ich wette, wenn sie drei Villen abgerissen haben, ab der vierten Villa meldet sich überall ein Besitzer.«

Satire, sicher. Aber Unsinn? Nein. Die Beweislastumkehr ist ein wichtiges, geradezu unabdingbares und nachweisbar geeignetes Instrument im Kampf gegen Geldwäsche. Es ist auch gar nicht so ungewöhnlich. Im deutschen Steuerrecht gilt bereits die Beweislastumkehr. Das Wissen um die Vorteile ist da, aber wird dieses Instrument wirksam genutzt?

Stumpfe Waffen, falsche Waffen

Die Einziehung krimineller Vermögen in Deutschland ist 2017 gesetzlich erleichtert worden. Grundlage dafür ist Paragraf 76a, Absatz 4 des Strafgesetzbuches. Eine Einziehung von Vermögen unklarer Herkunft ist möglich, auch »wenn der Gegenstand aus einer rechtswidrigen Tat herrührt und der von der Sicherstellung Betroffene nicht wegen der Straftat verfolgt oder verurteilt werden kann«. Das bedeutet: Wenn ein Richter der Überzeugung ist, dass Vermögen unrechtmäßig erlangt wurde und es offensichtlich ist, dass es der Inhaber nicht mit legalen Mitteln verdient haben kann, darf er es einziehen. Es obliegt dann dem Angeklagten zu beweisen, dass er das Geld legal verdient hat. Damit folgt Deutschland dem Beispiel Italiens – allerdings mit über 30 Jahren Verspätung: In Italien darf die Justiz bereits seit den Achtzigerjahren Vermögen von Mafiamitgliedern konfiszieren. Nun also auch hierzulande. Im Detail sind die Rechte deutscher Justizbehörden zwar nicht so weit gefasst wie die der italienischen. Doch Fakt ist: In Deutschland gilt für verdächtige Vermögen nun faktisch eine Beweislastumkehr. Allerdings beklagen Praktiker, dass diese Maßnahme auch vier Jahre nach ihrer Einführung nicht rigoros genug ergriffen werde. Staatsanwaltschaften und Gerichte seien sehr zurückhaltend, die neuen Rechte auszuschöpfen. Der Vorsitzende des Bundes Deutscher Kriminalbeamter (BDK), Sebastian Fiedler, fordert: »Wir haben zwanzig Jahre lang für dieses Gesetz gekämpft, jetzt müssen wir es konsequent anwenden und benötigen hierfür mehr gut ausgebildetes Personal. Wir müssen den Kriminellen ans Geld. Das ist der Schlüssel zum Erfolg.« [32] Ob es gelingt? Fiedler sitzt jetzt als Abgeordneter für die SPD im Bundestag.

»Das Problem sind meist nicht die fehlenden Gesetze. Der zentrale Punkt ist die vielfach zu beobachtende Unwilligkeit der Justiz, Geldwäscheermittlungen aufzunehmen. Wir rennen da oft gegen verschlossene Türen, selbst bei glasklaren Fällen, wenn man weiß, dass das Geld wirtschaftlich sinnlos nur hin und her geschoben wird und keinen legalen Ursprung haben kann. Wenn noch keine Vortaten der Geldwäsche erkennbar sind, fehlt vielen Staatsanwälten der Wille, in Geldwäscheermittlungen einzusteigen. Dazu kommt, dass die Staatsanwaltschaften völlig überlastet sind. Die Politik hat versäumt, genügend Personal einzustellen«, sagt ein erfahrener Fahnder. Der Blick auf die Vortat schütze die Kriminellen.

Der Beweis einer Vortat ist gerade bei Geldwäscheverdachtsfällen im Immobiliensektor nicht leicht. »Wenn ein Verdächtiger bereits viele Immobilien in Deutschland besitzt – wie weise ich ihm die kriminelle Tat nach, mit der er das Geld mutmaßlich verdient hat?«, fragt ein Ermittler. In Deutschland muss dem Verdächtigen die kriminelle Vortat bewiesen werden, mit der das Geld »verdient« wurde, beispielsweise Drogenhandel. Das ist naturgemäß schwierig, denn die Tat kann ja auch irgendwo im Ausland begangen worden sein. Experten hielten es daher für effektiver, wenn sich die Ermittlungsbehörden stärker auf die Geldwäschetat denn auf die kriminelle Vortat konzentrieren würden: *Follow the money, follow its laundering.*

Ein weiteres Problem: In den meist internationalen Geldwäscheermittlungsverfahren sind deutsche Behörden auf die Kooperation der Behörden in anderen Staaten angewiesen. Das gilt auch für verdächtige Immobilientransaktionen. Die Hilfe oder Nicht-Hilfe seitens ausländischer Behörden folgt jedoch allzu oft politischen Motiven, beispielsweise in den Staaten der früheren Sowjetunion. Aber auch hierzulande gibt es Hürden, wie Ermittler berichten.

Das belegen die folgenden zehn Kurzprotokolle aus persönlichen Gesprächen mit erfahrenen Insidern. Die O-Töne sprechen für sich:

1. »Oft geschieht die Geldwäsche bei uns in Deutschland, die Straftat hingegen im Ausland. Dort müssen wir Informationen und Beweise beibringen. Man darf dort aber nicht ermitteln. Also ist man abhängig von den Leuten vor Ort, den dortigen Datenschutzbestimmungen, der Qualität, dem Ausmaß der Korruption und dem politischen Interesse der dortigen Regierung.«

2. »Manchmal bekommt man die Informationen, aber dann heißt es, man dürfe sie vor Gericht nicht verwenden. Das passiert mit GUS-Staaten, aber auch mit den USA. Das Papier aus dem Ausland darf dann eben nicht in die Ermittlungsakte.«

3. »Es ist auch ein außenpolitisches Thema: Richtet Deutschland überhaupt Anfragen an Länder, in denen die Todesstrafe gilt? Kann man sich auf die Zusicherung des Landes verlassen, keinesfalls die Todesstrafe zu verhängen für die Straftat? Die Ermittlungsakten gehen vom Staatsanwalt zum Auswärtigen Amt und zurück. Als deutscher Geldwäscheermittler kämpfe ich im Zweifel eben auch gegen die Außenpolitik Deutschlands.«

4. »Dazu kommen Praxisprobleme: Auf welcher Rechtsgrundlage frage ich in welchem Land an? Mit Österreich ist es einfacher, weil es eine entsprechende Vereinbarung gibt. Mit der Schweiz ist es schon schwieriger. Mal kommt was, mal nicht. Manchmal kommt die gewünschte Information aus Nigeria, etwa die Bestätigung, dass eine bestimmte Person nicht an einer bestimmten Adresse wohnen kann, weil dort eine Schule liegt. Das ist dann sehr hilfreich. Aus den USA kommt manchmal nur: Ihre nachgefragte Adresse existiert. Mehr nicht.«

5. »Ein Fallbeispiel: Ein Mensch kriegt plötzlich hohe Summen auf sein deutsches Konto überwiesen. Das Geld wird stets bar abgehoben. Die Bank macht Meldung bei der FIU. Dort gibt man es hoffentlich zeitnah an die Ermittlungsbehörden weiter – dann haben wir drei Tage Zeit, um zu ermitteln. Das Geld kommt aus der Türkei. Ich habe keinen Beweis, dass etwas illegal ist. Auf dem Überweisungsträger steht, das Geld solle an eine Firma in Pakistan gehen. Wenn man Glück hat, steht die Adresse des Lieferanten auf dem Überweisungsträger. Dann muss man überlegen, wie man im Ausland schnell an Informationen kommt. Vielleicht hat die türkische Firma in Deutschland eine Tochterfirma? Das wäre vorteilhaft. Aber der Zeitdruck ist enorm. Der Kontoinhaber in Deutschland ist meist nur das ›Geldmaultier‹, der *money mule*. Er weiß nichts von den Vortaten in der Türkei. Von dort brauche ich Beweise. Auch wenn die Erfahrung sagt: Hier ist alles faul – man kann nicht ohne Beweise das Konto sperren.«

6. »Man sieht den verdächtigen Geldfluss, gut. Aber dann beginnt das Problem sofort, wenn das Geld aus dem Ausland kommt. Was passiert, wenn ich in manchen Ländern Informationen anfordere? Dringt unsere An-

frage durch an den mutmaßlich Verdächtigen? Hat die dortige Regierung ein Interesse daran, den Verdächtigen zu ›hängen‹ oder ihn zu ›schützen‹? Das ist ein generelles Problem mit der Informationsbeschaffung im Ausland.«

7. »Wenn ich in Russland anrufe: Die entscheidende Frage ist dann, ob der Verdächtige ein Freund von Putin ist. Wenn ja, bekomme ich nichts. Wenn er ein Gegner Putins ist, erhalte ich vielleicht Informationen. Aber ob diese dann korrekt sind oder ob ein Putin-Gegner abserviert werden soll, das muss ich dann auch prüfen.«

8. »In Osteuropa haben die Russen viel zu sagen. Es gibt viele Doppelagenten in leitenden Positionen. Einen kenne ich. Der war in einer bulgarischen Polizeibehörde, jetzt ist er beim russischen Geheimdienst GRU. Es ist alles nebulös. Wir wollen unsere Ermittlungen beispielsweise in Serbien und Kroatien nicht gerne offenlegen, es fehlen uns vertrauenswürdige Kontakte. Sonst muss man immer damit rechnen, dass die Verdächtigen schnell einen Tipp erhalten.«

9. »Es gibt Länder, die sagen: ›Wenn es bei uns keinen Schaden gab, dann interessiert uns die Geldwäsche nicht.‹ Schwarzgeld ist ja oft auch ein wichtiger Wirtschaftsfaktor. Manche Länder machen auch nichts, wenn es sich um Bagatelldelikte handelt, also die infrage stehenden Summen zu gering sind. Deutschland verfolgt, wenn eine Strafanzeige vorliegt oder eine Verdachtsanzeige von der FIU weitergeleitet wurde. In Großbritannien gibt es Schwellen, darunter beantworten die eine Anfrage erst gar nicht.«

10. »Wir haben in Deutschland hohe Investitionen aus Russland und Italien. Wir vermuten, dass diesen Investitionen illegale Gelder zugrunde liegen. Doch wir brauchen einen Hinweis auf die Straftat, mit der dieses

Geld erwirtschaftet wurde. Diese illegalen Gelder wurden vielleicht bereits im Ausland gewaschen. Doch diese Hinweise fehlen oft. Wir bekommen Hinweise, dass diese Personen Mitglieder der italienischen oder russischen Mafia sind. Aber das reicht nicht. Wir können in diesen Fällen nichts machen.« (Mehr zur Mafia im nächsten Kapitel.)

Inzwischen könnte es in vielen Fällen bereits zu spät sein, um rechtsstaatlich sauber mutmaßlich kriminell erlangte Immobilien nachträglich zu konfiszieren. Das zeigen die Erfahrungen aus Großbritannien. Dort können Gerichte *Unexplained Wealth Orders* erlassen. Die Verdächtigen müssen beweisen, dass ihr Vermögen zum Kauf einer Immobilie aus ehrlicher Quelle stammt. Gelingt ihnen dies nicht, konfisziert der britische Staat das Haus. So weit die Theorie. In der Praxis ist die Konfiskation erst in einem Fall durchgesetzt worden. Ein Grund: Die Vermögen der osteuropäischen Oligarchen in Großbritannien sind inzwischen so oft gewaschen worden, dass die Gerichte nur noch die vordergründige »Sauberkeit« anerkennen können. Das bedeutet: Einige Verbrecher sind inzwischen in der legalen Welt angekommen, obwohl jeder »weiß«, dass ihnen der Aufstieg nur mit schmutzigem Geld gelungen ist. Darüber hinaus verfügen die verdächtigen Oligarchen über hervorragende Anwälte.[33]

In diesem ungleichen Kampf sind die britischen Strafverfolgungsbehörden unterfinanziert. Ihnen fehlt Personal. So konnten sich zum Beispiel Dariga Nasarbajewa und Nurali Alijew, Tochter und Enkel des ehemaligen Präsidenten von Kasachstan, im Jahr 2020 vor einem Londoner Gericht gegen die National Crime Agency (NCA) durchsetzen: Sie erhielten drei behördlich beschlagnahmte Immobilien zurück. Die Strafverfolger verzichteten aus

Kostengründen darauf, Berufung einzulegen. Fachleute sind entsetzt: »Es gibt keine guten Oligarchen, sie haben ihr Vermögen gemacht, indem sie die Regeln gebrochen haben. Sie versuchen, im Westen Reputation aufzubauen durch Investitionen und Spenden an Universitäten, PR-Firmen und an Politiker. Man sollte nicht mit ihnen reden. Denn mit ihnen zu reden bedeutet, sie zu legitimieren«, sagt die Antikorruptionsexpertin Daria Kalenjuk.[34]

Oligarchen kaufen ihre Häuser lieber in der westlichen Großstadt als in Moskau. Deutschland ist ein Rechtsstaat, das heißt auch: Ein Kaufvertrag hat bindende Wirkung. In Moskau müsste selbst der einflussreichste Oligarch Angst haben, dass ihm, wenn sich der Machtwind dreht, der russische Staat über Nacht mit fadenscheiniger Begründung das Haus konfisziert. In der EU ist das anders. Kriminelle haben Geld für die besten Anwälte, hier können sie ihr geraubtes Vermögen vor anderen Räubern schützen. Sie kennen ihre Rechte: Das Rechtsstaatsprinzip *in dubio pro reo* (»Im Zweifel für den Angeklagten«) halten sie hoch. Zudem bleibt in westlichen Demokratien das Bankgeheimnis weitgehend gewahrt, und auch der Datenschutz behindert effektive Ermittlungen. In dieser Hinsicht sind die schlimmsten Verbrecher auf dem Planeten Erde naturgemäß begeisterte Fans der Demokratie. Der Rechtsstaat macht es ihnen viel zu leicht, ungestraft davonzukommen.

Zentrales Grundbuchregister? – Fehlanzeige!

Ein Blick auf den Ablauf eines Immobilienkaufs in Deutschland verdeutlicht, wie leicht es Kriminelle haben, ihr schmutziges Geld zu waschen: Der Käufer und der Verkäufer gehen nach der Einigung zum Notar, der die Auflassungsvormerkung ins Grundbuch der Immobilie eintragen lässt. Diese Auflassungsvormerkung kündigt den Eigentümerwechsel an, der nach Bezahlung des Preises vollzogen wird – durch Eintrag des neuen Eigentümers mit Namen und Adresse ins Grundbuch. Die Grundbücher liegen in Deutschland bei den örtlichen Amtsgerichten. Es fehlt bislang ein zentrales Register.

Aufgrund der dezentralen Grundbücher fehlt in Deutschland der Überblick, wer die Immobilien im Land besitzt: Sind es unbescholtene Privatpersonen, legale Firmen, Scheinfirmen hinter Offshore-Gesellschaften oder verdächtige Kriminelle, die auf Sanktionslisten stehen? Einen Überblick könnte die Finanzverwaltung geben, welche die Grundsteuer auf die Immobilien in Deutschland vereinnahmt. Doch die Finanzämter fühlen sich überfordert. Die einzige Lösung für dieses Problem wäre die Zentralisierung der Informationen in den Grundbüchern, damit die Ermittlungsbehörden zeitnah darauf zurückgreifen können. Die Bundesländer arbeiten seit 2004 an einem bundesweiten digitalen »Datengrundbuch«, wo vierzig Millionen Grundbuchblätter so digitalisiert werden sollen, dass sich ihre Daten online abrufen lassen. Doch die für November 2019 geplante Einführung musste auf März 2024 verschoben werden.

Mit seinen für die Geldwäschefahndung untauglichen dezentralen Grundbüchern, steht Deutschland im internationalen Vergleich schlecht da. »Bei einer Untersuchung des Tax Justice Network hatten nur 20 von 112 Staaten – darunter Deutschland – ein dezentrales Grundbuch. In 34 Staaten war hingegen das Grundbuch sogar offen im Netz zugänglich«, so Markus Henn, Referent für Finanzmärkte bei der Nichtregierungsorganisation World Economy, Ecology & Development (WEED).

So wichtig der Blick in ein zentrales Grundbuchregister auch wäre: Die deutschen Behörden hätten dann immer noch keine Gewähr, die Identität des wahren Eigentümers der Immobilie zu kennen, denn im deutschen Grundbuchauszug sind nur die rechtlichen Eigentümer erfasst. Dies sind oft sogenannte Objektgesellschaften, also Firmen, die in ein größeres Firmennetzwerk eingebunden sind und lediglich zur Verwaltung einer Immobilie oder mehrerer Immobilien gegründet wurden. Beim Notartermin werden sie vom jeweiligen Geschäftsführer vertreten. Diese werden ins Grundbuch eingetragen, während sich die wahren Eigentümer, die wirtschaftlich Berechtigten, hinter der Firmenfassade verbergen.

Mit der Einführung des sogenannten Transparenzregisters sollte dieser Missstand behoben werden. Juristische Personen des Privatrechts – also GmbHs, Limited- oder Aktiengesellschaften sowie eingetragene Personengesellschaften wie OHGs, KGs und GmbH & Co. KGs – mit Sitz in Deutschland müssen seit 2017, wenn sie nicht im Handelsregister bereits vermerkt sind, im Transparenzregister folgende Angaben machen: Name, Adresse und Wohnort des wahren Eigentümers, also der Person hinter der Firma. Doch wer kontrolliert diese Angaben? Die Rosa-Luxemburg-Stiftung prüfte 2019 in ihrer Studie über 400 Gesellschaften, die in Berlin Immobilien besitzen.[35] Das Ergebnis: Für 135 der untersuchten Gesellschaften konnte trotz umfassender Recherche in den verfügbaren Registern keine natürliche Person als Eigentümer identifiziert werden. Von den 111 deutschen Gesellschaften, die im Transparenzregister eingetragen sein sollten, waren 82 ihrer Pflicht nach mehr als zwei Jahren anscheinend noch nicht nachgekommen. Nur in sieben Fällen sei ein echter wirtschaftlich Berechtigter und in 22 Fällen sei – teilweise berechtigt, teilweise fälschlicherweise – ein fiktiver Berechtigter eingetragen. »Diese Gesellschaften bleiben also weiterhin anonym und verstoßen dabei in vielen Fällen gegen das 2017 erlassene Gesetz«, so die Autoren.

Um die Missstände besser in den Griff zu bekommen, hat der Gesetzgeber 2021 eine Verschärfung und Präzisierung der Vorschriften vorgenommen. Doch die Mitarbeiter des Transparenzregisters können nur begrenzt nachrecherchieren, ob der Name eines Käufers, beispielsweise aus Russland oder Dubai, wirklich stimmt. Ein Problem bei der Identifizierung resultiert relativ banal aus dem arabischen Alphabet. Im Arabischen gibt es Konsonanten, die es im Deutschen nicht gibt. Dadurch ergibt sich mehr Freiheit in der Transkription der Namen, was Kriminelle ausnutzen. Sie lassen sich zum Beispiel mehrere Pässe ausstellen. Ähnlich läuft es bei russischen Namen, die aus der kyrillischen Schrift transkribiert werden. Auf den Sanktionslisten der Kontrollbehörde des US-Finanzministeriums (OFAC) sind deshalb hinter vielen Namen gleich mehrere »Alias« aufgeführt.

Neben dieser Namens-Grauzone haben die in Deutschland ansässigen Objektgesellschaften bei ihrer Recherche der Eigentümer viel Freiraum. »Die Gesellschaften müssen nur von jenen Anteilseignern die wirtschaftlich Berechtigten erfragen, die ihnen bekannt sind, und auch nur ›in angemessenem Umfang‹«, kritisiert Sven Giegold, EU-Parlamentarier der Grünen. Es bestehe keine »harte Nachforschungspflicht«. Die Folge: Wenn nach »Durchführung umfänglicher Prüfungen«, so der Passus im Geldwäschegesetz, der wahre Besitzer nicht ermittelt werden könne, darf der Geschäftsführer der Firma stellvertretend als sogenannter »fiktiver« Berechtigter eingetragen werden. Die wahren Eigentümer bleiben dadurch weiter verborgen, Strohleute haben freie Bahn, denn Briefkastenfirmen bieten in diesem gesetzlichen Rahmen starken Schutz vor örtlichen Ermittlungen. »Das Problem ist, dass an diesen geldwäscherelevanten Transaktionen häufig ausländische Kapitalgesellschaften beteiligt sind«, sagte die Berliner Staatsanwältin Jana Berthold dem Deutschen Bundestag. Die Juristin stellte resigniert fest: »Wir wissen schlicht nicht, wer sich hinter diesen Kapitalgesellschaften verbirgt, und haben keine Möglichkeit, das herauszufinden.«[36]

Ein weiteres Problem: Früher liefen Immobiliengeschäfte häufig über ein sogenanntes Anderkonto. Das funktioniert so: Der Notar richtet bei der Bank ein solches Konto auf seinen Namen ein, der Käufer überweist den Kaufpreis auf dieses Konto. Das Geld ist durch diese Art des Kontos zweckgebunden, es kann nur für das vorab bestimmte Geschäft verwendet werden. Der Notar überprüft den Zahlungseingang. Im Jahr 1998 hat der Gesetzgeber die Voraussetzungen für die Einrichtung eines Anderkontos jedoch verschärft – es muss ein besonderes Sicherungsinteresse vorliegen. Daher kommt diese »Kontrollfunktion« seitens des Notars nicht mehr häufig zum Einsatz.

Zwar hat die Bundesregierung die Regeln im Kampf gegen Geldwäsche auch verschärft, aber es fehlen die Voraussetzungen, diese Gesetze effektiv anzuwenden. Mit der sogenannten Geldwäschegesetzmeldepflichtverordnung für Immobilien (GwGMeldV-Immobilien) müssen seit Oktober 2020 auch Notare, Wirtschaftsprüfer, Rechtsanwälte und Steuerberater in Verdachtsfällen bei der Financial Intelligence Unit (FIU) eine Verdachtsmeldung einreichen, wenn im Gesetz typisierte Sachverhalte eine Meldepflicht auslösen. Tatsächlich ist die Anzahl der Meldungen angestiegen, aber in der Gesamtschau machen diese Berufsgruppen nur einen kleinen Anteil aus. Die Notare beispielsweise haben 2020 rund 1600 Meldungen abgegeben, von insgesamt 144 000. Vor allem von den Banken kommen rund 90 Prozent aller Meldungen. Doch die FIU, eine der wichtigsten Behörden im Kampf gegen Geldwäsche und Terrorismusfinanzierung, kann diese Informationen kaum effektiv verarbeiten, wie Kapitel 9 dieses Buches zeigen wird.

Das Wichtigste in Kürze

- Kriminelle aus dem Ausland schleusen ihr Geld in den deutschen Immobilienmarkt. Das Gesetz erlaubt die Barzahlung von Immobilien. In anderen EU-Staaten ist dies längst verboten.
- Die neuen Besitzer sind oft anonym. Es fehlt den Ermittlern ein zentrales Grundbuchregister, um die Spur aufnehmen zu können. Mitunter lassen die Eigentümer Grundstücke in bester Innenstadtlage verwahrlosen. Gleichzeitig steigen durch die Nachfrage der mutmaßlich Kriminellen die Immobilienpreise mehr, als sie es sonst tun würden. Bürgermeister berichten unterdessen von Bedrohungen, wenn sie sich gegen den Verkauf öffentlicher Grundstücke an anonyme Bieter aussprechen. Das erzeugt Unruhe in der Bevölkerung.
- Die Beweislastumkehr ist ein scharfes Instrument gegen diese Umtriebe. Behörden können verdächtige Grundstücke und Häuser so lange konfiszieren, bis der wahre Eigentümer vortritt, sich identifiziert und die Herkunft des Geldes belegt. Die Beweislastumkehr gilt in Deutschland erst seit 2017, doch Experten berichten, dass die Behörden dieses scharfe Schwert viel zu selten zücken. Italien geht mit der Beweislastumkehr bereits seit den Achtzigerjahren gegen die Mafia vor.

3

Wie kommt die Mafia nach Deutschland?

Falcone & Borsellino – das war der Name eines italienischen Restaurants in Frankfurt. Die Wahl des Namens geschah wohl nicht ohne Hintergedanken. Die beiden Antimafia-Richter Giovanni Falcone und Paolo Borsellino sind Helden im Kampf gegen die Mafia. Sie starben 1992 durch Bombenattentate des Syndikats. In der Frankfurter Pizzeria hängt ein Schwarz-Weiß-Foto der beiden ermordeten Juristen an der Wand. Aber es hängt dort auch ein Poster des Mafia-Klassikers *Der Pate*. Etwas fällt besonders auf: Auf der Speisekarte sind Einschusslöcher abgedruckt. Ist das komisch? Zufällig erfährt Falcones Schwester davon. Sie reicht Klage ein, und die italienische Botschaft in Berlin unterstützt sie. Allein in Deutschland hat die Mafia mindestens dreißig Morde begangen. In einer Pressemitteilung bedauern die italienischen Diplomaten daher, dass der Name der beiden Antimafia-Richter »für eine kommerzielle Tätigkeit verwendet wird, bei der das organisierte Verbrechen banalisiert wird (...), zudem noch in Kombination mit Fotos, auf denen die Mafia verherrlicht wird«.[37] Dies verletze die Sensibilität der Angehörigen der beiden Richter und aller unschuldigen Opfer der Mafia in nicht hinnehmbarer Art und Weise. Doch das Landgericht Frankfurt lehnt die Klage Maria Falcones gegen den Inhaber des Lokals im Jahr 2020 ab.[38]

Die meisten Deutschen haben einen romantischen und folkloristischen Blick auf die Mafia. Das liegt wohl auch an den Hollywood-Verfilmungen. Die Trilogie *Der Pate* und das Gangster-Epos *Es war einmal in Amerika* mit bekannten und beliebten Schauspielern wie Al Pacino und Robert De Niro tragen trotz ihrer Brutalität dazu bei, dass die Mafia in Deutschland allenfalls als Leinwandrealität wahrgenommen wird. Aber im richtigen Leben? Die kalabrische 'Ndrangheta, hier bei uns? Man sieht sie doch gar nicht.

Mancher italienische Gastwirt in Deutschland gehört zur Mafia, manche sind selbst Opfer. Sie werden gezwungen, mit der Mafia zu kooperieren. Wer noch Vater, Mutter, Familie in der kalabrischen Heimat hat, ist erpressbar. Man möchte das Leben der Lieben in Italien nicht gefährden und kooperiert, bietet Unterschlupf für Schläger und Erpresser, hilft, schmutziges Geld zu waschen, indem man Drogengeld als Umsatz für »Speisen und Getränke« deklariert.[39]

In Italien weiß man, wie das enden kann. In Deutschland wird die Gefahr der Mafia nicht ernst genommen. Warum nur? »In Italien arbeitet die Mafia auch mit dem Instrument der Korruption. Sie besticht Amtsträger mit Urlaubsreisen und Sexdiensten«, sagt der Jurist und Mafia-Experte Elia Minari im Rahmen einer Onlinefachveranstaltung des International Bankers Forum zur Geldwäschebekämpfung am 18. Juni 2021. Minari gibt an der Universität Parma Kurse zur Korruptionsbekämpfung. Mit diesen Methoden gewinnen die Kriminellen politischen Einfluss. Die Mafia besticht Amtsträger auch in Deutschland, oft sei das aber gar nicht nötig, sagt Mafianeindanke-Vorstand Sandro Mattioli. Der Verein, nach den Mafiamorden von Duisburg im Jahr 2007 gegründet, kämpft gegen die Organisierte Kriminalität in Deutschland. Mattioli sagt in einem Gespräch: »Die Mafiosi in Deutschland wissen, dass man hierzulande an dem Bild des sonnigen Italieners gerne festhält. Die meisten Deutschen können sich gar nicht vorstellen, dass die Mafia ihr ausgezeichnetes Finanzwissen nutzt, um Milliardenbeträge aus kriminellen Straftaten zu waschen.« Ein Bürgermeister beklagt gegenüber den Autoren, dass es in seinem Dorf an kulinarischen Angeboten nur einen »Italiener« gebe. Wenn dort die Polizei anrücke wegen Geldwascheermittlungen, würde der Besitzer dieses letzte Restaurant am Platz auch noch schließen. Er meint: Die Mafia habe bereits »Grundversorgungsfunktionen« in Deutschland übernommen, deswegen ließe man sie in Ruhe.

Dreißig Jahre unbehelligt

Im Raum Stuttgart lebten bis 2018 sechs wichtige italienische Mafiamitglieder. Davon erfährt die Bevölkerung aber erst, nachdem deutsche und italienische Polizeibeamte in einer länderübergreifenden Razzia diese sechs Personen und Hunderte weitere Verdächtige festnehmen. Der Deckname der Razzia: »Operation Stige«, italienisch für »Styx«, den Fluss zur Unterwelt. Viele der Verhafteten sitzen nun in Italien im Gefängnis wegen Mitgliedschaft in der 'Ndrangheta, einer von ihnen ist Mario L. Nach einem Urteil vom September 2019 muss er für zehn Jahre und sieben Monate hinter Gitter. Ein hartes Urteil gegen einen Gastwirt, der in Deutschland fast dreißig Jahre ein nach außen hin unbescholtenes Leben geführt hat. Dabei war Mario L. einer der wichtigsten Köpfe der Mafia in Deutschland, wie der italienische Staatsanwalt Nicola Gratteri nach dessen Verhaftung sagte.[40]

Bereits in dem Neunzigerjahren gibt es Indizien, dass

Mario L. Mitglied der Mafia ist. Die italienische Polizei informiert die Kollegen in Baden-Württemberg regelmäßig über ihren Verdacht und bittet oft vergeblich um internationale Rechtshilfe. Ein deutscher Kronzeuge ordnet Mario L. damals eindeutig der Mafia zu. Mario L. führt zu der Zeit mit dem *Da Mario* eine gut laufende Pizzeria im Stuttgarter Stadtteil Weilimdorf. In der unscheinbaren Gaststättenimmobilie aus den Dreißigern mit hellrosa Putz, beigefarbenen Fensterläden und Wein an der Fassade feiern der spätere baden-württembergische Ministerpräsident Günther Oettinger und die CDU manches rauschende Fest. Oettinger und L. sind per Du. Der Italiener organisiert bis 1994 CDU-Fraktionsfeste und spendet der Partei auch Geld, und das zu einer Zeit, da baden-württembergische Ermittler das Telefon in der Gaststätte von Mario L. überwachen. Auf diesen Tonbändern ist auch Oettingers Stimme zu hören. Der damalige Justizminister Baden-Württembergs, Thomas Schäuble, informiert seinen Parteifreund Oettinger vorab, dass sein Name bei Abhörmaßnahmen in Zusammenhang mit Ermittlungen gegen die Mafia aufgetaucht sei. Ein Politskandal, denn fraglich ist, ob Schäuble das durfte. Ein späterer Untersuchungsausschuss im Stuttgarter Landtag kam zu dem Ergebnis, dass Schäubles Verhalten rechtmäßig gewesen sei.

Dieser Untersuchungsausschuss zur »Abhöraffäre« hätte der erste Mafia-Untersuchungsausschuss in Deutschland werden können. Doch daran bestand politisch kein Interesse. »Dass Politiker Kontakte zu mutmaßlichen Mafiosi unterhalten, war nicht Gegenstand des Untersuchungsausschusses. Es ging vielmehr darum, ob die Telefonabhörmaßnahmen rechtens waren. Ein Unterthema war übrigens auch, ob ›geheimhaltungsbedürftige Erkenntnisse‹ an Journalisten weitergegeben worden waren. Es ging also weniger um Aufklärung als vielmehr darum, die Aufklärer bei Medien und Polizei in die Schranken zu weisen«, sagt Mafianeindanke-Vorstand Mattioli.

Oettinger distanziert sich danach von dem Promi-Wirt, der in Stuttgart gut verdrahtet ist und in den städtischen Klatschspalten Kalauer zum Besten gibt. CDU-Politiker Oettinger teilt zuletzt 2018 mit, er habe seit mehr als zwei Jahrzehnten keinen engeren Kontakt mehr zu Mario L. gehabt und dessen Lokal seit 1994 nicht mehr betreten.

Obwohl die italienischen Ermittler Mario L. lange als führendes Mitglied der 'Ndrangheta im Visier haben, schnappt die Falle »Operation Stige« erst 2018 zu. Warum haben die deutschen Behörden nicht früher eingegriffen? Mario L. wohnt in Baden-Württemberg und begeht seine Straftaten in Deutschland und von Deutschland aus. Italienische Kollegen versorgen die zuständige Staatsanwaltschaft in Stuttgart bereits im Jahr 2016 mit Informationen, die von deutscher Seite aus weiter verdichtet hätten werden sollen. Aber nichts geschieht. Das italienische Rechtshilfeersuchen wird nicht einmal übersetzt. Warum gibt es keine Folgeermittlungen, nachdem Mario L. und andere Mafiosi aus dem Raum Stuttgart in Italien verurteilt werden? Immerhin liegt das Mafiageld, investiert in Firmen und Immobilien, immer noch in Deutschland. Die naheliegende Antwort: Es fehlte und fehlt das politische Interesse an solchen Nachforschungen. Warum sonst wurden landesweite Recherchen zu italienischen Gastronomiebetrieben eingestellt? Warum wurde das Hinweistelefon zur Bekämpfung der italienischen Organisierten Kriminalität im Rahmen der Kampagne »Insieme si può« (»Gemeinsam schaffen wir das«) eingestellt? Über dieses Telefon konnten Whistleblower vertraulich Kontakt zur Polizei aufnehmen. Nun bleiben wichtige Hinweise aus der Bevölkerung aus. Viele Polizeiermittler, die anonym bleiben wollen, berichten, dass in Stuttgart kein großes

Interesse daran besteht, illegale Geldflüsse der Mafia aufzudecken.

Es kommt in Einzelfällen sogar noch schlimmer: Polizisten, die die Mafia ernsthaft jagen möchten, verlieren sogar ihren Job. Der zuständige Hauptkommissar des Landeskriminalamtes Baden-Württemberg, Wolfgang Rahm, befürwortet nach der »Operation Stige« weitere Ermittlungen, um die Mafiastrukturen des Mario L. und dessen Besitzverhältnisse im Raum Stuttgart auszuleuchten. Rahm gilt als einer der erfolgreichsten Mafia-Ermittler in Deutschland und ist einer der wenigen, die mit den italienischen Kollegen Italienisch sprechen können. Er wäre der richtige Mann gewesen, um die geheimen Finanzgeschäfte von Mario L. aufzudecken. Doch seine Vorgesetzten stoppen ihn. Sie zeigen kein Interesse an weiteren Ermittlungen. Weil Rahm keine Ruhe gibt, versetzen ihn die Vorgesetzten im Herbst 2018 intern auf einen anderen Posten.[41] Dadurch wird einer der erfolgreichsten deutschen Mafia-Ermittler kaltgestellt, ein Hauptkommissar, der zusammen mit leitenden italienischen Antimafia-Staatsanwälten an den Universitäten Mailand und Palermo Vorträge über die unterschiedlichen Ermittlungsstrategien hält. Rahm verfügt zudem über ein strapazierbares Netzwerk mit den italienischen Justizbehörden, was grenzüberschreitende Ermittlungen grundsätzlich sehr erleichtert. Warum wird ein solcher Mann seines Postens enthoben?

Den engagierten Ermittlern in Deutschland fehlen Mittel, um kriminelle Strukturen zu bekämpfen. Die Politik gibt zu wenig Geld. Wer das »Ländle« mit der Mafia in Verbindung bringt, mache sich unbeliebt, klagen Fahnder. So findet sich in der Pressemitteilung des baden-württembergischen Innenministeriums zum Kampf gegen das organisierte Verbrechen im Jahr 2018 kein Wort zur Mafia und der »Operation Stige« – und das nach einem der größten Erfolge der Ermittler. Auch der Konstanzer Oberstaatsanwalt Joachim Speiermann ist sicher, dass sich die italienische Mafia in Baden-Württemberg festgesetzt hat. »Man müsste sie härter bekämpfen«, sagt er. »Viele Kollegen scheuen sich vor dem Arbeitsaufwand, zumal es bei Polizei und Justiz an Personal mangelt.«

Nicht gegen, sondern mit der Gesellschaft

Auch die Soziologin Zora Hauser beschäftigt sich mit der Mafia. Sie war für ihre vierjährige Promotion an der Universität Oxford in Italien und Deutschland unterwegs. Im Gespräch erzählt sie die Geschichte des Bürgermeisters einer deutschen Kleinstadt:

»Dort führt ein Pizzabäcker für einige Jahre ein kleines Restaurant, um plötzlich den Bürgermeister anzusprechen. Er fragt: ›Ich möchte mich vergrößern. Können Sie den Kontakt zur Brauerei am Marktplatz vermitteln?‹ Der Bürgermeister ist nicht abgeneigt – endlich ein neuer Besitzer für die Brauerei. Der Politiker denkt an die Touristen. Für sie soll der Marktplatz attraktiv sein. Auch die Bürger profitieren. In der Brauerei gibt es einen Veranstaltungssaal, für den die Stadt die Nutzungsrechte für Altennachmittage und Konzerte besitzt. So beginnt die Zusammenarbeit zwischen der Stadt und dem freundlich wirkenden Gastronomen. Sie planen den Ausbau der Immobilie mit EU-Hilfen. Der Italiener soll das Lokal auch übernehmen. Doch dieser lehnt ab: ›Ich möchte es nicht kaufen. Meine Frau macht die Geschäfte.‹ Den Bürgermeister überrascht die Antwort, aber er sieht die vielen Vorteile für seine Stadt. Wer mag es ihm verdenken?

Der Italiener steckt viel Geld in die Renovierung der Immobilie. Woher er es nimmt? Niemand weiß es. Doch das stört offenbar auch niemanden. Der Gastronom ist beliebt, die Geschäfte laufen gut. Bis eines Tages die Polizei das Lokal stürmt. Es sind deutsche und italienische Beamte. Sie nehmen den italienischen Gastronomen fest, um ihn in Italien vor Gericht zu stellen. Im Jahr 2021 folgt das Urteil gegen ihn: Mehrere Jahre Gefängnis wegen Mitgliedschaft in einer mafiösen Vereinigung. Offenbar ist der nette Pizzabäcker eine hohe Führungskraft der 'Ndrangheta in Deutschland. Im Prozess erfährt die Öffentlichkeit, dass der Mann in den Neunzigerjahren in der Schweiz Drogengeschäfte machte. So weit die Geschichte. »Vom Drogenhändler zum respektierten Gastronomen. Dieser Wandlungsprozess ist der Beginn der Unterwanderung«, sagt Zora Hauser. »Die Mafia operiert nicht gegen die Gesellschaft, sondern mit der Gesellschaft.«

Ein Gasthof ist der perfekte Startpunkt für die Unterwanderung. Eine Immobilie bildet die logistische Basis, wenn Kriminelle Unterschlupf brauchen, sie bietet Lagerfläche für Drogen und illegalen Produkthandel. Steuerbetrug und Geldwäsche sind in diesem bargeldlastigen Wirtschaftssektor ein Leichtes. »Restaurants bieten legale Fassaden. Die Mafia gewinnt Vertrauen in der örtlichen Gemeinschaft. Sie knüpft Kontakte in die Politik. Kurzum: Sie baut Sozialkapital auf«, sagt die Wissenschaftlerin. »Das ist das Unterwanderungsmuster. Der Bürgermeister war wohl nicht korrupt, aber er war Teil des Prozesses. Hätte er viele Fragen gestellt, sähe der Marktplatz nicht so schön aus. Aber das wirklich Beängstigende ist: Das ist nur die Spitze des Eisbergs. In vielen anderen Städten läuft es genau so weiter.«

Die Soziologin sagt, dass die ersten Hinweise auf die kalabrische Mafia auf die 1860er-Jahre zurückgehen – übrigens zeitgleich mit der Gründung des italienischen

Staates. Die Einwohner wissen, dass es die Mafia gibt, aber niemand spricht darüber. Es ist ein Geheimbund. Erst 1961 erscheint der erste Presseartikel zur 'Ndrangheta in Kalabrien, erst seit 2010 ist die 'Ndrangheta ausdrücklich im italienischen Strafgesetzbuch erwähnt. Sie erwirtschaftet jährlich einen Umsatz von mehr als 50 Milliarden Euro. Die Erträge stammen überwiegend aus dem internationalen Kokaingeschäft.

Die Internationalisierung der Mafia beginnt in den 1970er-Jahren und nimmt ab 1990 richtig Fahrt auf. Die kriminelle Vereinigung merkt schnell, wie günstig die Gelegenheit ist, im kollabierten Ostdeutschland und in Osteuropa Fuß zu fassen. Und die Italiener haben einen Plan: Die Neureichen in den Staaten der ehemaligen Sowjetunion sollen bald mit Drogen beliefert werden. Die Mafia ist nach der Wende 1990 eine der ersten Akteurinnen, die Geld in den Osten Deutschlands pumpen. Die Mafia bringt sich strategisch in Stellung durch den Kauf und die Renovierung alter Gebäude und die Eröffnung von Pizzerien.[42] Vordergründig ist das auch hier ein Segen für viele kleine Städte. Wer sonst hätte zu diesem frühen Zeitpunkt investiert und den oft trostlosen Ortskern zu neuem Leben erweckt? Dass dieser Segen mit mutmaßlich kriminell erwirtschafteten Geldern bezahlt wird, das weiß man nicht oder möchte es nicht wissen. Die dortigen Politiker und Bürger wirkten und wirken bis zum heutigen Tag ziemlich zufrieden mit der Entwicklung. Geldwäsche und Korruption bleiben Heimlichkeitsdelikte, an deren Aufdeckung kaum jemand ein Interesse hat, weil auch die »ehrlichen« Akteure das Gefühl haben, davon geschäftlich zu profitieren.

Darüber hinaus demonstriere die Mafia über die Gastronomiebetriebe auch in den deutschen Großstädten ihre Machtverhältnisse, berichtet ein Polizeiermittler. Nach dem Motto »Wir sind mächtig, wir sind angekommen und haben uns an den schönsten Plätzen in Deutschlands Großstädten niedergelassen«. Solche Lokale seien die »Aushängeschilder« und Gäste des Hauses nicht selten Politiker, Staatsanwälte, Richter, Polizisten, die nach ihrem Besuch einen Espresso auf Kosten des Hauses erhalten, erzählt der Fahnder.

Die Methoden der Mafia haben sich verändert. Früher schossen sich die kriminellen Banden den Weg frei, legten Bomben, um Politiker und Unternehmer zu terrorisieren und gefügig zu machen. Das geschieht nun seltener. In den Regionen der Welt, wo die Mafia ihre Erträge legalisiert, spricht man von der »unternehmerischen Mafia«.

Das Ausmaß der Unterwanderung durch die Mafia kann man nur schätzen. Im Jahr 2008 gibt es in Deutschland nach offiziellen Angaben sechzig Mitglieder der 'Ndrangheta, im Jahr 2020 sind es bereits 500. Doch das ist nur das Hellfeld, ausgeleuchtet durch polizeiliche Ermittlungen. Die wahre Zahl dürfte weitaus höher liegen, mindestens doppelt so hoch, meint die Soziologin Zora Hauser.

Alles wird genutzt – auch Finanzkrise und Pandemie

Der Journalist Mattioli beobachtet die Mafia seit vielen Jahren. Er hält Vorträge, schreibt Bücher und muss doch feststellen, dass das Problem Mafia von der Politik immer noch unterschätzt wird. Das zeigt sich auch während der Corona-Pandemie, in der die Mafia durch Kreditvergabe an notleidende Gastwirte ihre Position gestärkt hat. »Das Risiko bei solchen Krediten ist, dass die Rückzahlung nicht mehr geleistet werden kann. Die Gaststätte wechselt dann im Hintergrund den Eigentümer, was aber schwer von außen zu erkennen ist: Der Wirt wird vermutlich derselbe bleiben, der Name des Lokals auch. Damit bieten sich den mutmaßlichen Mafiosi in Deutschland, die bei dieser Masche mitmachen, neue Möglichkeiten für Geldwäsche«, so Mattioli. Einerseits hätten die Clans große Mengen Geld zur Verfügung, die sie investieren wollen. Andererseits sei es für die Mafia wichtig, bestimmte Leute mit Arbeit zu versorgen. »Es braucht auch Rückzugsorte für Mafiosi, die in Italien gesucht werden oder Streit haben. Und es geht immer darum, den Machtbereich auszubauen.«

Die Geldgeschäfte der Mafia hinterlassen in der Öffentlichkeit allenfalls anekdotische Spuren: Im Jahr 2013 filzen 200 Ermittler bei einer bundesweiten Razzia auch die Geschäftsräume der HSH Nordbank in Kiel und Hamburg wegen eines Windparks in Kalabrien. Die Bank hat das Projekt mit 225 Millionen Euro finanziert. Bei den Ermittlungen geht es um den Verdacht der Geldwäsche und Unterstützung einer kriminellen Vereinigung, so die Staatsanwaltschaft. Unter Verdacht stehen Kunden der Bank, die in Kontakt mit der Mafia stehen sollen. Die Bank hat den Kredit abgeschrieben, nachdem der Park beschlagnahmt wurde. Im Jahr 2020 begann die inzwischen privatisierte ehemalige Staatsbank einen Teil des Geldes vom italienischen Staat einzuklagen. Ergebnis offen. Doch der Fall belegt, wie leicht es die Mafia offenbar hat, an einen Kredit von einer deutschen Bank zu kommen. Windparks sind nur eine Spielwiese für die Kriminellen. Das Landeskriminalamt Nordrhein-Westfalen kommt 2014 zu dem Ergebnis, dass die italienische Mafia auch im Baugewerbe Nordrhein-Westfalens kräftig mitmischt. »Es gibt hierzulande keine einzige Großbaustelle, an der die Mafia nicht verdient«, zitieren Medien aus dem Bericht.

Der italienische Staatsanwalt und Mafiajäger Roberto Scarpinato schildert die Gefahren der Unterwanderung bereits im Jahr 2012. Er spricht vor dem Finanzausschuss des Deutschen Bundestages und erscheint mit Polizeischutz, was die Teilnehmer der Sitzung beeindruckt. Es lohnt sich, Teile von Scarpinatos Aussage in voller Länge zu zitieren:

»Ich untersuche die Geldwäsche der Mafia seit zwanzig Jahren. Von 2007 bis 2010 haben wir aufgrund italienischer Gesetze in Palermo ein Vermögen von 4 Milliarden Euro beschlagnahmt. Aus Daten, die sich in unserem Besitz befinden, geht hervor, dass Deutschland seit mehreren Jahren zu den Ländern gehört, die die Mafia sich ausgesucht hat, um ihr Geld zu investieren. Die Informationen stammen aus den Erklärungen von 45 Mafia-Angehörigen, die sich zur Zusammenarbeit mit der Justiz entschlossen haben. Wir haben die Geldflüsse der letzten zehn Jahre von Italien nach Deutschland analysiert und sind auf verschiedene Anzeichen für Unregelmäßigkeiten gestoßen. Uns liegen mehrere Untersuchungen vor, die diese Tatsache belegen.«[43]

Scarpinato tritt immer wieder in Deutschland auf, auch im September 2019 beim Geldwäschesymposium des Bundes Deutscher Kriminalbeamter. Er wiederholt seine Warnung: Deutschland ignoriere die Unterwanderung durch Geldwäsche. Die Mafia sichere sich öffentliche Bauaufträge durch Bestechung. Sobald die Mafia erst einmal eine Baufirma »legal« besitzt, könne sie die Konkurrenz durch Kampfpreise und Unterbietung ausschalten – und am Ende billig übernehmen. Die Mafia stelle Kontakte zu Entscheidungsträgern her, um sie durch Erpressung oder Geschenke an sich zu binden. In Italien, so erzählt der Staatsanwalt, wenden sich Teile der legalen Wirtschaft an die Mafia, um illegal toxische Abfälle zu entsorgen. Der ehrliche Teil der Wirtschaft infiziere sich am Verbrechervirus. Das schmutzige Geld der Mafia fließe in vulnerable, zumeist bargeldintensive Bereiche wie Immobilien, Hotel- und Gaststättengewerbe, Bausektor, Import/Export und den Gebrauchtwagenhandel. Die Mafia tue alles, um bei diesen Geldgeschäften nicht aufzufallen. Zwar gehöre die Ausstellung falscher Rechnungen, inkorrekter Testate und Steuerhinterziehung zum täglichen Brot der Kriminellen, nur seien diese Vergehen oft unterhalb der Aufmerksamkeitsschwelle der Behörden. Durch komplexe, oft internationale Firmenstrukturen seien die Ermittlungen in diesem Bereich auch sehr aufwendig.

»Die Korruption und der Missbrauch legaler Unternehmensstrukturen sind die wichtigsten Methoden der Organisierten Kriminalität«, warnt Europas Polizeibehörde Europol 2021 in ihrem Bericht »Serious and Organised Crime Threat Assessment«.[44] Aus den Unterlagen der *Pandora Papers* vom 3. Oktober 2021 geht hervor, wie der Mafioso Raffaele Amato 2006 kurz vor seiner Flucht aus Italien eine in Großbritannien eingetragene Briefkastenfirma für den Kauf eines Grundstücks in Spanien nutzte, um dort seine eigene Verbrecherbande zu gründen. Amato, dessen Geschichte als Inspiration für Roberto Savianos Bestseller *Gomorrha* diente, wird mit mindestens einem Dutzend Morden in Verbindung gebracht. Er wurde 2009 in einer gemeinsamen Polizeiaktion von spanischen und italienischen Beamten in der spanischen Stadt Marbella verhaftet und 2010 zu einer zwanzigjährigen Haftstrafe verurteilt.

Das schmutzig verdiente Mafiageld ist auch an der Börse salonfähig: Die *Financial Times* berichtet am 8. Juli 2020, dass internationale Investoren Anleihen der Mafia gekauft haben. Italienische Firmen, die für die kalabrische 'Ndrangheta arbeiten, verkaufen ihre Schuldscheine an die große Privatbank Banca Generali. Berater des Geschäfts ist die Wirtschaftsprüfungsgesellschaft EY.

Internationale Verbrechersyndikate wie die Mafia haben auch die globale Finanzkrise 2008/2009 genutzt, um inkriminiertes Drogengeld zu waschen. Die Pleite der US-

Investmentbank Lehman Brothers trocknete damals den Geldmarkt aus. Die Banken brauchten Geld und nahmen alles, was sie bekommen konnten. Antonio Maria Costa, Leiter des UN-Büros für Drogen- und Verbrechensbekämpfung (UNODC), hat Beweise gesehen, dass Mafia-Erlöse »das einzige liquide Anlagekapital« waren, das Banken zur Verfügung stand, die kurz vor dem Zusammenbruch standen. Ein Großteil der 352 Milliarden Dollar an Drogengewinnen seien damals in das Wirtschaftssystem eingeflossen, hätten ihm Geheimdienste und Staatsanwälte mitgeteilt.[45]

Das Blutgeld der Mafia rettet das amerikanische Finanzsystem vor dem kompletten Zusammenbruch? So weit ist es offenbar schon. Doch für Politiker in Baden-Württemberg und andernorts gilt das Mantra: *Mafia non esiste*. Die Mafia gibt es nicht. Ein Argument, das man häufig hört, ist dieses: Man dürfe nicht alle Italiener, die in Deutschland leben, unter Generalverdacht stellen. Dass dies niemand möchte und dass die vielen Italiener hierzulande selbst Opfer der Kriminellen sind, wird von den meisten Politikern dabei gerne ausgeblendet.

Dieses Desinteresse an der Mafia in Deutschland spiegelt sich sogar in der Wissenschaft wider. »Die Organisierte Kriminalität in Deutschland ist nur schwach empirisch erforscht, und die Strafverfolgung zeigt Defizite. Einige Kriminologen leugnen sogar die Existenz der Mafia«, sagt die Professorin für Kriminologie Britta Bannenberg von der Universität Gießen in einem Gespräch. Illegale Drogengeschäfte würden wissenschaftlich eher unter der Konsumentenebene analysiert, der Blick auf die kriminellen Netzwerke, die den Konsum erst ermöglichen, fehle dagegen. »Eigentlich müsste Deutschland die Mitgliedschaft in der Mafia unter Strafe stellen. Italien macht das. Doch ich glaube nicht, dass es hierzulande dazu kommt.« Bannenberg verweist auf die andere Rechtstradition in Deutschland, die das Individuum in den Mittelpunkt der strafrechtlichen Verfolgung stellt und nicht Unternehmen oder Organisationen. »Zwar existiert der 2017 reformierte Straftatbestand der kriminellen Vereinigung (Paragraf 129 Strafgesetzbuch), aber da einerseits ein ethnisch, regional und historisch gewachsenes Gebilde wie die ›Mafia‹ in Deutschland nicht originär präsent ist und andererseits die Organisierte Kriminalität als Phänomen und Bedrohung der demokratischen Strukturen entweder negiert oder heruntergespielt wurde und wird, ist die juristische Betrachtung und Verfolgung eine ganz andere«, sagt die Kriminologin. Außerdem, so Bannenberg, stünde die Terrorbekämpfung seit 9/11 viel stärker im Vordergrund als der Kampf gegen die Organisierte Kriminalität.

Dabei gab es die einmalige Gelegenheit, gegen die Mafia in den Ring zu steigen, und zwar nach den Morden von Duisburg im Jahr 2007. In der Duisburger Innenstadt eskaliert damals ein Streit zwischen zwei rivalisierenden Mafiagruppen, sechs Personen sterben. Plötzlich sind sie sichtbar, die langen Arme der Mafiakrake. Die Tat erzeugt Angst in der Bevölkerung. Der Druck auf die Polizei wächst, Politiker müssen sich vor den Bürgern rechtfertigen, warum man nicht schon längst gegen die Syndikate vorgegangen sei. Die Mafiabanden verordnen sich nach dem Vorfall ein Kampfverbot. In Deutschland soll es keine gewaltsamen Auseinandersetzungen und schon gar keine Schießereien mehr geben – die Geldgeschäfte der Mafia sind wichtiger. In Italien gehen die Mordanschläge jedoch weiter.

Der frühere Duisburger Polizeichef Rolf Jaeger führt damals zusammen mit italienischen Kollegen die Ermittlungen. Inzwischen Pensionär, bewertet er die Mafiabe-

kämpfung in Deutschland so: »Wir können nur erfolgreich ermitteln, wenn wir mit so langem Atem vorgehen
wie Italien. Uns fehlt das Instrumentarium. In Italien ist
die Mitgliedschaft in der Mafia eine Straftat. Bei uns nicht.
Es geht um Menschen, die von der Geburt bis zum Tod
Mitglied der Mafia sind. Sie ist ihre Familie«, sagte Jaeger
beim Symposium zu Geldwäsche und Terrorismusfinanzierung der Kripo Akademie in Bochum 2021. Wer nicht
mitziehe, wird bedroht. Ein Foto der Großeltern in der italienischen Heimat mit dem Hinweis, man wisse, an welchem Tag sie zum Arzt gingen, reiche, um Mitglieder gefügig zu machen. »Diese Erkenntnisse hat die deutsche
Politik noch nicht vereinnahmt. Da können wir von den
Italienern lernen.«

Wie rechtsextreme Gruppen von der Mafia lernen

Inzwischen haben deutsche Rechtsextreme einige Strategien der »unternehmerischen Mafia« übernommen. Das
zeigt ein Blick auf ihre Finanzierungsmethoden. »Wir
sehen in den rechten Gruppen erste Strukturen der Organisierten Kriminalität«, sagt Hans-Jakob Schindler, Direktor des Counter Extremism Project (CEP), einer Non-Profit-
Nichtregierungsorganisation, beim Symposium zu Geldwäsche und Terrorismusfinanzierung der Kripo Akademie
in Bochum 2021 mit Verweis auf eine Studie mit der
Frage: Wie finanziert sich Rechtsextremismus?[46] Die Antwort: durch Konzertveranstaltungen, Onlineshops, Kampf-
sportklubs und Spenden über Kryptowährungen. Die Firmen der Rechtsextremisten sind meist intransparent, in
Form einer GbR, Einzelunternehmen oder einer GmbH
mit Umsätzen unter 350 000 Euro. Bei diesen Beträgen
fehlen strenge Offenlegungspflichten. Die Firmen betrei-

ben gezielt Umsatzminimierung, indem sie Einnahmen auf mehrere Unterkonten überweisen. So bleiben sie unter der strengen Meldepflicht. Hohe Bargeldumsätze bei Veranstaltungen speisen die Gruppen ohne Belege in die Firmen ein. Folgerichtig stellen Schindler und seine Kollegen fest: Die offiziell gemeldeten Umsätze der Firmen reichen überhaupt nicht, um wirtschaftlich zu überleben – gleichzeitig fahren die infrage stehenden Personen teure Autos.

Auch Immobilien spielen eine immer größere Rolle. Rechte Gruppen kaufen vor allem in Ostdeutschland riesige Grundstücke und Häuser auf. So umgehen sie auch Veranstaltungsverbote: Man deklariert Konzerte und Treffs als Privatfeiern auf Privatgrund. Rechtsgerichtete Besitzer von 140 Immobilien sind auf diese Weise bereits in ganz Deutschland aufgefallen.

Fazit: Rechte Gruppen in Deutschland haben die Geldwäsche nach Mafiavorbild für sich entdeckt. »Nicht der Baseballschlägertyp ist wichtig, sondern das Netzwerk. Der Staat muss eingreifen. Die Finanz- und Gewerbeämter sollten in die Ermittlungen mit rein und die Firmen prüfen. Druck machen über das Steuerrecht, wie bei Al Capone«, sagt Schindler. »Wenn eine Gruppe organisiert ist, dann ist meistens auch der Geldfluss organisiert.«

Das Wichtigste in Kürze

- Italienische Staatsanwälte warnen seit Jahren: Die Mafia nutzt ihr kriminell verdientes Geld, um Politiker zu bestechen und wirtschaftliche Wettbewerber zu unterbieten.
- Die Mafia agiert an den internationalen Finanzmärkten wie ein Konzern. Einfallstore zur Geldwäsche in

Deutschland sind der Immobilienmarkt und die Gastronomie.

- Die deutsche Politik ignoriert die Gefahr, weil das schmutzige Geld der Mafia in Deutschland die Wirtschaft ankurbelt. Polizeibehörden erhalten zu wenig Unterstützung. So mancher engagierte Beamte gefährdet seine Karriere und wird versetzt.

4

Was macht strategische Korruption so gefährlich?

Die Übergänge von einem moralischen zu einem unmoralischen Angebot sind fließend. Ebenso knifflig ist es in vielen Lebenslagen, Legalität und Legitimität in Einklang zu bringen. Politiker kennen diese schwierigen Situationen während ihrer Amtszeit und darüber hinaus nur zu gut. Sie wissen: Die Reputation des Parlaments und der Regierung sind in Gefahr, wenn amtierende oder ehemalige Abgeordnete und Minister in verdächtige Geldangelegenheiten verstrickt sind. Andererseits macht fast jeder Mensch aus Leichtsinn oder Unwissenheit manchmal Fehler, und Politiker sind nun mal, wie gerne betont wird, auch nur Menschen. Doch wenn Staatsfirmen aus Russland und China westlichen Ex-Politikern lukrative Jobangebote unterbreiten, dürfte das ziemlich sicher mit einem Hintergedanken verbunden sein: Man möchte den angeheuerten Politiker instrumentalisieren, ja vielleicht sogar noch mehr: Die neuen Arbeitgeber möchten den Menschen politisch »umdrehen« – wobei das in manchen Fällen gar nicht nötig ist, um die eigenen Ziele zu erreichen.

Die Aussage des ehemaligen Bundeskanzlers Gerhard Schröder (SPD), Wladimir Putin sei ein »lupenreiner Demokrat«, gehört im Zusammenhang mit Schröders vielfältigen bezahlten Aktivitäten für russische Energiefirmen genau in diese Kategorie. Bereits während seiner

Amtszeit setzt sich Schröder für das russische Gasprojekt Nord Stream 1 ein und unterzeichnet 2005 einen Vertrag für den Bau der Pipeline. Kurz nach seinem Abschied aus dem Bundeskanzleramt heuert er bei Gazprom an, dem größten Erdgasunternehmen der Welt, später wird er gar Präsident des Verwaltungsrates der Nord Stream 2 AG im Schweizer Steuerparadies Zug. Außerdem ist der Ex-Kanzler seit 2017 Aufsichtsratsvorsitzender des russischen Energiekonzerns Rosneft. Schröder hat diesem Phänomen der Kooptierung im angelsächsischen Sprachraum sogar den Namen gegeben: *Schröderization*. Man kann diesen Prozess als den Versuch einer Korrumpierung ausländischer politischer und geschäftlicher Persönlichkeiten durch feindliche Regimes beschreiben. Dies geschieht meistens einfach durch Geld, mitunter aber auch gepaart mit Erpressung.

Die Chuzpe des Gerhard Schröder sorgt bis heute weltweit für Irritation. Das macht seine Parteinahme für Russland im Ukraine-Konflikt 2022 deutlich, aber auch 2017 bereits eine Anhörung vor dem Ausschuss für Außenpolitik im US-Repräsentantenhaus.[47] Der ehemalige Präsident Estlands, Toomas Hendrik Ilves, der in seiner Amtszeit zwischen 2006 und 2016 erfahren musste, wie Russland in Estland mit Cyberattacken und anderen Provokationen für Unruhe sorgte, warnte die US-Politiker damals vor der »Schröderization« westlicher Demokratien. Es gebe viele Beispiele dafür, doch dieses, Schröders, sei das »ungeheuerlichste«. Der weitere Verlauf dieser US-Ausschusssitzung zeigt, dass der russische Geheimdienst offenbar versucht, einflussreiche Menschen in den westlichen Demokratien finanziell oder persönlich zu kompromittieren. Durch die Kompromittierung möchte Russland bestimmte Informationen erlangen oder ein bestimmtes Verhalten erzwingen. Zur Sprache kommen dabei auch Geldzahlungen

Russlands an politische Kandidaten in der EU, »die sehr anti-EU und anti-NATO sind«. Die Partei der rechtsgerichteten französischen Politikerin Marine Le Pen erhielt demnach 9 Millionen Dollar von einer russischen Bank.

Die Welt erlebt den Kampf zwischen Demokratie und Autokratie, oder genauer: zwischen Freiheit und Unterdrückung. In diesem Konflikt wird Geld in einem Ausmaß als Waffe eingesetzt wie nie zuvor. Das internationale Finanzsystem bietet viele Schlupflöcher, um die Herkunft von Zahlungen und damit Verantwortlichkeiten für Attacken und Infiltrationen über Strohfirmen zu verschleiern. So kann sich die Öffentlichkeit zum Beispiel in vielen Fällen nicht sicher sein, ob eine Parteispende von einem inländischen Gönner kommt – oder direkt, aber gut verschleiert, aus dem Kreml. Die aus dem Ausland gesteuerte Korruption stellt für Demokratien eine große Gefahr dar, weil die ehrlichen Bürger dadurch das Vertrauen in den Rechtsstaat verlieren.

US-Präsident Joe Biden weiß, dass Geld in diesem Konflikt zwischen Demokratie und Autokratie als Waffe eingesetzt wird. Er nennt es eine »strategische Korruption durch ausländische Staatsführer«. Biden meint damit offensichtlich Russland, China und andere autokratische Staaten, die Attacken gegen westliche Demokratien beauftragen und finanzieren. Dazu gehören Schmäh- und Desinformationskampagnen in sozialen Medien (um die es im nächsten Kapitel geht) sowie die illegale Einmischung in Wahlen und Referenden, aber eben auch die gezielte Korrumpierung demokratisch gewählter Politiker ist ein Instrument zur Zersetzung demokratischer Gesellschaften. Biden spricht im Juni 2021 von »Schlupflöchern, die von diesen Akteuren ausgenutzt werden, um sich in demokratische Prozesse in den USA und im Ausland einzumischen«.[48]

Die Methoden der Einmischung und Unterwanderung sind vielfältig. Verheiratete Politiker machen sich beispielsweise erpressbar, wenn sie eine »Liebesaffäre« haben. Der russische Geheimdienst arrangiert mitunter solche Sexabenteuer und besitzt dann kompromittierendes Material. Es gibt Berichte, nach denen der russische Geheimdienst derartige Sexvideos besitzen soll, in denen der frühere US-Präsident Donald Trump zu sehen ist. Darüber hinaus gibt es Bestechungsversuche, entweder direkt oder indirekt mit der Aussicht auf einen lukrativen Job nach der Amtszeit. Josh Rudolph von der transatlantischen Interessengruppe Alliance for Securing Democracy stellt fest: »Es herrscht Alarmstufe Rot wegen der einfließenden russischen Rubel und chinesischen Yuan.«[49]

Die Attacken richten sich gleichermaßen gegen die USA und Europa. Man sollte ihren Effekt nicht unterschätzen, denn die »Schröderization« ist in vollem Gange. Einige Beispiele: Im Jahr 2021 tritt die ehemalige österreichische Außenministerin Karin Kneissl dem Vorstand des russischen Konzerns Rosneft bei. Die Politikerin ist bereits vorher aufgefallen, weil sie auf ihrer Hochzeit mit Wladimir Putin tanzte. Zudem schrieb Kneissl Kolumnen für den russischen Mediendienst RT. Und der ehemalige französische Premierminister François Fillon arbeitet für den Vorstand der russischen Öl- und Gasgesellschaft Zarubezhneft.

Aufschlussreich ist in diesem Zusammenhang auch die Anklageschrift des US-Sonderermittlers und ehemaligen FBI-Direktors Robert Mueller gegen den Lobbyisten Paul Manafort. Darin heißt es, dass ehemalige europäische Spitzenpolitiker 2012 und 2013 verdecktes Lobbying für das korrupte Regime des damaligen ukrainischen Präsidenten Viktor Janukowitsch betrieben haben. Es seien insgesamt 2 Millionen Dollar geflossen. Der Chef der informell »Hapsburg-Gruppe« genannten Gruppe war laut Anklageschrift ein »ehemaliger europäischer Kanzler«. Nach Medienberichten soll es sich um den früheren österreichischen Regierungschef Alfred Gusenbauer gehandelt haben. Österreichs Ex-Kanzler dementierte, für Janukowitsch lobbyiert zu haben. Auch Romano Prodi, ehemaliger italienischer Premierminister und EU-Kommissionspräsident, wies den Vorwurf zurück, etwas Unrechtes getan zu haben. Beide Politiker sagten damals, sie wollten sich nur für eine engere Beziehung der EU zur Ukraine einsetzen. »Zunehmend sichern sich nicht-demokratische Regime die Dienste ehemaliger westlicher Spitzenpolitiker. Diese machen sich zu Steigbügelhaltern für autoritäre und korrupte Interessen«, sagt Thorsten Benner, Direktor des Global Public Policy Institute (GPPi), einer Denkfabrik in Berlin. Diese Politiker aus westlichen Demokratien »setzen ihre Kontakte und ihre Glaubwürdigkeit für Regimes ein, die für das Gegenteil der Werte der Demokratien stehen, in denen sie einst den Amtseid ablegten«.[50] Der ehemalige britische Premier Tony Blair beriet Diktatoren, Philipp Rösler, früherer deutscher Vizekanzler, stand beim chinesischen Investor HNA unter Vertrag. In Australien sicherte sich China die Dienste des ehemaligen Handelsministers Andrew Robb. Auch die Russlandverbindungen des AfD-Politikers Markus Frohnmaier sind Gegenstand vieler Medienberichte. In einem internen Dokument, das in der russischen Präsidialadministration zirkulierte, wird er vor der Bundestagswahl 2017 als ein potenzieller »unter absoluter Kontrolle stehender Abgeordneter« eingestuft. Frohnmaier weist den Vorwurf zurück.

Schwarzgeld als rote Bedrohung

Warum erhalten westliche Ex-Politiker hoch dotierte Jobangebote von Firmen aus autokratischen Staaten? Zum
einen, um sie auf die andere Seite zu ziehen. Aber noch
wichtiger scheint ein anderer Effekt zu sein: Die im Amt
befindlichen Politiker lernen, dass es ein lukratives Be-
rufsleben nach der Politikerkarriere geben kann – aber
nur, wenn man schon in seiner aktiven Zeit als Politiker
freundlich bleibt gegenüber diesen Regimes. »Die Korruption ist der neue Sowjetkommunismus. Das Schwarzgeld
des Kremls ist die neue rote Bedrohung. Die Korruption
als staatspolitisches Instrument breitet sich von Moskau
aus. ... Der Kreml versucht, Eliten für sich einzunehmen
und Einflussnetzwerke im Ausland aufzubauen, indem
er Beamte in korrupte Geschäfte verwickelt«, sagt Brian
Whitmore von Radio Free Europe 2017 in seiner Aussage
vor der US-Helsinki-Kommission, der amerikanischen
Kommission über Sicherheit und Zusammenarbeit in Europa.[51]

Der ehemalige FBI-Chef Robert Mueller publizierte
2019 einen Bericht über die Einmischung russischer Geheimdienste in die US-Präsidentschaftswahl von 2016.
Russische Offiziere des Militärgeheimdienstes GRU werden dafür später in den USA angeklagt, und zwar wegen
Verschwörung, Eindringens in Computersysteme des
Wahlkampfteams von Hillary Clinton, Identitätsdiebstahl
und wegen Geldwäschevergehen im Zusammenhang mit
der Finanzierung dieser Attacken.[52]

Diese Torpedierungsversuche demokratischer Wahlen
sind immer wieder zu beobachten. Auch die EU wirft Russland kurz vor der Bundestagswahl 2021 gezielte Cyber-
angriffe vor. Die Attacken würden sich gegen zahlreiche
Abgeordnete, Regierungsbeamte, Politiker sowie Vertreter

der Presse und der Zivilgesellschaft richten. »Einige EU-Mitgliedsstaaten haben unter der Sammelbezeichnung ›Ghostwriter‹ erfasste Cyberaktivitäten beobachtet und diese mit dem russischen Staat in Verbindung gebracht.«[53] Die Aktivitäten zielten darauf ab, »unsere Integrität und Sicherheit, die demokratischen Werte und Grundsätze sowie das grundlegende Funktionieren unserer Demokratien zu bedrohen«. Aus dem Bericht »The Kremlin Playbook« der Denkfabrik Center for Strategic and International Studies (CSIS) geht hervor, wie stark Russland in den EU-Staaten Ungarn, Slowakei, Bulgarien und Lettland in die politischen Entscheidungsprozesse eingreift, meist unter Einsatz von wirtschaftlichem und finanziellem Druck.[54] Russland, China und andere autoritäre Regimes haben in den zehn Jahren bis 2016 rund 300 Millionen Dollar in 33 Staaten investiert, um dort links- und rechtsextreme Gruppen zu finanzieren. Die kommunistische Partei Chinas bezahlte Strohleuten Geld, die als Wahlkampfspender in Australien und Neuseeland aufgetreten sind. Gleichzeitig stärkt China andere autokratische Regimes durch Kredite und bringt diese Staaten in finanzielle Abhängigkeit von Peking.

»Wir brauchen eine umfassende, EU-weite Untersuchung im Stile Muellers über das Ausmaß der russischen Einflussnahme auf unsere Demokratien, Volkswirtschaften und politischen Systeme, die glaubwürdige Antworten vorlegen kann«, so der belgische Europaabgeordnete Guy Verhofstadt in einem Essay für den *Guardian:* »Es ist Unrecht, dass russische Milliardäre die EU-Staatsbürgerschaft in Malta kaufen, Geld in Londoner Immobilien durch Briefkastenfirmen waschen und somit scheinbar nach Belieben an europäische politische Parteien spenden können.«[55]

Bis hinauf in höchste Ämter

Die EU-Kommission in Brüssel gilt als Regierung Europas. Die Institution erlebte wegweisende Mandatszeiten, etwa unter dem französischen Sozialisten Jacques Delors, der den Kontinent in den frühen Neunzigerjahren aus der deprimierenden »Eurosklerose«, der Integrationsmüdigkeit, befreit. Brüssel erlebte aber auch Finanzskandale. Die Santer-Kommission, benannt nach dem früheren luxemburgischen Ministerpräsidenten Jacques Santer, muss 1999 wegen Korruptionsvorwürfen komplett zurücktreten. Es folgt eine tiefe Sinnkrise der Institution. Diese Zeit wird dazu genutzt, die Regeln zur Abwehr von Korruption ein wenig zu stärken. Eine Maßnahme ist eine Selbstverpflichtung der Politiker: Die EU-Kommissionsmitglieder legen seit 2010 zu ihrem Amtsantritt ein »feierliches Gelübde«, mithin eine Art Eid, ab. Sie geloben darin, die EU-Verträge zu respektieren, ihre Arbeit in voller »Unabhängigkeit im allgemeinen Interesse der Union« auszuüben und nach Ablauf der Amtstätigkeit »die sich aus meinem Amt ergebenden Pflichten zu erfüllen, insbesondere die Pflicht, bei der Annahme gewisser Tätigkeiten oder Vorteile nach Ablauf dieser Tätigkeit ehrenhaft und zurückhaltend zu sein«.

Der damalige EU-Kommissionspräsident José Manuel Barroso bezeichnet diesen Eid als etwas, das mehr sei als nur ein symbolischer Akt. Barroso hat bis dahin eine erfolgreiche Karriere hinter sich, auch als portugiesischer Regierungschef. Jedoch kommt es ausgerechnet unter seiner Regentschaft zu einem Korruptionsskandal im Zusammenhang mit einem U-Boot-Deal. Barroso weist Vorwürfe zurück, er habe von angeblichen Bestechungsgeldern gewusst.[56] Aber er trägt die politische Verantwortung für das teuerste und skandalöseste Rüstungsgeschäft der Landesgeschichte. Es folgt der Aufstieg nach Brüssel. Nach Ende seiner Amtszeit als EU-Kommissionspräsident wechselt Barroso zur US-Investmentbank Goldman Sachs.[57] Er wirkt dort als Berater für die britische Regierung, um gegen die EU die besten Bedingungen für den Brexit herauszuschlagen. Die EU ist ob des schnellen Wechsels auf die andere Seite und des Arbeitsauftrags so empört, dass sie Barroso fortan als Lobbyisten einstuft. Doch der Portugiese dürfte den Verlust der protokollarischen Ehren verschmerzen. Er hat ganz legal einen lukrativen Job in der Finanzwirtschaft angenommen, obwohl er den Amtseid im Kern wohl verletzt hat.

Die Europäische Union versteht sich als Wertegemeinschaft, sie hält den Rechtsstaat hoch und setzt Mitgliedsstaaten wie Polen und Ungarn zu Recht unter Druck, den demokratischen Prinzipien zu genügen. Es wirft kein gutes Licht auf die Institution, wenn immer wieder EU-Politiker in Finanzskandale verstrickt sind. Hier sind noch weitere Beispiele mit prominenten Funktionärinnen und Funktionären:

Der frühere EU-Kommissionspräsident Jean-Claude Juncker muss 2015 zu seiner Rolle in der »Lux Leaks«-Steueraffäre dem EU-Parlament Rede und Antwort stehen. Der Vorwurf: Juncker habe das System der Steuerhinterziehung in Luxemburg möglich gemacht – schließlich amtierte er dort früher als Finanzminister und Regierungschef. Juncker weist die Vorwürfe zurück.[58]

Christine Lagarde, seit November 2019 Präsidentin der Europäischen Zentralbank, wird 2016 vom Pariser Gerichtshof wegen Fahrlässigkeit verurteilt, weil sie 2008 in ihrer Zeit als französische Wirtschafts- und Finanzministerin auf einen Einspruch gegen die umstrittene staatliche Entschädigung in Höhe von 400 Millionen Euro an den Unternehmer Bernard Tapie verzichtet hat. Eine

Strafe für Lagarde verhängt das Gericht nicht. Französische Korruptionsbekämpfer kritisieren, die Richter würden französische Spitzenpolitiker schonen.[59]

Die jetzige Referatsleiterin Finanzkriminalität bei der EU-Kommission, Raluca Prună, muss 2016 als Justizministerin Rumäniens zurücktreten, weil sie den Europäischen Gerichtshof für Menschenrechte angelogen hat. Es geht um Geld zum Bau neuer Gefängnisse in Rumänien, das, anders als Prună zunächst behauptet, nicht geflossen ist. Menschenrechtsorganisationen kritisieren den unwürdigen Zustand in den rumänischen Strafanstalten seit Jahren.[60]

EU-Kommissionspräsidentin Ursula von der Leyen muss sich vor ihrem Wechsel nach Brüssel als Bundesverteidigungsministerin für den zweifelhaften Umgang mit Beraterverträgen in Millionenhöhe verantworten. Das Wehrressort liegt 2019 mit 154,9 Millionen Euro auf Platz eins aller Bundesministerien bei der Bezahlung von externen Beratern.[61] Der Bundesrechnungshof stellt in seinem Prüfbericht zahlreiche Unregelmäßigkeiten bei der Auftragsvergabe fest. Im Raum stehen die Vorwürfe Verschwendung von Steuergeldern und Vetternwirtschaft.[62]

Beim amtierenden EU-Kommissar für Landwirtschaft, dem polnischen PiS-Politiker Janusz Wojciechowski, soll es Ungereimtheiten bei der Erstattung von Reisekosten aus seiner Zeit als EU-Abgeordneter geben.[63]

Gegen den amtierenden EU-Justizkommissar Didier Reynders vom belgischen Mouvement Réformateur gibt es Vorwürfe wegen Korruption und Geldwäsche im Zusammenhang mit dem Bau der belgischen Botschaft im Kongo.[64] Reynders kam auch ins Gerede bei der Freigabe von Geldern, die nach dem Sturz der libyschen Gaddafi-Regierung als Teil von UN-Sanktionen eingefroren wurden.[65] »Ein Brief aus dem Jahr 2012, der der amerikanischen Zeitung *Politico* zugespielt wird, deutet an, dass Reynders die Konten freigab, um die Rückzahlung offener libyscher Schulden an acht belgische Firmen zu ermöglichen.«[66]

Santer-Kommission, Barroso, Juncker, Lagarde, von der Leyen: Sind diese Fälle nur Petitessen – vergeben und vergessen –, und weiter geht es mit der Karriere? Nur zur Erinnerung: In Deutschland erhält eine Kassiererin die Kündigung, weil sie einen liegen gebliebenen Pfandbon für sich einlöst. Können Politiker und EU-Spitzenbeamte, die mit Korruption in Verbindung gebracht werden, überhaupt noch glaubwürdig gegen Geldwäsche und Korruption kämpfen? Das ist eine schwierige Frage, denn es gilt stets die Unschuldsvermutung.

Natürlich sind nicht alle Politiker käuflich – nur eine Minderheit verfällt dem Bestechungsgeld. Die allermeisten verrichten ihre Arbeit ehrlich und im Interesse der Wähler. Die Mehrheit der Politiker kommt nicht einmal in die Nähe eines Finanzskandals. Im Umkehrschluss bedeutet das aber: Es gibt in der EU viele aufrechte und für Topjobs äußerst geeignete Politiker – warum können sich dann zum Teil auch schwer belastete Amtsträger trotz ihrer Verfehlungen und mutmaßlichen Verstrickungen in ihren Ämtern halten und ihre Karriere über viele Jahre hin fortsetzen?

Kaviar-Diplomatie – geschmiert vom Autokraten

Der Europarat, 1949 als Forum der kriegsmüden Staaten gegründet, gilt als Hüter von Menschenrechten und Demokratie in den mittlerweile 47 Mitgliedsstaaten. Das Ansehen der Institution hat großen Schaden genommen, weil einige Mitglieder der Parlamentarischen Versammlung für ein bestimmtes Abstimmungsverhalten Geld genommen haben. Diese über viele Jahre betriebene »Kaviar-Diplomatie« des aserbaidschanischen Autokraten Ilham Alijew hat gezeigt, wie empfänglich manche Bundestagsabgeordnete und Parlamentarier aus Italien und Großbritannien für finanzielle Zuwendungen sind.

Was genau ist da geschehen? In der Parlamentarischen Versammlung des Europarats sitzen Gesandte aus den 47 nationalen Parlamenten. Das Europaratsgremium überprüft regelmäßig den Zustand der Demokratien ihrer Mitglieder und fasst die Ergebnisse in Berichten zusammen. Aserbaidschan ist zwar Mitglied des Europarats, der regierende Ilham Alijew und seine Familie stehen jedoch seit vielen Jahren im Verdacht, politisch aktive Bürger zu verhaften und das Land zum eigenen Vorteil finanziell auszubeuten. Der frühere US-Botschafter in Aserbaidschan, Richard D. Kauzlarich, sagt, das Land steche beim Ausmaß der Korruption heraus, und das in einer Region, in der solche Dinge alles andere als unüblich seien. Die Herrscherfamilie weist den Verdacht stets zurück, immer mit dem Verweis darauf, das Land habe 2002 die Menschenrechtskonvention des Europarats unterschrieben. Doch in den Jahren danach belegen Berichte, wie schlimm die Menschenrechtslage in Aserbaidschan tatsächlich ist.

Im Europarat wächst der Unmut, man möchte Alijew zur Verantwortung ziehen. Dazu soll die Versammlung dem fertigen Bericht über die schlechte Menschenrechtslage in Aserbaidschan mehrheitlich zustimmen. Doch in der entscheidenden Abstimmung fehlt dem Europarat dazu plötzlich die Mehrheit. Die Erschütterung ist groß, und der Grund kommt erst später an die Öffentlichkeit: Der Autokrat hat im Vorfeld über die Jahre etwa 2,5 Milliarden Euro an verschiedene Politiker verteilt, um sich systematisch Einfluss in Europa zu sichern. Darüber hinaus lädt Alijew in dieser Zeit einige willfährige Repräsentanten des Europarats mehrfach nach Baku ein, um sie dort mit luxuriöser Unterbringung und Geschenken zu verwöhnen. Alijew hat bei vielen Politikern Erfolg mit seiner Taktik: Mit der Aussicht auf den schnellen Euro kocht er deutsche, britische, französische und italienische Parlamentarier weich, darunter Bundestagsabgeordnete wie die inzwischen verstorbene Karin Strenz (CDU) und der ehemalige Staatssekretär im Bundesinnenministerium und CSU-Abgeordnete Eduard Lintner. Gegen Lintner sowie gegen den CDU-Bundestagsabgeordneten Axel Fischer ermittelt die Münchner Generalstaatsanwaltschaft wegen des Vorwurfs der Bestechlichkeit. Die Ermittlungen dauern, Stand März 2022, an.[67] Gegen Strenz ermittelte bis zu ihrem Tod die Frankfurter Staatsanwaltschaft wegen Geldwäsche und Mandatsträgerbestechung.

Das ehemalige Mitglied des italienischen Abgeordnetenhauses Luca Volontè ist als Gesandter seines Landes in die Parlamentarische Versammlung des Europarates wohl der wichtigste Strippenzieher bei der Organisation von Mehrheiten für Alijew. Er soll knapp 2,4 Millionen Euro kassiert haben. Volontè wird in Italien 2021 erstinstanzlich zu vier Jahren Haft wegen Korruption verurteilt. »Es gab ein Netzwerk von Abgeordneten, die ganz offensichtlich Dinge verabredeten, die nicht im Sinne des Europarates waren. Der soll ja Menschenrechte, Rechtsstaatlichkeit und Demokratie schützen. Aber es ging vielen Abgeordneten um das genaue Gegenteil. Viele versuchten, Staaten vor Kritik zu schützen, statt sie zu kritisieren. Offensichtlich oft gegen Geld. Bei dem Netzwerk geht es nicht nur um Aserbaidschan, aber dort konzentriert es sich«, sagt der SPD-Europarat-Abgeordnete Frank Schwabe.[68]

Die »Kaviar-Diplomatie« Aserbaidschans belegt, wie korrupte und autokratische Staaten die Korruption in der internationalen Politik erfolgreich als Waffe einsetzen. Die mutmaßlichen Bestechungsgelder laufen über britische Briefkastengesellschaften und EU-Bankkonten – also mittels der klassischen Methoden der Geldwäsche. Dem kleinen Aserbaidschan gelingt es, das Vertrauen in demokratisch gewählte Politiker der EU weltweit zu beschädigen.

Geldwäsche und Korruption gehen Hand in Hand

Die Signalwirkung von Ereignissen wie der Aserbaidschan-Affäre ist verheerend. Da ist es kein Wunder, wenn Bürger über »die da oben« schimpfen und Politikern grundsätzlich immer weniger vertrauen. Demokratische Systeme haben einen Kipppunkt, ab dem die Korruption endemisch werden kann. Dieser Punkt lässt sich wohl nur rückblickend verorten; wann es so weit ist, hängt von vielen Faktoren im jeweiligen politischen System und auch der politischen Kultur ab. Doch ein erstes Signal für das drohende Überkippen in eine korrupte Gesellschaft könnte der Moment sein, wenn sich die Bürger fragen, warum sie ehrlich arbeiten sollen, während Eliten allem Anschein nach unverfroren Bestechungsgelder kassieren. Diese psychologische Deformation einer bestechlichen Gesellschaft beschreibt Papst Franziskus treffend mit dem Gleichnis vom unehrlichen Verwalter: »Mit dieser Gewohnheit des leichten Verdienstes, die ich mir angewöhnt habe – da soll ich jetzt wieder arbeiten gehen? Alle Tage morgens um sechs Uhr aufstehen? Nein, nein, nein.« Also fängt der Verwalter an, »eine Seilschaft mit anderen Korrupten« zu bilden, die sich erst zierten, um dann doch in den »Raum der Korruption« einzutreten.[69]

Die Korruption nährt sich also selbst, und Menschen,

die darin verstrickt sind, tun sich schwer, diesen »Raum« wieder zu verlassen. Es ist daher wichtig, die Korruption effektiv zu bekämpfen. Doch das Thema interessiert unsere Politiker offensichtlich nur wenig. Die Innenminister des Bundes und der Länder schweigen meist, und wenn eine Bestechung auffliegt, bezeichnen sie es als Einzelfall. Es ist ein Mythos, dass Korruption in hoch industrialisierten und demokratischen Gesellschaften zurückgehen oder gar verschwinden würde. Sie nimmt nur neue Formen an.[70] Korruption und Geldwäsche sind zwei Seiten derselben Medaille. Wer Schmiergelder zahlt, kann diese Mittel aus illegalen Quellen gewonnen haben – muss es aber nicht. Es können auch legale Einkünfte sein. Aber der Geber muss den Geldabfluss und den Zahlungszweck auf jeden Fall plausibel gestalten, sprich: den Zahlungsstrom verschleiern. Wer Schmiergelder annimmt, muss den Betrag waschen, um angesichts des neuen Vermögens keinen Verdacht zu erregen und unentdeckt zu bleiben. Den Kampf gegen die Korruption kann man daher nur auf eine Weise gewinnen: Unsichtbare Finanzstrukturen müssen sichtbar gemacht werden. Man muss im Verdachtsfall nachprüfen können, wer wem wie viel Geld überweist.

Der effektive Kampf gegen Schwarzgeld ist überfällig. Korruption zersetzt die Demokratie. Der frühere Chef der Weltbank James Wolfensohn bezeichnet die Korruption völlig zu Recht als »Krebsgeschwür«.[71] Doch kann man überhaupt messen, wie korrupt es in einem Land zugeht? Dadurch, dass bei Entdeckung beide Seiten bestraft werden – also der, der besticht, und der, der sich bestechen lässt –, gibt es nur Täter, und Täter haben meist kein Interesse daran, einander gegenseitig zu beschuldigen. Dennoch meint der Transparency-Aktivist Afra Raymond, zumindest der öffentliche Schaden der Korruption ließe sich relativ leicht berechnen: »Die staatlichen Gesamtausgaben minus der Beträge, für die Abrechnungen vorliegen, minus der Beträge, deren Verwendung transparent ausgewiesen sind: Das ist der Gesamtbetrag der Korruption.«[72] Mit dieser Methode kann man immerhin die staatliche Korruption ausleuchten, doch andere Bereiche wie die Bestechung von Verwaltungsangehörigen oder die Korruption in der Privatwirtschaft bliebe da ausgeblendet. Wie dem auch sei, es gibt Überschlagsrechnungen, die zumindest eine Vorstellung der monetären Dimension geben. Die Vereinten Nationen schätzen den jährlichen Schaden der Korruption weltweit auf 3,6 Billionen Dollar. Ein Viertel der Weltbevölkerung bezahlt demnach regelmäßig Schmiergelder für staatliche Leistungen.[73] Allein für die EU taxieren Experten den Schaden auf 990 Milliarden Euro.[74] Der Eindruck ist jedoch, dass diese Verschwendung einfach hingenommen wird. Dadurch unterminiert die EU auch ihre eigenen Bemühungen, in Osteuropa die Demokratie zu stärken. Der Europäische Rechnungshof warnt in seinem Sonderbericht, dass der Großteil der milliardenhohen EU-Hilfsgelder an die Ukraine wegen der dort verbreiteten Großkorruption in dunklen Kanälen versickert: »Obwohl die Ukraine Unterstützung unterschiedlichster Art vonseiten der EU erhält, untergraben Oligarchen und Interessengruppen nach wie vor die Rechtsstaatlichkeit in der Ukraine und gefährden die Entwicklung des Landes«, sagt Juhan Parts, das für den Bericht zuständige Mitglied des Europäischen Rechnungshofs.[75]

Auch Deutschland schaut weg: Wenn man hierzulande von Korruption spricht, schweift der erschrockene Blick ins Ausland, beispielsweise nach Mexiko und Kolumbien. Dort regieren die Drogenkartelle mit. Sie entscheiden in vielen Situationen, wer überlebt und wer nicht. Kriminelle bezahlen Polizisten und Richter, um ihre Verbrechen ungestört ausführen zu können. So schlimm ist es hierzulande noch nicht. Aber die Korruption ist auf dem Weg, sie befruchtet sich, springt über von einem Lebensbereich in den anderen, mal beginnt die Unterwanderung in der Politik, mal in den Behörden, mal in der Wirtschaft. Schritt für Schritt, Tag für Tag, Jahr für Jahr. Das geschieht auch hier bei uns. Gerhard Schick, Vorstand der Bürgerbewegung Finanzwende, warnt: »Kriminelle setzen sich in Deutschland schon jetzt ähnlich fest wie in Kolumbien und Süditalien, beginnend in der Wirtschaft.« [76]

Morde für die einen, Pässe für die anderen

Am 16. Oktober 2017 stirbt die 53-jährige maltesische Journalistin und Bloggerin Daphne Caruana Galizia durch einen Bombenanschlag in ihrem Auto auf einer Straße im Norden Maltas. Zuvor berichtet sie regelmäßig über Korruption und Geldwäsche. Der maltesische Unternehmer Yorgen Fenech muss sich seit 2022 vor Gericht dafür verantworten, den Mord in Auftrag gegeben zu haben.[77]

Die Journalistin hat sich bei Unternehmern und Politikern unbeliebt gemacht, etwa indem sie enthüllt, dass der Stabschef des maltesischen Premierministers, Keith Schembri, und der damalige Energieminister Briefkastenfirmen in Panama besitzen. Es folgen Diskussionen über mögliche Schmiergeldzahlungen an Regierungsmitglieder, darunter auch an Maltas Premierminister Joseph Muscat, der in der EU zu jener Zeit ein wichtiger Mann ist: Er amtiert turnusgemäß als Präsident des EU-Rates. Das Journalistennetzwerk Organized Crime and Corruption Reporting Project (OCCRP) wählt Muscat als Förderer von Kriminalität und Korruption – natürlich ironisch – zum »Mann des Jahres 2019«. Er tritt später zurück. Muscat war schon im Jahr 2004 Mitglied des EU-Parlaments und leitete dort, man mag es rückblickend kaum fassen, den Parlamentsausschuss für die Bekämpfung von Geldwäsche.

Der Mord an Galizia ist kein Einzelfall. In der Slowakei werden 2018 der Journalist Ján Kuciak und seine Verlobte Martina Kušnírová erschossen, im Jahr 2021 der niederländische Kriminalreporter Peter R. de Vries. Ihnen gemeinsam ist: Sie recherchierten über Korruption, illegale Geldflüsse und die Verbindung von Politikern zur Organisierten Kriminalität.

Während mutige Journalistinnen und Journalisten bei der Aufdeckung von Korruption ihr Leben aufs Spiel setzen, ist es für wohlhabende Kriminelle erstaunlich leicht, Bürger der EU zu werden und die damit verbundene Bewegungsfreiheit zu genießen. Sie müssen lediglich einen größeren Betrag in dem jeweiligen EU-Mitgliedsstaat investieren. Malta ist einer der Gönner, Zypern auch. Dort reichen 2 Millionen Euro, um den zyprischen Pass zu erhalten. Auf diesem Weg werden auch kriminelle Oligarchen und Kleptokraten aus ehemaligen Sowjetstaaten, aus Emiraten, aus Afrika und Asien offiziell Bürger der westlichen Wertegemeinschaft.

Zwischen 2007 und 2020 sollen knapp 7000 Menschen – mehrheitlich Russen und Chinesen – die zyprische Staatsbürgerschaft erhalten haben.[78] Für den Staatshaushalt Zyperns ist der Verkauf von Staatsbürgerschaften eine wichtige Einnahmequelle. »Der Verkauf von Bürgerrechten stellt eine ernsthafte Bedrohung für unsere Sicherheit und den Kampf gegen Korruption in der EU dar«, sagt Sven Giegold, EU-Parlamentarier der Grünen.[79] Wie tief sich die Korruption in den Staatsapparat Zyperns gefressen hat, zeigt der Fall des zyprischen Parlamentspräsidenten Demetris Syllouris. Der mächtige Politiker muss 2020 nach einem mit versteckter Kamera aufgezeichneten Bericht des TV-Senders *Al-Jazeera* zurücktreten. Die Aufnahmen zeigen, wie er und andere hohe Funktionäre bereit sind, an einen verurteilten Kriminellen aus China die zyprische Staatsbürgerschaft zu vermitteln. In einer Szene verspricht Parlamentspräsident Syllouris dem von Journalisten beauftragten Lockvogel vor versteckter Kamera: »Wenn es in Zypern mit dem Pass nicht klappt, ist das kein Problem. Dann klappt es woanders.« Syllouris prahlt mit Kontakten zu anderen Parlamentspräsidenten in der EU. »Nicht nach Schweden oder Dänemark«, sagt er mit einem Augenzwinkern. Aber in die »Slowakei, nach Malta und Litauen« habe er gute Kontakte.[80]

Man mag sich nicht ausmalen, was dieses schlechte Vorbild eines der ranghöchsten Politiker in der Gesellschaft auslöst. Notabene: in einem EU-Staat und damit Mitglied der viel beschworenen europäischen Wertegemeinschaft.

Junge Menschen, die in korrupten Verhältnissen aufwachsen, stecken weniger Energie in Bildung, weil sie gelernt haben, dass es darauf ankommt, wen man kennt, und nicht darauf, was man weiß. Die arme Bevölkerung leidet unter einem korrupten Staat am stärksten, weil Staatsgelder versickern, die eigentlich in den Gesundheitssektor und die Bildung der Bürger fließen sollten.

Die Ereignisse in Zypern zeigen, wie weit sich die Korruption in die europäischen Demokratien vorgefressen hat. In der EU halten inzwischen 62 Prozent der Bürger die Korruption in ihrer nationalen Regierung für ein großes Problem. Am niedrigsten liegen die Zahlen in Dänemark (12 Prozent) und Finnland (16 Prozent), am höchsten in Bulgarien (90 Prozent) und Kroatien (92 Prozent), so das »Global Corruption Barometer 2021« der Antikorruptionsorganisation Transparency International.[81] Fast die Hälfte der Befragten gibt an, ihre Regierung gehe nicht ausreichend gegen Korruption vor. 7 Prozent erklären, in den vergangenen zwölf Monaten Bestechungsgelder gezahlt zu haben, um Zugang zu öffentlichen Dienstleistungen wie Gesundheitsversorgung oder Bildung zu erhalten. In Deutschland glauben laut Umfrage 26,4 Prozent der Bürger, dass das Ausmaß an Korruption im letzten Jahr zugenommen hat. 38,5 Prozent der Menschen finden, dass die Bundesregierung Korruption schlecht oder sehr schlecht bekämpfe. Immerhin 3,2 Prozent der Befragten in Deutschland geben an, in den vergangenen zwölf Monaten für eine öffentliche Dienstleistung hierzulande Bestechungsgeld gezahlt zu haben.

Der ehemalige britische Premierminister Winston Churchill bezeichnete Demokratie in seinem berühmten Bonmot »als die schlechteste aller Regierungsformen – abgesehen von allen anderen«. Daraus folgt: Am Ende speist sich die Akzeptanz der Demokratie aus ihrem Erfolg, die Probleme der Menschen zu lösen und die Herrschaft des Rechts in allen Politikbereichen durchzusetzen. Das setzt voraus, die Korruption effektiv zu bekämpfen. Sonst wird am Ende nicht Churchill, sondern Cicero recht behalten, der vor 2000 Jahren gesagt haben soll: »Keine Festung ist so stark, als dass sie Geld nicht einnehmen kann.«

Das Wichtigste in Kürze

• Die Korruption in Deutschland und Europa wächst. Schwarzgeld ist ein langsam wirkendes Gift, das den gesellschaftlichen Widerstand fast geräuschlos bricht. Die Gegner der Demokratie nutzen die Korruption als Waffe: Sie vermeiden die Gewaltanwendung und verlassen sich auf die Verführungskraft des Geldes.

- Autokratische Regimes bieten europäischen Ex-Politikern wie Gerhard Schröder lukrative Jobs an. Das ist gefährlich für die Demokratie, denn die Aussicht auf gut bezahlte Tätigkeiten nach der Politikerkarriere kann auch amtierende Politiker gefügig machen. Diese »Schröderization« der freien Welt nimmt zu.
- Korruption und die Verschleierung von Zahlungen mithilfe von Geldwäschemethoden sind zwei Seiten einer Medaille. Es braucht dringend mehr Transparenz und Finanzermittlungen: Die Öffentlichkeit muss endlich wissen, bei wem demokratische Politiker während oder nach ihrer Amtszeit ihr Geld verdienen, was sie dafür tun und wie hoch das Gehalt ist.

5

Wie wird aus russischem Schwarzgeld ein hybrider Krieg?

»Böse Akteure brauchen Geld, um ihre Taten zu begehen. Die Undurchsichtigkeit unseres Finanzsystems dient den Interessen dieser böswilligen Kräfte.« Das ist die Einschätzung des amerikanischen Senators Jack Reed vor dem US-Kongress.[82] Der Experte für Banken, Militär und Geheimdienst informierte die Kollegen 2018 in seiner Rede vor dem US-Senat über den »bösartigen finanziellen Einfluss des Kremls«. Reeds Fazit lautet: Russland setzt Geld als Waffe ein. Das System von Wladimir Putin nutze den Reichtum der Oligarchen, um »unsere demokratischen Institutionen zu unterwandern«. Wird dreckiges Geld in diesen Sphären eingesetzt, erleben wir eine neue Form von Krieg.

Im Jahr 1945 treffen sich die kriegsmüden Staatenlenker in der amerikanischen Küstenstadt San Francisco und unterzeichnen mit der UN-Charta den Gründungsvertrag der Vereinten Nationen. Es ist das Versprechen auf eine bessere Welt, in der Regeln gelten sollen und nicht mehr das Recht des Stärkeren. Es ist die Einladung zur demokratischen Ordnung mit Grundrechten für alle Menschen. Diese regelbasierte Weltordnung ist seit dem Zusammenbruch des Sowjetsozialismus und dem Aufstieg Chinas in Gefahr. Der kalte Abschreckungskrieg, der bis 1989 zwischen Sozialismus und Kapitalismus herrscht, hat sich in einen »hybriden Krieg« zwischen Autokratien und Demokratien gewandelt. Das Paradigma der atomaren Abschreckung prägt zwar noch immer die globale Sicherheitsarchitektur, doch weil niemand ernsthaft einen Atomkrieg führen möchte, bedienen sich Politiker alter und neuer Guerillataktiken. Es entwickelt sich ein Krieg zunehmend aus dem Hinterhalt statt durch offenen Kampf, verstärkt durch Infiltration statt durch offenkundige Aggression – eine perfide Mischung aus militärischen und nicht militärischen Elementen, die mal symmetrisch, mal asymmetrisch eingesetzt werden.

Die NATO betrachtet China und Russland inzwischen als »Rivalen« in der Weltpolitik. Als »Gegner« wollte man die Großmächte nicht titulieren – aber das ist nicht mehr als diplomatische Etikette. Es geht um eine Neuordnung der Machtbereiche auf der Welt. Die Vorherrschaft der USA ist gebrochen, andere Großmächte loten die neuen Grenzen aus. Ein Beispiel ist der Streit um die Paracel- und Spratly-Inseln im Südchinesischen Meer. Wer diese Eilande beherrscht, kontrolliert die wichtige Passage zwischen westlichem Pazifik und Indischem Ozean. China beansprucht die Meeresregion, auf deren Grund große Rohstoffvorkommen vermutet werden, für sich, doch auch andere südostasiatische Länder, neben Vietnam vor allem die Philippinen, erheben Ansprüche. China möchte vollendete Tatsachen schaffen, indem es künstliche Inseln aufschüttet und auf Riffs Betonplattformen baut, die mit Flugabwehr- und Schiffskanonen sowie Kommunikationssystemen ausgestattet sein sollen.

Diese Maßnahmen sind eine Form von hybrider Kriegsführung. Wie soll die westliche Wertegemeinschaft, wie sollen die Vereinten Nationen, aber auch die NATO auf solche und ähnliche Provokationen reagieren? Zumal sich die Beispiele in einem bedrohlichen Ausmaß häufen:

So beklagen die NATO und die G-7-Staaten eine immer größere Anzahl von Cyberattacken und Desinformationskampagnen. Das Auswärtige Amt warnt im Mai 2021: »Angesichts der Zunahme hybrider Bedrohungen, etwa durch Russland oder China, muss das frühzeitige Erkennen und Analysieren von hybriden Kampagnen, aber auch die Stärkung der Resilienz von NATO-Mitgliedsstaaten und ihrer Gesellschaften in Zukunft eine größere Rolle spielen.«[83]

Im Herbst 2021 testet China erstmals ein Hyperschall-Raketensystem und überrascht damit das Militär der USA und der NATO. Man spricht von Chinas »Sputnik-Moment«.

Zur selben Zeit stellt der belarussische Präsident Alexander Lukaschenko sein Land als Transit für Flüchtlinge aus Irak und Afghanistan zur Verfügung. Die belarussischen Truppen, Polizisten oder kriminelle Schlepperbanden führen die Flüchtlinge bis an die Grenze zur EU. Lukaschenko missbraucht die Menschen als Faustpfand. Er möchte, dass der Westen die Sanktionen gegen sein Land aufhebt. Ansonsten, so die implizite Drohung, werde der Flüchtlingsstrom noch zunehmen. Auch das ist Auswuchs des neuen hybriden Krieges.

Der russische Generalstabschef Waleri Gerassimow skizziert den hybriden Krieg 2013 als eine Konfrontation unterhalb der Schwelle eines direkten bewaffneten Konflikts. Der Zustand zwischen Krieg und Frieden verwische, und die Bedeutung der nicht militärischen Mittel zum Erreichen der politischen Ziele sei gewachsen.[84] Zu den hybriden Operationen des Kremls gehören Sabotage, Propaganda und Desinformation, Manipulation sozialer Medien und gesellschaftsspalterische Einflussnahme, die über politische oder finanzielle Kanäle ausgeübt wird. Die liberalen Demokratien brauchen eine Strategie, um diese gezielten Provokationen zu unterbinden, denn hybride Attacken erzeugen Angst in der Bevölkerung. Betroffen sind auch internationale Konzerne. Maersk, die größte Containerschiffreederei der Welt, kann 2017 aufgrund einer Cyberattacke mit der Schadsoftware NotPetya auf das Buchhaltungssystem einer Niederlassung in der Ukraine für zehn Tage nur analog arbeiten – weltweit. Der Schaden beläuft sich auf Hunderte Millionen Dollar. Der Westen geht davon aus, dass Russland die Attacke ausgeführt hat, um die Ukraine zu destabilisieren.

Diese Ransomware-Attacken gehen oft einher mit Erpressung, wobei die fälligen Lösegeldbeträge häufig in Kryptowährungen bezahlt werden sollen. Im Gesamtjahr 2021 dürfte sich der weltweite Schaden – Lösegeldzahlungen plus Betriebsausfälle – auf 1 Billion Dollar belaufen haben. 2030 könnte sich der globale Schaden durch Ransomware auf 90 Billionen Dollar aufaddieren, sagt Interpol-Generalsekretär Jürgen Stock beim Symposium zu Geldwäsche und Terrorismusfinanzierung der Kripo Akademie in Bochum 2021. Dieser Betrag entspräche in etwa der globalen Wirtschaftsleistung. Auch in Deutschland sind bereits Behörden durch Cyberattacken lahmgelegt worden, sie waren zum Teil über Monate hinweg außerstande, ihre Aufgaben zu erfüllen.

Diese Attacken richten unmittelbare Schäden an, sie säen aber auch Misstrauen. In der Konsequenz haben viele wirtschaftliche Entscheidungen inzwischen eine sicherheitspolitische Komponente. Ist es beispielsweise politisch verantwortbar, dass westliche Demokratien die Mobilfunknetze des chinesischen Herstellers Huawei einkaufen, obwohl der begründete Verdacht besteht, dass China die Daten absaugt?

Auch neue Kriegsformen kosten Geld

Die neue Qualität der hybriden Kriegsführung besteht darin, dass die Attacken schneller und intensiver ausgeführt werden können als noch zu Zeiten des Kalten Krieges. Die Welt ist durch Globalisierung und internationale digitale Vernetzung durchlässiger, aber auch für Aggression anfälliger geworden. Diese Art von Krieg kann man mit konventionellen militärischen Mitteln kaum gewinnen, denn viele der bisherigen Waffen bleiben auf den heutigen Schlachtfeldern stumpf. Was kann ein Panzer schon gegen einen Hacker ausrichten? Hier agieren unterschiedlichste geheime Gruppen im Auftrag eines Staates. Die Kämpfer gehören zum Geheimdienst, der bei Bedarf auch mit terroristischen Gruppen und der Organisierten Kriminalität kooperiert. Man weiß so gut wie nie, wer hinter einer Cyberattacke steckt. Aber wo Panzer und Flugzeugträger immer öfter versagen müssen, scheint eine andere Strategie wesentlich vielversprechender zu sein. Wir kennen sie bereits aus Kapitel 2, wo es um die Immobilien ging: *Follow the money*. Wer dem Weg des Geldes folgt, gelangt zu den Verantwortlichen der Cyberattacken, Sabotageakte, Desinformationskampagnen – und Auftragsmorde.

Der bereits erwähnte Russlandexperte Brian Whitmore beschreibt anschaulich, wie das »System Putin« funktioniert und welche Rolle »Schwarzgeld« dabei spielt. Hier die wichtigste Passage: »Bewaffnete Korruption und Organisierte Kriminalität sind Teil des Arsenals, das Putins Kreml zur Schwächung westlicher Institutionen einsetzt. Weitere Elemente dieses Arsenals sind Finanzen, Information, Energie, Cyberspace, die Unterstützung für extremistische politische Parteien und Religionen. Genauer gesagt ist Russland tatsächlich ein Staat mit einer verstaatlichten Mafia. Die russischen Sicherheitsdienste arbeiten eng mit dem Organisierten Verbrechen zusammen und unterstützen oft dessen Aktivitäten. Infolgedessen sind die Sicherheitsdienste in der Lage, eine sogenannte *Tschernaja Kassa* oder ein schwarzes Konto einzurichten, auf dem sich unauffindbares Vermögen befindet, das für alle möglichen inoffiziellen Operationen und Einflussnahmen im Ausland verwendet werden kann. Gruppen des organisierten Verbrechens werden oft für Aufgaben eingesetzt, von denen der Kreml nichts wissen will, beispielsweise den Schmuggel von Waffen in den Donbass, die Ermordung lästiger Dissidenten in London und so weiter und so fort.«[85] Der Europäische Gerichtshof für Menschenrechte urteilte 2021, dass Russland für die Ermordung des Ex-Agenten Alexander Litwinenko 2006 in London verantwortlich war. Die beiden Männer, die Litwinenko mit dem radioaktiven Polonium 210 vergifteten, handelten demzufolge im Auftrag oder unter Kontrolle der russischen Behörden, so die Richter.

Wie weit Russland auch in Deutschland geht, belegt der Prozess um den sogenannten Tiergartenmord in Berlin. Das Berliner Kammergericht spricht einen 56-jährigen Russen Ende 2021 wegen Mordes schuldig und sieht es als erwiesen an, dass der Angeklagte im Auftrag des russischen Staates handelte. Und in der Tat: Es existieren enge Verbindungen zwischen den Geheimdiensten des Kremls und russischsprachigen Mafiagruppen in Europa.[86] Es scheint sich um eine Art Arbeitsteilung zu handeln: Die kriminellen Banden beschaffen Geld, das keine nachweisbare Verbindung zum russischen Staat hat, aber hilfreich ist, um dessen Attacken zu bezahlen. Estland, Mitglied der Europäischen Union und der NATO, wird zum Beispiel täglich von Russland angegriffen, sei es durch Cyberattacken oder Aufwiegelung der russischen

Minderheit im Land, wie die jährlichen Berichte des Sicherheitspolizeiamtes (Kaitsepolitseiame) in Estland belegen. Die beim Innenministerium angesiedelte Behörde schützt mit ihrem Kampf gegen Terrorismus und Korruption die verfassungsrechtliche Ordnung im Land. Wie eng russischer Staat und russische Mafia bei der Finanzierung der Attacken kooperieren, belegt die Entführung des estnischen Sicherheitsbeamten Eston Kohver. Kohver ermittelt im Grenzgebiet von Estland und Russland gegen eine Zigarettenschmugglerbande und wird 2014 auf estnischem Staatsgebiet von einem russischen FSB-Geheimdienstkommando über die Grenze entführt und wegen Spionage in Russland zu einer Gefängnisstrafe verurteilt. Der estnische Beamte ist den Kriminellen in die Quere gekommen: Die Schmuggler bekommen seitens Russland grünes Licht für den Transport ihrer Schmuggelware über die russische Grenze, und als Gegenleistung überweist die Mafia einen Teil ihrer Gewinne auf ansonsten unauffällige Bankkonten zur Verwendung für den FSB zurück, mit denen hybride Kriegsattacken auf Europa finanziert werden.[87, 88]

Auch für Auftragsmorde an missliebigen Personen engagiert der russische Geheimdienst die russische Mafia, sagt der Russland-Experte Mario Galeotti vom Institut für Internationale Beziehungen in Prag. »Während einige dieser Morde offenbar das Werk von Regierungskillern sind, scheinen andere an die russische Organisierte Kriminalität vergeben worden zu sein, insbesondere an Gruppen aus dem Nordkaukasus oder mit Verbindungen zu Tschetschenien.« Galeotti nennt Nadim Ajupow, einen der Mörder von drei mutmaßlichen tschetschenischen Terroristen in Istanbul und Mitglied eines in Moskau ansässigen Verbrechersyndikats, das sich bis dahin auf Autodiebstahl spezialisiert hatte. Die türkischen Behörden, so Galeotti, gehen davon aus, dass die Auftragsmörder vom russischen FSB beauftragt wurden.[89]

Wie Russland staatlich kontrollierte Banken für verdeckte Aktionen anzapft, zeigt das Beispiel Vnesheconombank (VEB). Das Institut finanziert einen großen Teil der 50 Milliarden Dollar für die Olympischen Winterspiele 2014 in Sotschi, versucht die angeschlagene ukrainische Stahlindustrie zu stützen, und übernimmt die Verluste von wichtigen Putin-Freunden, deren finanzielle Interessen durch die Sanktionen der USA und der EU geschädigt wurden. Die VEB ist nach Darstellung des zu Beginn des Kapitels vorgestellten US-Senators Reed darüber hinaus involviert in die Finanzierung des russischen Militäreinsatzes auf der Krim und in der Ostukraine. »Diese Bank verliert Milliarden von Dollar bei der Finanzierung von Projekten von politischem und strategischem Wert für den Kreml, finanziert Oligarchen und wird als Deckung für Spione genutzt.« Diese Aktivitäten, so Reed, passen nicht zu denen einer »normalen Bank«.[90]

Doch der Einfluss des Kremls beschränkt sich nicht auf Banken im Inland. Russische Oligarchen und Politiker bunkern im Ausland zwischen 800 Milliarden und 1,3 Billionen Dollar. Viele von ihnen besitzen, wie bereits erwähnt, in Deutschland und der EU teure Immobilien und Firmen, manchmal unter ihrem wahren Namen, manchmal versteckt hinter anonymen Offshore-Strukturen. Doch wie konnte sich die reiche Kaste der Oligarchen überhaupt bilden?

Der Blick zurück gibt die Antwort: Der Eiserne Vorhang ist gefallen, Russlands Präsident Boris Jelzin treibt in den Neunzigerjahren die Privatisierung der russischen Wirtschaft voran, und die staatlichen Rohstoffkonzerne landen im Besitz einer kleinen korrupten Elite. Diese Oligarchen sind keine Unternehmer, sie nutzen ihre guten

Drähte zu den Geheimdiensten und zum Staat – oder entstammen selbst diesen Kreisen. Die Plünderung Russlands folgt zwei Prinzipien: Entweder die Oligarchen kaufen dem Staat wertvolle Firmen zu einem niedrigen Preis ab. Oder sie verkaufen dem russischen Staat bankrotte Firmen für viel Geld. Anschließend bringen die Oligarchen ihr Geld in den Westen. Dem Rubel trauen sie nicht. Dollar, Mark und später der Euro sind viel sicherer. Die Kapitalflucht gelingt anfangs durch Bestechung der Aufsichtsbehörden. So fließt Bargeld in rauen Mengen nach Westeuropa. Später dürfen die Oligarchen in Russland Banken gründen, das erweitert ihre Möglichkeiten noch. Jetzt missbrauchen sie die Institute erst zur Geldwäsche, dann plündern sie sie.

Putin, seit der Jahrtausendwende an der Macht, fördert diese kleptokratischen Verhältnisse systematisch. Viele Oligarchen haben eine persönliche Verbindung zu Putin. Sie erlangen ihre Machtpositionen und ihr Vermögen aufgrund ihrer Beziehungen zu ihm. Manche dieser politischen und persönlichen Beziehungen gehen lange zurück. Sie stammen aus der Kindheit, dem frühen Erwachsenenalter oder aus Putins Zeit beim KGB und als Vizebürgermeister von St. Petersburg. Putin ernennt enge Vertraute zu Geschäftsführern, vor allem bei Gazprom, Rosneft und der Rüstungsindustrie, die diese Unternehmen zu ihrem eigenen Vorteil ausbeuten. Im Gegenzug für Reichtum, Privilegien und häufig Straffreiheit ist diese Gruppe von Putins Kumpanen bereit, die Interessen des Kremls im Ausland zu vertreten. Oligarchen sind als potenzielle Mittelsmänner Putins nicht offiziell mit der Regierung verbunden und agieren scheinbar unabhängig. Das ist ein strategischer Vorteil, weil Putin immer sagen kann, er habe mit den Oligarchen im Ausland nichts zu tun. Doch die Oligarchen sind natürlich abhängig von Putin. Einerseits haben sie zwar einen großen Teil ihres Vermögens in den Westen geschafft, vor allem nach Großbritannien und in die Vereinigten Staaten, andererseits verfügen sie aber auch immer noch über erhebliche Vermögenswerte in Russland. Der Kreml kann ihnen sowohl in Russland durch die Beschlagnahmung ihres russischen Vermögens als auch im Westen durch die Provokation westlicher Sanktionen schaden.

Gleichzeitig braucht Putin die Oligarchen zur Festigung seiner Macht. Es gibt daher eine unausgesprochene Abmachung, nach der Putin die ihm wohlgesonnenen Oligarchen schützen muss – vor allem ihren Reichtum im Ausland –, deren Erfüllung die Finanzsanktionen des Westens als Reaktion auf den Ukraine-Krieg erschweren. Tatsächlich werden ein paar Vermögenswerte der russischen Oligarchen im Frühjahr 2022 eingefroren, doch große Teile ihrer Reichtümer sind versteckt hinter dubiosen und verschachtelten Firmenkonstrukten, was die Identifizierung und Beschlagnahmung erschwert und viel Zeit kostet. Dennoch ist das Verhältnis zwischen Oligarchen und Putin dadurch angeschlagen – die Balance der gegenseitigen Abhängigkeit ist seit jeher empfindlich. Das zeigt sich unter anderem beim Gipfeltreffen der Präsidenten Russlands und der USA im Jahr 2018 in Helsinki.

Die Beschlagnahmung russischer Vermögen – und die Antwort darauf

Donald Trump und Wladimir Putin geben eine rund neunzigminütige Pressekonferenz zum Ausgang der Gipfelgespräche in der finnischen Hauptstadt. Da fordert der russische Präsident völlig überraschend die Einleitung von Ermittlungsverfahren gegen amerikanische Sicherheitsleute und erwähnt in diesem Zusammenhang den Namen »Browder«. Putins Vorwurf: William Browder habe in Russland über 1 Milliarde Dollar unterschlagen.

Browder, früher ein Anhänger Putins, hat seit den Neunzigerjahren in Russland investiert. Über seinen Heremitage-Fonds, der russische Rohstoffkonzerne mit Kapital versorgt, versucht er, die Korruption in den Führungsebenen der ehemaligen sowjetischen Staatskonzerne zu bekämpfen. Er macht entsprechend Druck in den Aufsichtsräten der Konzerne, doch das kommt nicht gut an, weil Korruption der Kern des russischen Staatsapparats ist. Im Jahr 2006 verweigern russische Zöllner Browder die Wiedereinreise am Moskauer Flughafen. Es ist sein letzter Einreiseversuch. Browder wird Russland nie mehr betreten. Browders Kollege und Freund Sergei Magnitski – er ist Wirtschaftsprüfer – untersucht in den Folgejahren einen Steuerbetrug russischer Beamter. Es geht um 230 Millionen Dollar. Der korrupte Staat schlägt zurück, Magnitski wird verhaftet. Die russischen Behörden werfen ihm vor, selbst Steuern hinterzogen zu haben. Der schwer erkrankte Magnitski erhält im Gefängnis keine ausreichende ärztliche Betreuung, wird gefoltert und stirbt 2009 in der Haft.

Browder bringt den Fall an die Öffentlichkeit. Seine Beharrlichkeit führt dazu, dass die USA unter Präsident Barack Obama 2012 den »Magnitsky Act« beschließen. Das Sanktionsregime richtet sich gegen alle Menschen, die an der Ermordung von Magnitski beteiligt waren. Sie müssen befürchten, dass ihre Vermögen in den USA eingefroren werden, sie nicht mehr das amerikanische Bankensystem nutzen dürfen und ihnen die Einreise in die USA verweigert wird. Das Gesetz ist ein Novum, weil bis dahin nur ganze Staaten wegen Verbrechens gegen die Menschlichkeit mit Sanktionen belegt werden. Nun drohen diese

Sanktionen auch einzelnen Personen. Inzwischen ist der Magnitsky Act erweitert worden und kann bei jeglichen Menschenrechtsverbrechen zur Anwendung kommen. Viele andere Staaten kopieren das Gesetz, auch die EU hat den Magnitsky Act als Sanktionsregime beschlossen.

Für Putin ist Browder aufgrund dessen Aktivismus ein gefährlicher Gegner. Das Gesetz gefährdet den unausgesprochenen Pakt, der Putins Beziehungen zu denjenigen regelt, die ihm hörig sind – ob es sich nun um Beamte des Innenministeriums oder um Bürokraten in der Steuerbehörde handelt. »Das bedeutet, dass seine *Krysha* nicht funktioniert«, sagt Celeste Wallander, Chefin der US-Russia Foundation. *Krysha* ist das russische Wort für »Dach« und steht im kriminellen Jargon für den Schutz, den eine mächtige Person anderen bieten kann. Browder hat durch seinen Feldzug Putins sozialen Vertrag mit denjenigen gestört, die im System sind. Doch, wie beschrieben, fußt Putins Macht darauf, dass seine »Soldaten«, die Oligarchen, ihren Reichtum behalten können.[91] Im Jahr 2013 schreibt Boris Nemzow, damals ein führender Oppositionsaktivist in Russland, über den Magnitsky Act: »Das Gesetz schadet Putins Dieben, Mördern und Schurken und nützt dem Land.« Nemzow stirbt zwei Jahre später unweit der Kreml-Mauern durch vier Schüsse in den Rücken. Und Browder lebt bis heute in Angst.

Wie Putin renitente Oligarchen bestraft

Die Oligarchen müssen gehorchen, dürfen keine Kritik äußern, ja, sie müssen sich Putin unterwerfen – wenn nicht, drohen Gefängnisstrafen. Bereits 2003 statuiert Putin an dem Oligarchen Michail Chodorkowski ein Exempel. Chodorkowski ist bis 2003 als Hauptaktionär des Erdölkonzerns Yukos einer der reichsten Männer Russlands. Wie die meisten Oligarchen macht er sein Vermögen nach dem Zerfall der Sowjetunion. Doch im Jahr 2003 zoffen sich Chodorkowski und Putin vor laufender Fernsehkamera – es geht um Korruption. Mit diesem Schlagabtausch beginnt das Drama Chodorkowskis.

Putin entzieht ihm den Schutz. Es folgen Anklagen wegen Steuerhinterziehung und Betrugs. Das Versprechen Putins, vergangene Gesetzesverstöße aus der Jelzin-Ära nicht zu verfolgen, gilt nur für seine verbündeten Oligarchen – nicht für seine Kritiker. Chodorkowski wird bei einem Zwischenstopp mit seinem Privatjet in Nowosibirsk festgenommen und in Moskau inhaftiert. Wenig später ergeht der Haftbefehl: Chodorkowski habe durch Vermögensdelikte, Urkundenfälschung, Geldwäsche und Steuerhinterziehung den russischen Staat um mehr als 1 Milliarde Dollar erleichtert. Das Urteil im Jahr 2005 ist hart. Es folgen acht Jahre in einer Strafkolonie, bis Putin ihn 2013 begnadigt. Chodorkowski verlässt das Land. Als die russische Justiz weitere Verfahren gegen ihn eröffnet, wird schnell klar, dass ihm bei einer Rückkehr nach Russland eine lebenslange Haftstrafe droht.

Der Fall Chodorkowski gilt als Wendepunkt in den Beziehungen zwischen Putin und den Oligarchen. Browder behauptet, dass Putin nach der Verurteilung Chodorkowskis exakt 50 Prozent des Vermögens der anderen Oligarchen gefordert hat. »Er sagte nicht 50 Prozent für die russische Regierung oder die Präsidialverwaltung, sondern 50 Prozent für Wladimir Putin persönlich. Von diesem Moment an wurde Putin zum größten Oligarchen in Russland und zum reichsten Mann der Welt«, sagt Browder 2017 vor dem Justizausschuss des US-Senats. Die Aussage mag richtig sein, bewiesen ist sie nicht. Putins Vermögen liegt verborgen hinter den schützenden Mauern des obskuren westlichen Finanzsystems. Aber nicht nur seines.

Russische Oligarchen mit Wohnsitz im westlichen Ausland engagieren die besten Anwälte, Wirtschaftsprüfer, Banker und Lobbyisten der Welt, um legale Mittel zur Verschleierung und Wäsche ihrer Gelder zu entwickeln. Sie verfügen über größere finanzielle Ressourcen als die staatlichen Aufsichts- und Strafverfolgungsbehörden, die mit der Aufrechterhaltung und Durchsetzung der Integrität des Finanzsystems betraut sind. Während Regierungen in der Regel nur in ihrem eigenen Land durchgreifen können, lebt ein russischer Oligarch mit eminenter Sicherheit in einem halben Dutzend Ländern, besitzt eine Reihe anonymer Briefkastenfirmen in einer Reihe von Offshore-Ländern und bewegt seine Gelder in Windeseile zwischen diesen Standorten, mithilfe europäischer Pässe, wie in Kapitel 4 beschrieben.[92] Der russische Geldadel fährt teure Luxusautos, reist in eigenen edlen Jachten und Privatjets, lässt sich erster Klasse in den besten Krankenhäusern behandeln und schickt die Sprösslinge auf die exzellentesten Privatschulen, die der Westen zu bieten hat. Auch sie lieben deutsche Autos, britische Anzüge und italienische Espressomaschinen. Das sind Produkte, die entwickelt wurden in einem Umfeld von Recht und Ordnung, Freiheit und Kreativität. Das sind genau die Prinzipien, die der kriminelle Teil dieser Personengruppe mit viel Geld untergräbt, indem er Kriminalität und Korruption importiert.

Ein Auszug aus dem Buch *Land des Geldes – Moneyland* des britischen Journalisten Oliver Bullough bringt das Dilemma auf den Punkt: »Es ist so, als hätten die Reichsten aus Ländern wie China, Nigeria, der Ukraine oder Russland einen Tunnel gegraben. Mit ihrem Geld, ihren Kindern und ihrem Vermögen ziehen sie um, wohin auch immer sie wollen, und stellen sich wie am Buffet die nationalen Gesetze zusammen, nach denen sie leben wollen. Die Regeln und Einschränkungen, die den Rest der Menschheit betreffen, haben für sie keine Gültigkeit. Wenn ein Land seine Gesetze ändert, um den Bewohnern von Moneyland Fesseln anzulegen, dann ziehen sie oder ihr Vermögen einfach an einen Ort, an dem ihnen der Gesetzgeber gewogener ist. Und wenn ein Land ein großzügiges Gesetz erlässt, das neue Möglichkeiten der Bereicherung eröffnet, dann ziehen sie ihr Vermögen eben dahin um.«[93]

Oligarchen und Autokraten leben längst ohne allzu große Angst in Deutschland und Europa. In einem Staat wie Kolumbien muss man damit rechnen, von Rivalen erschossen zu werden, in Russland wandert man schnell in den Kerker. Woanders ist es schöner: In der *Süddeutschen Zeitung* liest man, dass der saudische Kronprinz, der im Jemen systematisch Kriegsverbrechen befehligt, ein Schloss in Frankreich besitzt. Der thailändische König, der Dissidenten zusammenprügeln, foltern und einkerkern lässt, unterhält mehrere Wohnsitze in Bayern. In München habe das Klinikum rechts der Isar auch einen Ruf als Krankenhaus für Autokraten.

Als wie schlimm sich die Konsequenzen des unkontrollierten Geldzuflusses aus autokratischen Staaten entpuppen können, hat Großbritannien bereits erlebt. Das Königreich ist ab 1994 als erstes EU-Land zur Stelle, Investoren aus den Nachfolgestaaten der Sowjetunion mit der Ausstellung von Visa und der später möglichen Einbürgerung anzulocken. Dabei wird nicht viel gefragt, woher dieser Reichtum der Oligarchen stammt, es geht nur um den Profit. Das Geld – ob nun dreckig oder nicht – soll den Aufschwung im eigenen Land antreiben. In einem schonungslosen Bericht stellt das britische Parlament 2020 fest, wie kontraproduktiv diese Offenheit war.[94] London habe ideale Mechanismen geboten, um illegale Finanzmittel durch den Londoner »Waschsalon« zu recyceln. Das zumeist gestohlene Geld aus Russland sei zur »Reputationswäsche« in PR-Firmen, Wohltätigkeitsorganisationen, politische Interessengruppen und Parteien, die Wissenschaft und kulturelle Einrichtungen geflossen. Es gebe viele russische Bürger, die in die britische Geschäfts- und Gesellschaftsszene aufgrund ihres Reichtums bestens integriert und akzeptiert sind. Gleichzeitig pflegten sie ihre sehr engen Verbindungen zu Putin und seiner Entourage. In Großbritannien habe sich eine große private Sicherheitsindustrie entwickelt, um die Bedürfnisse der russischen Elite zu bedienen, etwa als Personen-, Firmen- oder Objektschutz. Diese Spezialisten sollen aber auch kompromittierende Informationen über Konkurrenten beschaffen und Geld über Offshore-Gesellschaften waschen. Eine Reihe von Mitgliedern des britischen Oberhauses, so der Bericht, würde direkt für große russische Unternehmen arbeiten, die mit dem russischen Staat verbunden sind. In Großbritannien besäßen russische Oligarchen, die ihr Vermögen mutmaßlich illegal erlangt haben, enge Kontakte zur britischen Politik. Der Nachweis der Geldwäsche sei schwer, denn deren Vermögen hätten inzwischen so oft »legal« den Besitzer gewechselt, dass man nur noch kleine Sporen ihrer dunklen Vergangenheit sehen könne. Fest stehe aber: Der starke russische Einfluss in Großbritannien ist »der neue Normalzustand«.

Dieser Bericht sollte Pflichtlektüre sein für alle europäischen Politiker. Er macht deutlich, welchen Gefahren die Demokratie ausgesetzt ist, wenn die Kontrolle der Geldflüsse nicht verschärft wird – zumal sich die Unterwanderung immer stärker verfestigt. So warnte die britische Denkfabrik Chatham House Ende 2021, dass das schmutzige Geld die Integrität wichtiger inländischer Institutionen in Großbritannien untergraben und die Rechtsstaatlichkeit geschwächt hat – Grund ist die mangelhafte Geldwäschebekämpfung. Die Experten fordern die Politiker auf, ein feindliches Umfeld für die Kleptokraten der Welt zu schaffen – sprich: an ihr Geld ranzugehen.[95] Bislang geben die britische, aber auch die anderen europäischen Regierungen den eigenen Strafverfolgungsbehörden nicht genug Mittel und Instrumente an die Hand, um den Kampf gegen die gefährlichen Oligarchen überhaupt gewinnen zu können. Dabei ist es ja nicht so, dass sich die dubios finanzierte Einflussnahme auf offizielle Kanäle beschränken würde.

Dreckig, dreckiger, Desinformationskampagne

Das Spiel mit der Lüge gehört zu den perfidesten Instrumenten, eine demokratische Ordnung zu zersetzen. Der Europäische Auswärtige Dienst (EAD) stellt in einem Bericht über russische Desinformationskampagnen fest, dass kein anderer EU-Staat heftiger betroffen ist als Deutschland.[96] Während des Bundestagswahlkampfs 2021 tauchen in deutschen Großstädten Werbeplakate auf, die in Farbgebung und Aufmachung denen von Bündnis 90/Die Grünen nachempfunden sind. Unter dem Motto »#GrünerMist 2021« liest man auf den Plakaten Schlagwörter wie »Klimasozialismus«, »Ökoterror«, »Wohlstandsvernichtung«, »Industrievernichtung« oder »Arbeitsplatzvernichtung«. Die Kosten für die Kampagne sollen sich auf mindestens 500 000 Euro belaufen. Über die Herkunft der finanziellen Mittel weiß die Öffentlichkeit nichts. Aber es wird schon bald spekuliert: Ist es eine hybride Attacke, gesteuert womöglich aus dem Ausland?

Die Schmähkampagne gegen die Grünen ist nach den Wahlen auch Thema bei einem Treffen der drei Nachrichtendienste mit Bundestagsabgeordneten. Das Bundesamt für Verfassungsschutz (BfV), der Bundesnachrichtendienst (BND) und auch der Militärische Abschirmdienst (MAD) sind für die Abwehr hybrider Attacken zuständig. Den deutschen Geheimdiensten fehlen dafür nach eigenen Angaben die notwendigen Instrumente. Sie fordern von den Parlamentariern, dass ihre Auskunftsrechte bei Finanzermittlungen gestärkt werden, zumal andere Behörden wie die FIU viel leichter Kontostammdaten und Finanztransferdaten bei den Banken abfragen können. Die Geheimdienste und Polizeiermittler haben noch ganz andere Probleme. In der EU gibt es nicht einmal ein Zentralregister für Kontoabfragen. Bevor die Ermittler vernünftigerweise eine Auslandsanfrage stellen, müssen sie wissen, bei welcher Bank der Verdächtige ein Konto hat. Unter diesen Bedingungen ist es schwer, wenn nicht gar unmöglich, die Finanzierungswege einer Schmähkampagne wie der gegen die Grünen auszuleuchten und die Drahtzieher zu identifizieren – vor allem, wenn der Geldfluss jenseits der EU-Grenzen seinen Ursprung hat. Deutschland und andere EU-Staaten haben dieses Manko viel zu lang toleriert, denn seit vielen Jahren ist bekannt: Die Konsequenzen dieser aus dem Ausland gesteuerten Kampagnen sind schwerwiegend – ja, sie können sogar den Lauf der Weltgeschichte verändern, wie zum Beispiel das knappe britische Brexit-Votum bewiesen hat.

Das Brexit-Referendum von 2016 ist für viele europäische Bürger ein Schock. Ein Grund für den Erfolg der EU-Gegner sind gezielte Desinformationskampagnen. Die britische Journalistin Carole Cadwalladr hat die heimliche Finanzierung dieser erfolgreichen Antibrexitkampagnen über Facebook aufgedeckt. Sie sagt: »Man kann für Facebook-, Google- oder YouTube-Anzeigen beliebig viel Geld ausgeben. Niemand erfährt es, weil das Blackboxes sind. Wir haben also keine Ahnung, wer die Anzeigen schaltete oder wie viel Geld sie kosteten oder aus welchem Land sie kamen.«[97] Cadwalladr gelingt es, das Netzwerk von Donald Trump, Nigel Farage, Mitgründer der Brexit-Partei, und der Firma Cambridge Analytica im Besitz des Milliardärs Robert Mercer aufzudecken. Der Whistleblower und Ex-Mitarbeiter von Cambridge Analytica Christopher Wylie sagt: »Unser Algorithmus suchte nach Menschen, deren Browserverhalten nahelegte, dass sie sich beispielsweise offen zeigten für Verschwörungsdenken. Diesen Leuten wurden dann von uns gefertigte Links wie ›Du wirst nicht glauben, was Obama jetzt wieder gemacht hat‹ geschickt.«[98]

Man wolle, sagt Wylie, die Leute dadurch von traditionellen und vertrauenswürdigen Informationsquellen abschotten: den Freunden, der Familie und Zeitungen. Der Journalist Peter Geoghegan hat den Einfluss von Schwarzgeld auf die britische Politik in seinem Buch *Democracy For Sale* untersucht. Er schreibt: »In Wahlen bieten die digitalen Medien dem Wähler die Möglichkeit, in Echokammern zu bleiben, wo ihre politischen Vorurteile jeden Tag bestätigt und verstärkt werden. Und das Schwarzgeld geht Hand in Hand mit dem Aufstieg dieser digitalen Desinformation.«[99] Das Brexit-Votum fällt knapp aus, gerade einmal 51,89 Prozent stimmen mit »Leave« – die aus dem Ausland gesteuerten Desinformationskampagnen können also sehr wohl die entscheidenden Stimmen für die Brexiteers gebracht haben.

Intransparente Geldflüsse fielen auch bei der britischen Europawahl 2019 auf. »Via PayPal sind Zehntausende Spenden mit jeweils minimalen Beträgen an die Brexit-Parteien geflossen«, schreibt Geoghegan und fragt:

»Wie konnte eine kleine Partei wie die Democratic Unionist Party (DUP) es sich leisten, so teure Wahlwerbung in den Zeitungen Nordenglands zu schalten? Warum haben Wähler in Sunderland auf Facebook immer wieder Artikel gesehen, in denen stand, dass die Türkei der EU beitreten würde, was nicht stimmte? Wer hat dafür bezahlt?«[100] Offenbar, so zeigen seine Recherchen, erhielt die DUP die größte Spende in der Geschichte Nordirlands. Das Geld sei durch eine geheime schottische Gruppierung geflossen, die in Verbindung mit dem ehemaligen Chef des saudischen Geheimdienstes stand.

»Wenn man das Denken der Menschen beeinflussen kann durch offenkundig falsche Informationen, dann können die Gegner das Schicksal eines Landes verändern, ohne einen einzigen Soldaten eingesetzt zu haben. Der Westen wird von Russland gekocht wie ein Frosch«, sagen britische Sicherheitsexperten.[101] Setzt man diesen in kaltem Wasser aus und erhöht langsam die Temperatur, bemerkt er seinen nahenden Tod viel zu spät.

Die US-amerikanische IT-Sicherheitsfirma Mandiant hat herausgefunden, dass der russische Geheimdienst seit 2017 Desinformationen in den baltischen Staaten und Polen streut. Dabei seien Twitter-Accounts, Facebook-Seiten und Internetauftritte von Politikern regelrecht gekapert worden, um darüber falsche oder kompromittierende Informationen verbreiten zu können. Es ging beispielsweise um einen angeblich betriebenen Escort-Service des polnischen Verteidigungsministeriums und um kompromittierende Fotos einer polnischen Politikerin, die auf dem Twitter-Account eines Politikerkollegen landeten.[102]

Das Ziel Russlands, so die westlichen Sicherheitsbehörden, sei die allgemeine Vergiftung des politischen Narrativs im Westen durch das Schüren von politischem Extremismus und »Astroturfing« der öffentlichen Meinung sowie der allgemeinen Diskreditierung des Westens. Beim Astroturfing handelt es sich um eine Propagandatechnik, bei der einer bestimmten gesellschaftlichen Gruppe fälschlicherweise ein bestimmter politischer Standpunkt zugeschrieben wird. Ein Beispiel: Mitarbeiter des russischen Geheimdienstes und von Russland gesteuerte Computerprogramme, sogenannte Bots, geben sich in sozialen Medien als normale britische Bürger aus und vermitteln den falschen Eindruck, eine große Mehrheit der Gesellschaft vertrete bestimmte aggressive Meinungen. Der britische Geheimdienstausschuss des Parlaments warnte die Abgeordneten: »Wenn die Leute anfangen zu sagen: ›Du weißt nicht, was du glauben sollst‹ oder ›Die sind alle gleich schlecht‹, dann haben die Desinformanten bereits gewonnen.«[103]

William Browder hat einen Vorschlag, um diese Attacken zu unterbinden: »Wenn man Putins Verhalten ändern will, muss man sich auf das konzentrieren, was er am meisten schätzt: nämlich das Geld, das er dem russischen Volk gestohlen hat und über die Oligarchen besitzt. Das ist der Königsweg im Umgang mit Putin.«[104]

Auch der russische Oppositionspolitiker Alexei Nawalny fordert mehr Härte vom Westen. Er sagt, die Wirtschaftssanktionen des Westens träfen die unschuldige russische Bevölkerung und nicht Putins Clique. Daher müsse der Westen ran an die Vermögen der russischen Elite und deren Konten beschlagnahmen, deren Häuser konfiszieren – und die Vermögen ihrer Familien und Freunde.[105]

Der Angriff durch Putins Armee auf die Ukraine Ende Februar 2022 bringt den Wendepunkt: Die EU, die USA und Großbritannien setzen zahlreiche russische Politiker und Oligarchen auf Sanktionslisten, darunter auch Putin und Russlands Außenminister Sergei Lawrow: Deren Vermögen im Westen sollen eingefroren werden. Der Gedanke dahinter ist klar: Niemand möchte sein Vermögen verlieren, auch der russische Präsident nicht, wie man erleben konnte: Ein paar Tage vor dem Einmarsch verlässt Wladimir Putins Luxusjacht »Graceful« eiligst den Hamburger Hafen. Man spekuliert, Putin habe Angst, das Schiff könne von Deutschland festgesetzt werden.[106] So richtig es ist, die Vermögen der Putins dieser Welt einzufrieren, man müsste dazu aber wissen, wo diese Vermögen stecken. Es läuft so: Die Banken gehen ihre Kundenlisten anhand der Sanktionslisten durch und prüfen, ob die aufgelisteten Personen bei dem Institut ein persönliches Konto mit Geld und Wertpapieren oder ein Firmenkonto besitzen. In den allermeisten Fällen, so berichten die Geldwäschebeauftragten der Großbanken, verbergen sich die Vermögen dieser Personen jedoch hinter Strohleuten oder Firmen, deren weltweite Verschachtelung in Offshore-Gebieten nur mit größter Mühe aufzudecken ist. Ein Banker sagt: »Nur Dummköpfe halten ihr gesamtes Vermögen unter ihrem Klarnamen.« Die Oligarchen haben viele Ausweichmöglichkeiten. Westliche Anwaltsfirmen und Wirtschaftsprüfungsgesellschaften helfen dieser zweifelhaften, aber sehr zahlungskräftigen Klientel bei der Verschleierung von Vermögen, wie Kapitel 7 zeigen wird. Man sieht also: Der Westen ist im Kampf gegen Finanzkriminalität sein eigener Feind. Auch die Schweiz steckt mittendrin. Das Land weigert sich direkt nach der Ukraine-Invasion zunächst kaltschnäuzig, die Finanzsanktionen der USA und der EU gegen Russland vollständig umzusetzen: Man werde *keine* Konten einfrieren, hieß es da, bevor der öffentliche Druck zu stark wurde und die Schweiz schließlich nachgeben musste.

Die westliche Wertegemeinschaft unterscheidet sich von Autokratien in einem wichtigen Punkt: Sie ist ein

Rechtsstaat. Doch wir setzen den Rechtsstaat im Kampf gegen dreckiges Geld nicht konsequent genug um. Das muss sich ändern – hart und konsequent: Die G-7-Staaten sollten zusammen mit der EU und anderen Demokratien per Gesetz verdächtige Vermögen einfrieren – in einer Überfallaktion über Nacht, am besten an einem Wochenende, um die Nerven der Finanzmärkte zu schonen: Immobilien, Autos, Bankkonten und Wertpapiere. Nicht nur die mutmaßlich inkriminierten Vermögen der russischen Oligarchen, sondern auch die von Diktatoren, Autokraten und Kleptokraten in dieser Welt, die den Westen für ihre demokratiefeindlichen Zwecke instrumentalisieren. Anonyme Firmenstrukturen – die die westlichen Demokratien geradezu selbstzerstörerisch anbieten und die von Oligarchen dankbar genutzt werden – gehören verboten. Deren Vermögen sind in vielen Fällen Raubgut aus der Zeit nach dem Zusammenbruch der Sowjetunion – es ist ein Affront gegen jeden ehrlichen Menschen, dass der Westen einen Hafen für diese Gelder bietet. Das richtige, das demokratisch-rechtsstaatliche Signal wäre: Du Verbrecher kannst künftig keine Gelder mehr verstecken. Nirgendwo.

Der Ukraine-Krieg ist mörderischer Ausdruck des Konflikts zwischen Demokratie und Autokratie. Doch der Westen sollte den Blick auch auf die Vorstufen dieses Konflikts richten, die asymmetrischen und hybriden Attacken, durch Desinformation, Anschläge, Zersetzung und Sabotage – finanziert über dunkle Kanäle, meist mit staatlichen Akteuren im Hintergrund. Die Demokratie muss ihren Gegnern die versteckten Vermögen nehmen.

»Eine finanzielle Atombombe«

Das Europäische Parlament kann sich solche Maßnahmen
schon länger vorstellen. In seiner Entschließung zu Russland, dem Fall Nawalny, dem militärischen Aufmarsch an
der Grenze zur Ukraine und den von Russland orchest-
rierten Anschlägen in der Tschechischen Republik fordern die EU-Parlamentarier im Juli 2020: Wenn Russland
das Völkerrecht weiter verletze, sollen »alle Vermögenswerte von der russischen Staatsmacht nahestehenden Oligarchen und ihren Familien in der EU eingefroren und
ihre Visa aufgehoben werden«. Darüber hinaus fordern
die Europaparlamentarier, dass Russland in diesem Fall
auch aus dem Zahlungssystem SWIFT ausgeschlossen werden solle.[107] Über SWIFT wickeln die wichtigsten Finanz-
akteure weltweit ihre Zahlungen ab (siehe auch Kapitel 8).

Dass es zwei Jahre später in Teilen tatsächlich dazu
kommt, hat wohl kaum jemand erwartet. Der Westen verhängt nach dem militärischen Angriff gegen die Ukraine
scharfe Sanktionen gegen Russlands Finanzsektor, einige,
nicht alle, Banken verlieren im März 2022 den Zugang zu
SWIFT, sie sind vom zentralen Nervensystem des Weltfi-
nanzsystems abgeschnitten. Sofort bilden sich in den russischen Städten Schlangen vor den Geldautomaten. Die
russischen Bürger möchten Bargeld abheben. Sie fürchten
Pleiten, wenn russische Banken auf internationaler Ebene
kaum noch finanzielle Transaktionen durchführen können.

Die Forderungen nach einem Ausschluss Russlands aus
SWIFT hat es immer wieder gegeben. Im August 2014 appel-
liert Großbritannien an die europäischen Staats- und Regierungschefs, eine solche Option in Betracht zu ziehen.
Alexei Kudrin, der frühere russische Finanzminister, pro-
gnostiziert damals, dass Russlands Wirtschaft durch diese

Maßnahme um 5 Prozent schrumpfen könnte. Das Abschalten von SWIFT für Banken eines anderen Landes nennt der Chef der russischen Staatsbank VTB, Andrej Kostin, in einem Interview »eine finanzielle Atombombe«.[108] Der frühere russische Ministerpräsident Dmitri Medwedew bezeichnet ein solches Vorgehen des Westens als »Kriegserklärung«.

Moskau und Peking haben erkannt, dass der Westen mit SWIFT ein scharfes Sanktionsschwert in der Hand hält. Deshalb haben beide Staaten beschlossen, ein eigenes Zahlungssystem aufzubauen. Sie möchten sich vom westlich dominierten globalen Zahlungsverkehr abkoppeln. Der russische Außenminister Sergei Lawrow sagt nach einem Treffen mit seinem chinesischen Amtskollegen im März 2021, dass Russland und China ihr Sanktionsrisiko verringern würden, wenn sie sich vom Einsatz westlicher Zahlungssysteme abwendeten.

Die beiden Großmächte möchten auch ihre Abhängigkeit vom US-Dollar verringern, um möglichen Sanktionen zu entgehen. Russland ist hier schon sehr weit gekommen. So hat Putin die Goldreserven Russlands seit dem Jahr 2000 von knapp 500 Tonnen auf rund 2300 Tonnen erhöht. Dabei ist Russland ein wichtiger Goldproduzent – es hat also eigentlich genug. Doch Moskau betrachtet Gold als »einhundertprozentige Garantie vor rechtlichen und politischen Risiken«, sagt Dmitri Tulin, der erste stellvertretende Gouverneur der russischen Zentralbank. Also kauft Putin Gold und verkauft dafür US-Anleihen. Der russische Finanzminister Anton Siluanow kündigt im Juni 2021 an, dass Russland den rund 600 Milliarden Dollar schweren Nationalen Vermögensfonds vollständig entdollarisieren wird. Das Geld soll stattdessen in chinesische Yuan, Gold und Euro fließen. Auch der Aufbau digitaler Währungen soll Russland und China unabhängiger machen vom westlichen Finanzsystem – die mögliche Wucht und die Abschreckungskraft etwaiger finanzieller Sanktionen durch den Westen nimmt damit langfristig ab.

Das Wichtigste in Kürze

- Die Staats-und Regierungschefs der 30 NATO-Mitgliedsstaaten haben in ihrer Abschlusserklärung 2021 die hybriden Bedrohungen durch Russland verurteilt. Der hybride Krieg mit Sabotage und Desinformationskampagnen speist sich aus verdeckten Geldflüssen. Die NATO sollte die Bekämpfung und Verhinderung der Geldwäsche und Terrorfinanzierung in ihre militärische Doktrin und damit in ihr Waffenarsenal aufnehmen.
- Berichte der Sicherheitsbehörden in den USA und Großbritannien belegen, dass der Kreml mit der russischen Mafia kooperiert. Die Syndikate beschaffen Geld für das Regime, mit dem Russland Sabotageakte und zersetzende Desinformationskampagnen in Europa finanziert. Das Ziel dieses hybriden Kriegs ist die Destabilisierung der freiheitlichen demokratischen Grundordnung.
- Das Machtsystem Putin stützt sich auf Oligarchen im In- und Ausland. Viele dieser Raubritter misstrauen dem Rubel. Sie stecken ihr oft kriminell erbeutetes Geld in Firmen und Immobilien in Europa und den USA. Der inhaftierte russische Oppositionspolitiker Alexei Nawalny fordert schon lange, der Westen solle auch das Vermögen von Putin selbst und dessen Familie einfrieren, um so Druck auszuüben. Nimmt man Putin und seinen verbündeten Oligarchen das Geld, nimmt man ihnen Macht.

- Der Westen hat als Reaktion auf den Ukraine-Krieg beschlossen, die Vermögen russischer Oligarchen einzufrieren. Doch es gibt viel zu viele Schlupflöcher für Geld- und Vermögenstransfers. Die westliche Welt muss endlich verbieten, dass westliche Banken, Anwälte und Wirtschaftsprüfer den Autokraten und Oligarchen helfen, die Herkunft und den wahren Eigentümer von verdächtigen Vermögen zu verschleiern.
- Die G-7-Staaten sollten zusammen mit der EU und anderen Demokratien per Gesetz verdächtige Vermögen einfrieren – in einer Überfallaktion über Nacht: Immobilien, Autos, Bankkonten und Wertpapiere der Oligarchen, Autokraten und Kleptokraten – die Betroffenen können dann beweisen, dass sie die Vermögen rechtmäßig erlangt haben. Wenn dies nicht gelingt, wird es eingezogen und der Allgemeinheit zugutekommen.

6

Was hat der Fall Afghanistans mit dreckigem Geld zu tun?

Mangelnden Willen kann man dem Westen in Afghanistan wirklich nicht vorwerfen. Ziemlich genau zwanzig Jahre lang versuchen die USA und die teilnehmenden NATO-Staaten mit einem maßgeschneiderten Mandat der Vereinten Nationen viel, um das in den 1960er-Jahren noch relativ moderne Land in eine Demokratie zu verwandeln. Mit den Wahlen zu einem Parlament geht es los, aber das ist vielleicht schon der erste Fehler. Zum erfolgreichen *Nation Building* und der Stärkung einer demokratischen Gesellschaft gehört zunächst einmal der Aufbau einer funktionierenden öffentlichen Verwaltung, und zwar einer Verwaltung, die auf das Wort des Gesetzes hört, nicht auf Bakschisch.

Die Korruption in Afghanistan ist seit jeher schlimm, doch sie wächst weiter, als der Westen beginnt, Hunderte Milliarden Dollar ins Land zu kanalisieren – aus den USA allein kommen 145 Milliarden. Das ist ein riesiger Betrag, der noch größer wirkt, wenn man ihn in den historischen Rahmen setzt: Die Summe übersteigt sogar die gesamten Hilfszahlungen der USA im Rahmen des Marshallplans für den Wiederaufbau der Staaten Europas nach dem Zweiten Weltkrieg. Zwischen 1948 und 1952 fließen 13,1 Milliarden Dollar in den Wiederaufbau Europas. Das entspricht in 2020er-Preisen inflationsbereinigt 141,6 Milliarden Dollar. Man mag sich gar nicht ausmalen, wie viel Gutes und Produktives man mit diesem Geld in Afghanistan hätte machen können. Doch nach dem Abzug des Westens und der Machtübernahme durch die Taliban liegt das Land am Boden. Menschen sterben, weil sie nichts zu essen haben. Das Welternährungsprogramm der Vereinten Nationen warnt, dass über die Hälfte der afghanischen Bevölkerung, das sind 22,8 Millionen Menschen, nicht wissen, ob sie am nächsten Tag satt werden. Darüber hinaus leiden rund 3,2 Millionen Kinder unter fünf Jahren an Unterernährung.[109]

Wie konnte es nur so weit kommen?

Die afghanische Regierung und Armee sind während des NATO-Einsatzes vollständig abhängig von den ausländischen Hilfsleistungen und Finanzspritzen. Der Westen besitzt also einen Hebel, um rechtsstaatliche Prinzipen einzuführen. Doch es fehlen angemessene Kontrollen bei der Mittelverteilung. Viel zu viel Geld fließt in dunkle Kanäle ab, mutmaßlich von Anfang an – und bis zum bitteren Ende. Erste Indizien für den Missstand gibt es bereits 2010. Damals kommt ein Schreiben des afghanischen Finanzministers an die Öffentlichkeit. Demzufolge werden in den dreieinhalb Jahren zuvor mindestens 4,2 Milliarden Dollar illegal von Afghanistan über den Flughafen Kabul ins Ausland gebracht, sprich veruntreut und gewaschen.

Im Bericht des *Special Inspector General For Afghanistan Reconstruction* (SIGAR), der US-Aufsichtsbehörde für den Wiederaufbau, an den US-Kongress vom 25. Oktober 2012 folgt später die Bestätigung. Darin heißt es, dass US-Beamte bei der Untersuchung des Kabul International Airport festgestellt haben, dass die »afghanischen Eliten« die Bargeldausfuhrkontrollen am Flughafen umgehen und das Bargeld in Koffern ausfliegen.

In den folgenden Jahren nehmen die illegalen Finanz-ströme aus Afghanistan weiter zu. Dabei haben die Vereinten Nationen bereits 2010 gefordert, Afghanistan brauche Strukturen, um Geldwäsche, Korruption und Drogenhandel besser zu bekämpfen.[110] Die systematische Zweckentfremdung der westlichen Hilfsgelder behindert die wirtschaftliche und politische Entwicklung Afghanistans, fördert das Wiedererstarken der Taliban und verschärft die regionale Instabilität. Die gestohlenen Gelder fließen in Milliardenhöhe nach Dubai und in andere Offshore-Staaten, um dort gewaschen zu werden. Es ist sehr wahrscheinlich, dass auch Deutschland für die Geldwäsche dieser illegalen Finanzströme genutzt wurde. Die Zweckentfremdung von Milliarden Dollar ist nur deshalb möglich, weil es keine effektive Aufsicht über die Verwendung der Hilfsmittel gibt. Der Erfolg des Marshallplans von 1948 beruhte auch darauf, unter der direkten Kontrolle des US-Präsidenten unter Beteiligung des US-Kongresses durchgeführt zu werden.

Die Taliban nutzen für ihre Geldgeschäfte ihre Kontakte zur Organisierten Kriminalität. Der britische *Independent* berichtet 2008, die Drogenbarone der Taliban würden Bargeld aus dem Heroinverkauf dazu verwenden, um über russische Mafia-Netzwerke bessere Luftabwehrraketen zu kaufen. Die Vereinten Nationen stufen die Taliban 2015 als eine organisierte kriminelle Vereinigung ein – wegen ihrer Beteiligung an kriminellen Aktivitäten, einschließlich Drogenhandel, illegalem Bergbau, Absprachen mit »Transport-Mafias« und Entführungen gegen Lösegeld.

Afghanistan-Veteranen vs. Banken

Die Familien mehrerer in Afghanistan getöteter oder verwundeter Amerikaner reichen 2021 vor einem Bundesgericht im New Yorker Stadtteil Brooklyn Klage gegen die Deutsche Bank, die britische Standard Chartered und die Danske Bank ein. Der Vorwurf: Die Institute sollen als Waschsalons für Terroristen Überweisungen durchgeleitet haben, und zwar über Strohleute in Afghanistan, Pakistan, Russland und den Vereinigten Arabischen Emiraten. Die Banken hätten höhere Gebühren für besagte Geldtransfers in Rechnung gestellt als üblich – für die Kläger ist das ein Indiz dafür, dass die Banken über die zweifelhafte Natur der Transaktionen Bescheid wussten. Die Deutsche Bank habe aufgrund ihrer eigenen Verstrickung in den Skandal um den »russischen Waschsalon« auch gewusst, dass russische Mafia-Organisationen Opiumgeld für die Terrorgruppe Al-Qaida gewaschen hätten. Das sind schwere Vorwürfe. Die Deutsche Bank und die anderen Banken weisen sie zurück. Der Fall ist noch nicht entschieden, doch sollte es zu einer Verurteilung kommen, würde feststehen, dass internationale westliche Großbanken den Taliban halfen, indem sie kriminelles Geld über ihre Konten durchleiteten.

An diesem Punkt müsste man dann darüber reden, inwieweit die Banken aufgrund mangelhafter Geldwäschekontrollen mitverantwortlich sind für den Tod vieler Menschen. Die Klage der Angehörigen getöteter Soldaten belegt jedenfalls schonungslos die globalen Zusammenhänge der Geldwäsche und die Komplizenschaft liberaler Demokratien: Denn Terrorgruppen können nur mithilfe westlicher Finanzkompetenz und Finanzinstitute Geldflüsse verschleiern.

Aber nicht nur Banken stehen hier unter Verdacht, sondern auch der Staat. In den USA ist die Bundesbehörde FinCEN für den Kampf gegen illegale Finanzströme zuständig. Dort gehen Verdachtsmeldungen der Banken ein. Die Institute müssen Alarm schlagen, wenn ihnen eine Überweisung verdächtig vorkommt. Ein Whistleblower spielt Journalisten 2018 unzählige Listen dieser Verdachtsmeldungen zu. Die Unterlagen belegen, dass amerikanische Banken die zuständige Behörde tatsächlich auf verdächtige Überweisungen aus Afghanistan hingewiesen haben – doch die Behörde unternahm in vielen Fällen nichts. Wie so oft ist auch in diesem Fall Personalmangel ein Grund. Und so fließen die verdächtigen Gelder ungehindert über das türkische Bankensystem bis in die EU.

Man muss den Fall Afghanistan deshalb auch unter dem Aspekt der mangelhaften Geldwäschebekämpfung in den Industriestaaten betrachten. Illegale Finanzströme genießen in den USA, Europa und Deutschland oft freies Geleit, wenn nicht gar Unterstützung, wie in den bisherigen Kapiteln deutlich geworden sein sollte. Die Methoden der Extremisten und Terroristen bei der Verschleierung ihrer Finanztransaktionen sind inzwischen enorm komplex und fortschrittlich, warnt die oberste internationale Antigeldwäschebehörde FATF. Die schwarzen Kassen kämen in unzähligen Operationen zum Einsatz, etwa zur Finanzierung von Anschlägen, militärischem Material, Anhängern und Soldaten, Anwaltskosten, Propaganda in den sozialen Medien sowie dem Ankauf und der Verwaltung von Immobilien.[111]

US- und NATO-Strategen wissen bereits im Jahr 2001, dass Afghanistan nicht nur eines der ärmsten, sondern auch eines der korruptesten Länder der Welt ist. Also hätte man sofort scharfe Finanzkontrollen einführen müssen – im Interesse der vielen unbescholtenen Afghanen und im Interesse der eigenen Bürger: Wer Steuergelder in den Wiederaufbau Afghanistans steckt, muss sicherstellen, dass das Geld auch seinem definierten Zweck zugeführt wird. Sonst nimmt er billigend in Kauf, dass die Hilfsgelder in den Taschen der Taliban und korrupter Regierungsmitglieder landen. Doch genau das geschieht: Die NATO-geführte Allianz erlaubt in Afghanistan eine Regierungsbildung aus korrupten Politikern, Stammesfürsten und Warlords.

Dennoch zeigen sich viele Beobachter völlig überrascht, als sich die vom Westen ausgebildete afghanische Armee im Sommer 2021 binnen weniger Tage ergibt oder gleich zu den Taliban überläuft. Ein Grund für die Fahnenflucht ist, dass die Soldaten schlecht bezahlt werden. Warum werden sie schlecht bezahlt? Weil das Geld aus der Staatskasse längst versickert ist. Warum laufen sie zu den Taliban über? Weil die Taliban Geld haben, um sie zu bezahlen. Aber warum haben die Taliban Geld? Weil sie kriminell sind und sich im regionalen System endemischer Korruption wie Fische im Wasser bewegen.

Afghanistan produziert heute, nach zwanzig Jahren NATO-Einsatz, rund 90 Prozent des weltweiten Rohopiums und ist für den Großteil des weltweiten Heroinhandels verantwortlich. Während früher der Anbau von Schlafmohn zur Opiumgewinnung und dessen Export die Hauptrolle spielten und die Heroinherstellung weniger bedeutsam war, hat sich Afghanistan nach 9/11 auch zu einem der größten Heroin- sowie Cannabisproduzenten der Welt entwickelt. Dazu werden erforderliche Chemikalien, die man nicht vor Ort erwerben kann, mit illegalen Geldern im Ausland bezogen, vorwiegend aus Indien und China. Auch dabei ist Geldwäsche im Spiel. Neben Heroin und Cannabis hat sich Afghanistan zu einem Hauptlieferanten von Metamphetamin – auch bekannt als Crystal Meth – entwickelt. Statt teurer chemischer Vorprodukte verwenden die Drogenhersteller inzwischen das in Afghanistan leicht anzubauende Ephedra-Kraut zur Gewinnung von Ephedrin, dem Vorläuferstoff von Metamphetamin.[112]

Und wohin exportieren die Taliban die Drogen? Vorrangig liefert man in den Westen. Dort werden die Drogen am stärksten nachgefragt und gut bezahlt. Eine effektive Geldwäschebekämpfung könnte diese Finanztransaktionen wie auch die Ankaufaktivitäten und Transporte der Grundstoffe offenlegen – und in der Folge viel Leid und Elend verhindern.

Den Hahn abdrehen

Die Taten von Terrorgruppen wie den Taliban, Boko Haram, Hisbollah, Hamas, Al-Shabaab oder dem sogenannten Islamischen Staat sind so brutal wie hinterhältig. In der westlichen Welt grassiert bis heute die Angst. Großstädte wie New York, Paris, Berlin, Madrid, Nizza und London sind durch die bekannten Anschläge traumatisiert. Doch die meisten Terroranschläge werden in anderen Regionen verübt: im Irak und in Afghanistan. Der Terror erschwert den ersehnten demokratischen Aufbau in diesen Staaten bis zum heutigen Tag, weil er Hass schürt und die zivilen Kräfte schwächt.

Die Terroristen werfen Bomben, sie arbeiten aber auch als Geldwäscher, um ihre Anschläge und Unterstützernetzwerke zu finanzieren. Hier liegt das Einfallstor für den Gegenangriff. Die westlichen Demokratien müssen den Terroristen und Drogenbanden das nehmen, was sie materiell am Leben hält. Ohne Geld keine Söldner, keine Waffen und keine finanziell abhängigen Unterstützer.

Diese Erkenntnisse sind nicht neu. Der erste »Schuss«, den US-Präsident George W. Bush nach den Anschlägen vom 11. September 2001 im »Krieg gegen den Terror« abfeuert, ist die »Executive Order 13224«. Diese Vorschrift soll sicherstellen, dass dem globalen Terrornetzwerk die finanzielle Grundlage entzogen wird, indem sie der US-Regierung das Recht erteilt, die Vermögenswerte ausländischer Einzelpersonen, Firmen und Organisationen einzufrieren, wenn diese eine Terrorgefahr darstellen.

Die Maßnahme wirkt in den ersten Jahren, als die Hintermänner der Terrororganisationen bei ihren Finanzgeschäften im internationalen Bankensystem noch unvorsichtig agieren. Inzwischen haben die Terroristen gelernt, ihre Vermögen hinter Strohleuten, anonymen Firmen, Hawala-Transaktionen und legalen Geschäften zu verschleiern. Das Hawala-System basiert auf gegenseitigem Vertrauen: Der Kunde zahlt einen Barbetrag bei einer Filiale ein, diese kontaktiert umgehend per Telefon einen Partner am gewünschten Zielort – meist im Ausland. Dort wird das Geld direkt in bar ausbezahlt. Kriminelle haben den Vorteil, dass diese Art der Zahlung anonym ist, weil sie sich internationalen Transaktionsnetzwerken wie SWIFT entzieht. Der britische Thinktank für Sicherheitsfragen Royal United Services Institute (RUSI) warnt: »Das globale Terrornetzwerk und seine finanzielle Grundlage hat sich zum Flickenteppich aus multiplen Netzwerken verschiedener Akteure und unterschiedlichen Finanzierungsmethoden entwickelt.«[113]

Bargeld und das Zahlungssystem Hawala gelten inzwischen als das wichtigste Instrument der Terrorismusfinanzierung. Hawala-Banking ist in Deutschland verboten. Es stellt eine Straftat dar. Allerdings können Anbieter laut Gesetz unter bestimmten Bedingungen eine Erlaubnis erhalten. Doch was passiert? In Deutschland gibt es weder Genehmigungen noch überhaupt Anträge in dieser Hinsicht, wie der Wissenschaftliche Dienst des Deutschen

Bundestages 2019 feststellte.[114] Und trotzdem arbeiten in deutschen Großstädten unzählige Hawala-Banker (auch: Hawaladare), wie Fahnder berichten. Meist handelt es sich um kleine Kioske, die das Geschäft nebenher oder vielleicht – weil es lukrativer ist – hauptberuflich betreiben. Die Finanzaufsicht BaFin kann die illegalen Geschäfte untersagen, doch sie weiß überhaupt nicht, wer sie alles anbietet.

Via Hawala kann man schnell und günstig Geld in oft entlegene Gegenden transferieren, wo es keine regulären Banken gibt oder viele Bürger sich kein Bankkonto leisten können. Im Grunde also eine gute Sache. Allerdings ist diese Form der Überweisung auch ideal, um Geldflüsse zu verschleiern. Der Kunde geht beispielsweise im Frankfurter Bahnhofsviertel in einen Kiosk und legt einen Barbetrag auf den Tisch. Der Kioskbesitzer und Hawala-Banker ruft den Kontakt- und Vertrauensmann in dem Dorf an, in das das Geld transferiert werden soll. Der Anruf genügt, und das Geld wird dann in Afghanistan oder sonst wo umgehend ausbezahlt. Die Verrechnung der Beträge übernehmen Hawala-Zentralen. Oft liefern Geldkuriere, *money mules,* das Geld nach, um die Auslage zu begleichen, manchmal wird es auch regulär über dubiose oder offizielle Firmenkonten überwiesen.

Natürlich haben Terroristen kein Monopol auf Hawala. Inzwischen bieten und nutzen auch Gruppierungen der chinesischen, russischen und italienischen Organisierten Kriminalität das System. Deutsche Strafermittler beklagen, dass gegen das illegale Hawala-Banking zu wenig vorgegangen wird. »Wir wissen, dass Hawaladare in Deutschland der Organisierten Kriminalität zuarbeiten. Doch bei Verdacht dürfen wir nicht einmal verdeckt ermitteln«, sagt Oliver Huth vom Landeskriminalamt Düsseldorf. »Das Hawala-Banking wird auch zur Terrorismusfinanzierung genutzt.« In den Verfahren, die Huth kennt, seien 50 Prozent der Gelder über Hawala-Banking gelaufen. Hawala-Banking ist das große Dunkelfeld in der Terrorismusfinanzierung, doch es fehlt national wie international ein effektiver Ermittlungsansatz.

Das Geld für Terroranschläge kann überall auf der Welt beschafft werden. Auch in Deutschland, zum Beispiel in der Universitätsstadt Münster, wie die Ereignisse vom September 2015 belegen. In direkter Nähe zum St.-Paulus-Dom liegt eine beliebte Einkaufsstraße mit einem alteingesessenen Uhren- und Schmuckladen. Ein Mann mit dem Namen Ali Z. kauft dort Herrenarmbanduhren im Wert von fast 300 000 Euro.[115] Er bezahlt sie bar, in vielen kleinen Scheinen. Der Uhrenhändler stellt keine Fragen. Eigentlich hätte der Händler bei diesen Summen bei der FIU eine Verdachtsmeldung machen müssen, doch das tut er nicht. Deshalb erfährt die Welt erst viele Jahre später beim »Cedar«-Prozess in Paris, dass das Geld für die Uhren aus Drogengeschäften der kolumbianischen Mafia stammte. Ali Z. kauft mit den Drogengeldern auch bei Händlern in Neuss und in Augsburg ein. Innerhalb von vier Jahren soll er Uhren im Gesamtwert von mehr als 20 Millionen Euro erworben haben. Die Uhren transportiert Ali Z. in den Libanon und verkauft sie dort. Das Geld ist dadurch gewaschen. Eine libanesische Gruppe mit Verbindung zur Hisbollah hilft, das Geld zurück nach Kolumbien zu schmuggeln. Die Terrororganisation behält einen Teil des Geldes als Kommission.

Eine britische Denkfabrik für Verteidigungspolitik, das Royal United Services Institute (RUSI), hat untersucht, wie umtriebig Terrorgruppen bei der Geldbeschaffung sind. Die islamistische Terrororganisation Boko Haram agiert beispielsweise als Bank und versorgt in Nigeria kleine und mittlere Unternehmen mit hoch verzinslichen Mikrokrediten. Das bringt Einnahmen. Der Iran wiederum sponsert die Hisbollah im Libanon schon seit vielen Jahren, die Beträge liegen meist zwischen 100 und 200 Millionen Dollar jährlich, in einigen Jahren stieg der jährliche Betrag sogar auf 1 Milliarde Dollar. Hisbollah-Generalsekretär Hassan Nasrallah sagt: »Das Budget der Hisbollah, ihr Lebensunterhalt, ihre Ausgaben, ihr Essen, ihr Trinken, ihre Waffen und ihre Raketen stammen von der Islamischen Republik Iran. Solange Iran Geld hat, haben wir Geld.«[116] Dazu kommt noch die militärische Ausbildung durch iranische Kader.

Die Terrorgruppen kapern auch Wohltätigkeitsorganisationen, von denen die Spender im Westen glauben, ihr Geld fließe an hungernde Kinder. Doch es sind Waffen, die gekauft werden, wie ein Fall in den Niederlanden zeigt. Dort leitet eine Person mehrere Wohltätigkeitsorganisationen und Stiftungen. Die Spenden kommen aus dem Ausland und werden mehrfach zwischen Konten der Stiftungen hin und her überwiesen. Später reisen Mitarbeiter der Stiftungen nach Syrien. Im Gepäck: viel Bargeld.[117] Die Exekutive kennt das Spiel inzwischen, doch sie reagiert nur manchmal und spät: Im Jahr 2021 beispielsweise verbietet das Bundesinnenministerium die drei Vereinigungen Deutsche Libanesische Familie e.V., Menschen für Menschen e.V. und Gib Frieden e.V. – sie sollen als Nachfolgeorganisationen des bereits 2014 verbotenen »Waisenkinderprojekts Libanon« in Deutschland Geld für die Hisbollah im Libanon gesammelt haben.[118]

Terrorgruppen nutzen die Freiheit der internationalen Kapitalmärkte, um Waffen zu besorgen, Terroraktionen zu bezahlen und Unterstützer zu finanzieren. Das EU-Parlament berichtet in seinem Report zu den *Panama Papers,* dass die Terrormiliz Islamischer Staat (IS) sogar einige Banken mit eigenem Zugang zum internationalen Zahlungsnetzwerk SWIFT kontrolliert – die Terroristen konnten darüber offenbar Waffengeschäfte finanziell abwickeln. Ein anderes Beispiel, diesmal aus den *Paradise Papers:* Österreichische Polizeiermittler können eine Verbindung nachweisen zwischen einem im Land ansässigen verdächtigen Mitglied der Muslimbruderschaft und einem prominenten Geschäftsmann aus Saudi-Arabien. Der Mann aus Österreich war in ein Netzwerk aus Offshore-Firmen involviert, hinter dem ein Liechtensteinischer Trust des saudischen Milliardärs steht.[119]

Experten fordern, dass Nachrichtendienste im Kampf gegen illegale Finanztransaktionen mehr tun müssen. »Eine engere Zusammenarbeit zwischen Geheimdiensten und der Finanzwelt ist unerlässlich«, sagt der ehemalige Mossad-Beamte Udi Levy.[120] Diese Forderung ist sinnvoll. Der Kampf gegen Geldwäsche und Terrorismusfinanzierung braucht die Hilfe aller Sicherheitsbehörden, gerade wenn es um internationale Sicherheitspolitik geht. Kriminelle Geldabflüsse haben den demokratischen Wiederaufbau Afghanistans unterminiert, schmutzige Gelder finanzieren den hybriden Krieg gegen den Westen durch Russland. In Großbritannien sind die Geheimdienste stärker eingebunden in die Abwehr hybrider Attacken als in Deutschland, wo den Behörden bessere Zugriffsrechte auf Bankdaten helfen könnten, wie in Kapitel 5 beschrieben wurde.

Terroristen machen Beute beim Finanzamt

Umsatzsteuerbetrug kostet den deutschen Steuerzahler jedes Jahr rund 14 Milliarden Euro. Die Bundesregierung weiß das seit über zwanzig Jahren und tut nichts dagegen, wie der Bundesrechnungshof 2020 rügend feststellt.

Da verwundert es nicht, dass auch Terroristen schon seit Längerem Geld durch Umsatzsteuerbetrug erbeuten.[121] Auch bei den Corona-Hilfen nutzen terroristische Gruppen die mangelhaften Kontrollen. »In Einzelfällen besteht der Verdacht der direkten Terrorismusfinanzierung«, heißt es im Frühjahr 2021 aus Kreisen der Strafverfolgungsbehörden Berlins.[122]

Die auf die Rekonstruktion von illegalen Waffengeschäften spezialisierte Ermittlergruppe bei der Forschungsgesellschaft *Conflict Armament Research* hat in einer achtzehn Monate dauernden Recherche dokumentiert, wie es dem IS gelingt, waffenfähige Güter und Technologien hinter Tarnfirmen, pseudonymer Kommunikation und Briefkastenfirmen zu verbergen. Die Terroristen trennen dafür den Kaufprozess in zwei Vorgänge: Bestellung und Bezahlung. Eine Firma bestellt die Waren, eine andere Firma bezahlt. Diese handelsbasierte Geldwäsche ist schwer zu verfolgen, sie ist eine der wichtigsten Geldwäschemethoden von Kriminellen.

Eine Studie des *Government Accountability Office,* des Rechnungshofes des US-Kongresses, bestätigt Ende 2019, dass kriminelle und terroristische Netzwerke verschiedene Handelsbetrügereien – darunter auch die falsche Kennzeichnung von Dienstleistungen und Waren – nutzen, um ihr Schwarzgeld unentdeckt von US-Behörden und Zollbeamten zu verschieben. Die Methode funktioniert, selbst bei äußerst seltsamen Bestellungen: Niemand schlägt Alarm, als der Besitzer eines Mobiltelefonladen sechs Tonnen Aluminiumpaste bei einem großen Chemikalienhändler einkauft. Dem Händler war es egal, ob Bestellung und Bezahlung unterschiedliche Absender haben. Er achtet nicht darauf, Geschäft ist Geschäft. Von Großbritannien aus kauft ein IS-Mitglied über seine Firma hoch spezialisierte waffenfähige Bewegungssteuerungseinheiten

in den USA. Die Bezahlung führt eine Autovermietungs-
firma in Istanbul durch. Und ganz ähnlich verläuft in einem Fall der Kauf von Raketen mit der Bitte, die Ware an
die Adresse eines Mobiltelefongeschäfts nahe der tür-
kisch-syrischen Grenze zu schicken.[123]

Ganz modern mit Kryptowährungen – oder klassisch mit Gold

Eine weitere Untersuchung der US-Regierung deckt auf,
dass Al-Qaida und andere Terroristengruppen auch Bit-
coin-Geldwäschenetzwerke betreiben. Über Social-Media-
Plattformen und verschlüsselte Messaging-Apps bitten die
Terroristen um Spenden in der Kryptowährung. Auch in
diesen Fällen behaupten die Gruppen, sie würden das
Geld an Wohltätigkeitsorganisationen geben, während
sie es in Wirklichkeit für Terroranschläge sammeln.[124]

Die Entwicklung von Bitcoin und Tausender anderer
Kryptowährungen im vergangenen Jahrzehnt hat die
Definition von Geld verändert. Im ersten Krypto-Hype beschreibt der britische Komiker John Oliver Bitcoin als
»alles, was man von Geld nicht versteht, kombiniert mit
allem, was man von Computern nicht versteht«. Die Kriminellen mögen diese neue Form von Geld jedenfalls,
denn sie wird nicht von Zentralbanken geschaffen und
kontrolliert. Vielmehr beglaubigt ein Netzwerk gleichbe-
rechtigter Rechner die Transaktionen. Daher kommt auch
der Begriff »dezentrale digitale Währung«. Die Geschäfte
mit Kryptowährungen über das Internet sind leicht zu
anonymisieren. So können Profis illegale Gelder deutlich bequemer und mit weniger Entdeckungsrisiko über
Grenzen verschieben als beim physischen Transport von
Bargeld. Neben Terroristen haben auch international agie-

rende kriminelle Banden virtuelle Währungen in ihre Geldwäschemethoden integriert.

Inzwischen gibt es weltweit Tausende Geldautomaten, die Bitcoin und andere Kryptowährungen in Bargeld tauschen. Europol-Beamte beobachten, dass kolumbianische Drogenkartelle zunehmend Unmengen von 500-Euro-Banknoten, die aus Europa geschmuggelt werden, in Bitcoin-Automaten in Kolumbien einzahlen, um anonym Kryptowährung zu erwerben. Die *Drug Enforcement Administration* (DEA), die US-Strafverfolgungsbehörde für Drogendelikte, schreibt in ihrem Bericht, dass Geldkuriere große Mengen Bargeld in diese Automaten einzahlen. Der Betrag wird dann in Form einer virtuellen Währung weiterüberwiesen. Die auf diese Weise verwendeten Geldautomaten für virtuelle Währungen werden von Geldwäschern und Kurieren genutzt, so die DEA.[125] Aber es funktioniert auch umgekehrt am Geldautomaten: Bitcoin gegen Cash. Das Bargeld fließt dann über Umwege wieder ins reguläre Bankensystem – nachdem es digital gewaschen wurde.

Auch im Dark Web gibt es spezialisierte Dienstleister für Geldwäsche mit Bitcoin. Das Dark Web ist ein Teil des Internets, der für Suchmaschinen nicht sichtbar ist und für den eine spezielle Software erforderlich ist. Einer der größten Dienstleister für den Geldwechsel ist der russischsprachige Marktplatz »Hydra«. Hydra nimmt online beispielsweise einen bestimmten Betrag in Bitcoins an, berechnet den Wechselkurs und teilt dem Geldwäscher daraufhin mit, wo er den entsprechenden Betrag in bar findet. »Sie lassen buchstäblich Geldbündel irgendwo liegen, damit man sie abholen kann«, sagt Tom Robinson, leitender Wissenschaftler und Mitbegründer von Elliptic, einer Gruppe, die Kryptotransaktionen verfolgt und analysiert.[126] »Sie vergraben das Geld unter der Erde oder verstecken es hinter einem Busch, zu dem sie die Koordinaten mitteilen. Das ist ein ganzer Berufszweig.« Und Hydra bietet Kriminellen noch zahlreiche weitere Möglichkeiten, Kryptowährungen zu anderem Geld zu machen, beispielsweise durch den Umtausch von Bitcoin in Geschenkgutscheine oder Prepaid-Debitkarten.

Wer Berührungsängste mit russischen Marktplätzen im Dark Web hat, der kann sich auch nach Dubai begeben. Das Emirat ist eines der globalen Drehkreuze der internationalen Geldwäsche. Die Washingtoner Carnegie-Stiftung stellt in einer Studie fest, dass korrupte und kriminelle Akteure aus der ganzen Welt durch oder von Dubai aus operieren.[127] Afghanische Warlords, russische Gangster, nigerianische Kleptokraten, europäische Geldwäscher, iranische Sanktionsbrecher und ostafrikanische Goldschmuggler finden hier einen förderlichen Ort für ihre Geschäfte.[128] Und auch deutsche Kriminelle nutzen den Standort. »Im Zusammenhang mit dem Steuerbetrug unter Beteiligung der Deutsche Bank AG beim Handel mit CO_2-Zertifikaten waren es unter anderem Gesellschaften in Dubai, über die der Steuerbetrug abgewickelt wurde«, sagt Martina Link, die Vizepräsidentin des Bundeskriminalamts.[129] Auch Wirecard hatte in Dubai eine Dependance. Die erheblichen Summen, die der wegen Bilanzbetrugs gesuchte Ex-Wirecard-Vorstand Jan Marsalek kurz vor seiner Flucht in Form von Bitcoins nach Russland transferiert hat, sollen aus Dubai geflossen sein.

Aber auch in der Provinz ist man umtriebig. Dubai, die Niederlande und die schwäbische Stadt Schorndorf sind die Zentren des wohl größten Geldwäschekartells, das in Deutschland je aufgedeckt wurde. Das Stuttgarter Landgericht verhandelt den Fall »Goldeneye« im Sommer 2020. Es geht um Geldwäsche mit Gold – die folgendermaßen abläuft: Kuriere bringen Bareinnahmen aus Drogengeschäften aus den Niederlanden nach Schorndorf. Dort sind zum selben Zeitpunkt bereits Goldbarren aus Dubai eingetroffen. Mit dem Drogengeld bezahlen die Banden das Gold. Das Edelmetall wird danach über Großbritannien nach Dubai gebracht, um von dort wieder auf die Reise nach Schorndorf zu gehen. Es handelt sich um ein »Karussellgeschäft«, um illegales Geld immer aufs Neue mit demselben Goldverkauf zu waschen.

Die Täter sind verurteilt und werden viele Jahre im Gefängnis verbringen – doch andere Geldwäscher haben sie längst ersetzt. »Gold ist unverdächtig. Die Geldwäscher können es als Wirtschaftsgut deklarieren, für Schmuck, zum Einschmelzen, als Altgold. Da sind die Quittungspflichten überschaubar. Die Kriminellen melden es bei der Ausreise am Flughafen auch ganz offiziell an«, sagt Stefan Muhr vom Zollfahndungsamt Essen beim Symposium zu Geldwäsche und Terrorismusfinanzierung der Kripo Akademie in Bochum 2021.

Die Vereinten Nationen, Interpol und Europol registrieren inzwischen eine zunehmende Annäherung zwischen der Organisierten Kriminalität und dem Terrorismus.[130] Beide Seiten kooperieren, wenn es ihnen nützlich ist. Die Geldströme, etwa zur Beschaffung von Waffen, werden verschleiert. Die globalisierte Welt bietet den Kriminellen dazu viele Wege – jeder gestattet zu viel Freiraum, sei es im Bankensystem, Hawala-Banking, auf dem Markt für Kryptowährungen oder im Handel mit Gold.

Das Wichtigste in Kürze

- Der Westen scheitert in Afghanistan – Ursachen sind die mangelhafte Bekämpfung der Korruption in dem Land und die unzureichende Kontrolle der Geldflüsse aus dem Land heraus.

- Aber auch die Erfahrungen in Irak, Libyen und Syrien zeigen, dass die dortige Korruption, der Diebstahl von Hilfsgeldern und die Stärkung von Milizen und Terroristen einen gemeinsamen Nenner haben: illegale Finanztransaktionen.
- Der Kampf gegen dunkle Finanzkanäle verhindert Terroranschläge, weil dadurch die Versorgung der terroristischen Netzwerke beschnitten wird.
- Terroristen schicken anonym Geld über das Hawala-Banking. Sie bereichern sich durch Umsatzsteuerbetrug, nutzen Kryptowährungen zur Verschleierung von Vermögen und profitieren von der Intransparenz des internationalen Bankensystems.

7

Ist der Westen selbst der größte Teil des Problems?

In den westlichen Industriestaaten herrscht eine wohlfeile Sicht auf die Finanzkriminalität, nach dem Motto: Wir sind gut, böse sind die anderen. Diese Arroganz bringt der damalige britische Premierminister David Cameron auf dem Londoner Antikorruptionsgipfel 2016 offen zum Ausdruck. Er bezeichnete einige Entwicklungsländer als »fantastically corrupt«. Einer der anwesenden Regierungschefs aus Afrika dreht den Spieß um: Auf die Frage, ob er eine Entschuldigung Camerons fordere, antwortet der anwesende nigerianische Präsident Muhammadu Buhari: »Nein, keine Entschuldigung. Ich fordere die Rückgabe von Vermögen.«[131] Buhari weist mit seinen Worten völlig zu Recht darauf hin, dass die Plünderung der nigerianischen Bevölkerung nur möglich war mithilfe von Spezialisten in angelsächsischen Anwaltskanzleien und Wirtschaftsprüfungsgesellschaften. Korrupte Politiker, Unternehmer und andere Kriminelle haben vor Buharis Amtszeit zwischen 2003 und 2012 rund 157 Milliarden Dollar aus Nigeria ins Ausland geschafft, darunter auch Entwicklungshilfegelder.

Der Fall ist exemplarisch: Diktatoren, Autokraten, Oligarchen, Mafiosi und Terroristen bunkern ihr Geld sicher in der westlichen Welt, sie tun dies anonym in Steuerparadiesen hinter Strohleuten und Offshore-Firmen – und westliche Anwaltskanzleien und Wirtschaftsprüfungsgesellschaften helfen dabei, geraubte Vermögen zu verstecken. Man nennt diesen Berufszweig »Crime Enabler«, Verbrechensermöglicher. Diese Herrschaften unterstützen Finanzkriminelle gegen fürstliche Honorare, was die Doppelmoral der westlichen Gesellschaften offenbart. Politiker verurteilen in ihren Reden die korrupten Autokraten, doch gleichzeitig bieten sie denselben in der demokratischen Welt die rechtlichen Möglichkeiten, einen sicheren Hafen für geraubtes Vermögen zu bauen, etwa im US-Bundesstaat Delaware oder auf den Britischen Jungferninseln. Die Demokratien, in Anlehnung an Lenins Bonmot, verkaufen den Kriminellen damit den Strick, mit dem sie uns und unser System dereinst aufhängen werden.

In der Praxis lässt sich das beispielsweise in Angola und Nigeria beobachten: Korrupte Herrschaftseliten haben über Jahrzehnte die beiden afrikanischen Staaten mithilfe westlicher Verschleierungskompetenz geplündert. Armut, Korruption und Bürgerkrieg in diesen Ländern sind die Folge. Millionen Menschen müssen fliehen. Sie bezahlen kriminelle Schlepper mit ihrem Ersparten. Hinter den Schleppern stehen internationale Banden, die das Fluchtgeld auf sicheren Konten deponieren. Zuletzt geht das dreckige Geld auf große Reise, bevor es scheinbar sauber in der Schweiz, in Liechtenstein, Luxemburg, Großbritannien, Deutschland oder offshore einen sicheren Hafen findet.

»Die Menge an Geld, die durch illegale Finanzströme verloren geht, ist erschütternd. Es wird geschätzt, dass dies auf dem afrikanischen Kontinent jährlich mindestens 40 Milliarden Dollar sind«, sagt der frühere OECD-Generalsekretär José Ángel Gurría. Damit übersteigen diese illegalen Finanzströme sämtliche ausländischen Direktinvestitionen und öffentlichen Entwicklungshilfen auf dem Kontinent. »Illegale Finanzströme schöpfen afrikanische Ressourcen ab und hindern den Kontinent dabei, sich von der COVID-19-Krise zu erholen. Die Eindämmung illegaler Finanzströme ist daher der Schlüssel, um Resilienz zu erhöhen und Afrikas Entwicklungsversprechen zu erfüllen«, bestätigt Ghada Fathi Waly, Exekutivdirektorin der Vereinten Nationen für Drogen- und Verbrechensbekämpfung (UNODC).[132]

Das Europäische Parlament schätzt in seinem Abschlussbericht zum sogenannten PANA-Untersuchungsausschuss, der die *Panama Papers* untersucht, dass sich 30 Prozent des afrikanischen Finanzvermögens in Offshore-Zentren befinden.[133] Darüber hinaus entgingen Entwicklungs- und Schwellenländern von 2003 bis 2012 durch illegale Geldabflüsse rund 6,6 Billionen Dollar.[134] Die EU-Parlamentarier verweisen in ihrem Abschlussbericht auch auf die Interessenkonflikte von Wirtschaftsprüfern, Beratern und Anwaltskanzleien. Diese Berufsgruppen beraten Regierungen bei der Ausarbeitung von Steuergesetzen, manchmal schreiben sie sogar daran mit.

In seinem Buch *Der Fluch des Reichtums* erzählt Tom Burgis die Geschichte der finanziellen Ausbeutung des afrikanischen Kontinents nach dem Ende der Kolonialzeit. Früher ging es rustikal zu: »In den 1980er-Jahren stopften die Kriminellen die Autos buchstäblich voll mit Bargeld und übergaben den Schlüssel dem korrupten Beamten.« Heutzutage sei es schwieriger, die Bestechung nachzuweisen, denn sie geschieht mithilfe von Experten aus dem Westen über Offshore-Transaktionen. »Unter westlichen Regierenden gibt es eine Tendenz, die afrikanischen Herrscher zu belehren, aber die Probleme liegen im Weltfinanzsystem. Dass es Finanzgeheimnisse gibt, ist nicht Afrikas Schuld«, so Burgis. »Man muss sich mit dem Teil befassen, der im globalen System liegt und der von westlichen Hauptstäd-

ten aus reguliert werden kann.«[135] Der kamerunische Historiker und Hochschullehrer in Südafrika, Achille Mbembe,
stellt in einem Interview die richtigen Fragen zu Afrika:
»Warum besitzt deren Führungsschicht ausländische
Pässe, verfügt über Grundbesitz und Immobilien in nicht
afrikanischen Ländern? Und lässt sich beim kleinsten
Alarm in ausländische Krankenhäuser evakuieren? Warum
verbringt diese Elite ihre Ferien in teuren Hotels in Europa, schickt ihre Kinder zum Studium an Institutionen
außerhalb Afrikas und kann unrechtmäßig erworbene
Vermögen auf Schweizer Banken und in anderen Steueroasen anhäufen?«[136] Wer das Russland-Kapitel gelesen
hat, dem dürfte das Muster bekannt vorkommen.

Oh, wie dreckig ist Panama

Mutige Whistleblower und Journalisten haben der Öffentlichkeit durch die Enthüllungen in den *Swiss-Leaks, Baha-
mas-Leaks, Luanda Leaks, FinCEN Files* sowie den *Panama,
Paradise* und zuletzt *Pandora Papers* einen genaueren Einblick in der Welt der Offshore-Strukturen gegeben. Die
zweifelhafte Rolle der Crime Enabler ist nach der Analyse
von Millionen von Dokumenten sehr deutlich geworden:
Eine Armee von Anwälten, Treuhändern, Wirtschaftsprüfern, Banken, Hedgefonds und Finanzinstituten verschleiert durch juristische Tricks den Ursprung von Vermögen.
Sie macht Steuerflucht, Steuerhinterziehung und das
Waschen inkriminierter Vermögen erst möglich. Der amerikanische Autor Chuck Collins nennt diese Koalition von
Experten, die anonyme Briefkastenfirmen, Family Offices,
Offshore-Konten und Trusts kreiert, eine »Vermögensverteidigungsindustrie«. Er sagt: »Sie werden mit Millionen
bezahlt, um Billionen zu verstecken.«[137]

Eine Studie des Tax Justice Network, eines unabhängigen Forschungs- und Beratungsnetzwerks, schätzt das weltweite private Finanzvermögen auf Offshore-Konten auf 21 bis 32 Billionen Dollar – und da sind Immobilien, Gold, Jachten oder Rennpferde noch nicht einmal mit eingerechnet. Offshore-Finanzplätze wie die Britischen Jungferninseln zeichnen sich durch eine laxe Gesetzgebung in Finanzdingen aus. Ausländische Steuer- oder Polizeibehörden erhalten nur wenige Informationen über Finanztransaktionen und Eigentumsverhältnisse. Die Enabler sind mit ihren Beraterfirmen nicht nur in der Karibik oder sonstigen sonnigen und doch obskuren Plätzen angesiedelt, sondern auch in den Metropolen der westlichen Welt: London, Zürich, Genf, New York, Frankfurt am Main. Die Politiker in Deutschland, der EU und den USA wissen also Bescheid, wer den Kriminellen bei der Vermögensflucht hilft. Sie lassen es dennoch zu. Ohne diese politische Rückendeckung, sprich: die entsprechend freundlichen Gesetze, könnten Enabler ihr fragwürdiges Milliardengeschäft nicht weiterführen.

Einen nachhaltigen Eindruck über das Unwesen der weltweit aktiven Enabler bekommt die Welt 2016 dank der berühmt gewordenen *Panama Papers*. Die Dokumente der Anwaltskanzlei Mossack Fonseca geben den Blick frei auf Steuerstraftaten und Geldwäsche, aber auch legale Steuervermeidungsstrategien – ausgeführt im Auftrag reicher Eliten. Einige dieser Offshore-Gebiete wie Panama haben seitdem ihre Vorschriften verschärft und sich immerhin internationalen Bemühungen um Steuertransparenz angeschlossen. Doch das Dunkelfeld ist immer noch groß, und Mossack Fonseca war nur eine kleine von vielen, zum Teil wesentlich größeren Firmen.

Die Enthüllung der *Paradise Papers* im Jahr 2017 offenbart noch deutlicher, wie die Anwälte der Kundschaft helfen, Vermögen aus dubiosen Quellen zu verstecken. Darüber hinaus zeigt sich, dass globale Unternehmen wie Apple und Facebook mithilfe der Spezialisten ihre Konzerne so konstruieren, dass sie nirgendwo auf der Welt Steuern zahlen. Im Rahmen der OECD haben sich Ende 2021 137 Staaten auf ein globales Abkommen über einen Mindeststeuersatz für Unternehmen geeinigt. Das Abkommen soll bis 2023 umgesetzt werden, es könnte helfen, den aktuellen Missstand zu beheben.

Die Veröffentlichung der *Pandora Papers* im Oktober 2021 wiederum, in denen erneut ein internationales Journalistenteam dieses Mal noch viel mehr Kundeninformationen und Transaktionsdaten aus vierzehn Offshore-Anwaltsfirmen analysiert, belegt die Dringlichkeit, gegen anonyme Offshore-Strukturen und Briefkastenfirmen vorzugehen. »Das Wichtigste, was ich daraus mitnehme, ist, dass die derzeitigen Regeln wohlhabenden Personen Mechanismen zum Erwerb von Eigentum oder zum Verstecken ihres Reichtums bieten, die anderen Leuten nicht zur Verfügung stehen«, sagt Daniel Bunn von der Tax Foundation, einem in den USA ansässigen Thinktank. Nur ein Beispiel: Der ehemalige britische Premierminister Tony Blair und seine Frau Cherie Blair kaufen 2017 eine Londoner Immobilie im Wert von über 6 Millionen Pfund über eine Gesellschaft auf den Britischen Jungferninseln. Dadurch sparen sie 312 000 Pfund Stempelsteuer.[138] Geld, das den Bürgerinnen und Bürgern Großbritanniens vorenthalten wird.

Es gibt Millionen von Schadensbelegen – doch von einem Verbot anonymer Firmenstrukturen ist die Welt immer noch weit entfernt. So können sich findige Rechtsspezialisten austoben bei der Konstruktion undurchsichtiger Trusts und anderer Geflechte, um wohlhabende Menschen noch reicher zu machen.

Traue keinem Trust

An dieser Stelle lohnt sich ein genauerer Blick auf die sogenannten *Trusts*. Der Begriff stammt bekanntlich vom
englischen Wort für »Vertrauen« ab, doch es ist keine
Selbstverständlichkeit, dass Trusts gegründet werden dürfen. Regierungen und Parlamente haben sich bewusst dafür entschieden und bestimmten Personengruppen dieses
Recht gegeben, in dem Vertrauen, dass es nicht missbraucht wird. Die Idee zur Bildung eines Trusts stammt
ursprünglich aus dem mittelalterlichen England. Ritter
übertragen damals ihren Besitz an vertrauensvolle Verwalter. Sollte der Ritter im Kampf fallen, sorgt der Trustee
und Treuhänder dafür, dass die Angehörigen mit dem
Vermögen bedacht werden. Der Trust steht also für ein
Vertrauensverhältnis zwischen dem Gründer und Geldgeber, dem Begünstigten und dem Treuhänder. In der Neu-
zeit ist das anders: Der Trust ist keine Dreiecksbeziehung
zwischen Personen mehr, sondern er besteht meistens aus
Firmen. Das ist ein großer Unterschied. Es ist möglich,
eine Person zu identifizieren – bei einer Firma hingegen
ist das viel schwieriger, denn bestimmte Rechtsformen er-
lauben, den wahren Besitzer und Nutznießer von Unternehmen zu verschleiern. Die nahezu unmögliche Arbeit
der Ermittlungsbehörden, hinter diese Kulissen zu bli-
cken, beschreibt der Antikorruptionsexperte und Jurist
Richard Messick so: »Sie wollen wissen, wer der rechtmä-
ßige Eigentümer ist? Ich werde Ihnen sagen, wer der Eigentümer ist: Es ist ein anderes Unternehmen. Und wer
ist der Eigentümer dieses anderen Unternehmens? Wieder ein anderes Unternehmen. Und so weiter.«[139]

Zu den »Vorzügen« von Trusts für eine bestimmte Klientel passt auch folgender pointierter Auszug aus der *Harvard Law Review,* erschienen bereits im Jahr 2003, was be-

legt, wie lange das Problem schon bekannt ist, ohne dass wirklich an der Lösung gearbeitet wurde. »Trusts können die Nutzung von Vermögen an die Begünstigten weitergeben und gleichzeitig das Vermögen vor den Gläubigern der Begünstigten und vor Urteilen bei Scheidungen schützen. ›Wenn es dir nicht gehört‹, sagt das Sprichwort, ›kann es dir niemand wegnehmen.‹ (...) Die Konstruktion ist praktisch nicht von direktem Eigentum zu unterscheiden, jedoch ohne die Nachteile, die Eigentum mit sich bringt, wie beispielsweise eine größere Gefährdung durch Steuern, Gläubiger und rachsüchtige Ex-Ehepartner.«[140]

Komplett machtlos sind die Justizbehörden zwar nicht. In sehr missbräuchlichen Fällen können die Gerichte eingreifen und den Trust-Schleier durchdringen. Aber diese Ermittlungen kosten viel Zeit, Mühe und Geld. Und es gibt keine Erfolgsgarantie. Die Jagd nach Schwarzgeld wirkt wie ein Spiel, das die Crime Enabler nicht verlieren können. In vielen Staaten müssen die involvierten Anwälte und Wirtschaftsprüfer noch nicht einmal Angst vor Strafverfolgung haben. Wenn ihre Handlungen aufgedeckt werden, behaupten sie, sie hätten nicht gewusst, dass die Gelder gestohlen sind. Sie seien nur gebeten worden, eine Gesellschaft oder einen Trust zu gründen, Immobilien zu kaufen oder andere Transaktionen mit dem Vermögen eines Kunden durchzuführen. Antikorruptionsexperte Messick kennt diese Tricks: »Eine strafrechtliche Verurteilung setzt voraus, dass die Angeklagten wussten, dass ihre Handlungen falsch waren. Doch die Anwälte können Maßnahmen ergreifen, die es fast unmöglich machen, nachzuweisen, dass sie wussten, woher die Vermögenswerte stammen. Darüber hinaus können sich die beratenden Juristen stets auf das Anwaltsgeheimnis berufen.«[141]

Dabei gilt weltweit der juristische Grundsatz: Jeder, der

einem Amtsträger hilft, gestohlenes Geld zu verstecken, begeht ein Geldwäschevergehen, und das ist unter Strafe zu stellen. So schreibt es das Übereinkommen der Vereinten Nationen gegen Korruption (UNCAC) vor – der erste weltweit völkerrechtlich bindende Vertrag zur Bekämpfung der Korruption. Die UN-Generalversammlung beschließt ihn im Jahr 2003, Ende 2005 tritt er in Kraft. Auch Deutschland ratifiziert den Vertrag, allerdings mit elf Jahren Verzögerung, also erst 2014. Der Grund: Die Regierungsparteien wollen Bestechung und Bestechlichkeit von deutschen Parlamentariern, wie in der UN-Vereinbarung gefordert, bis dahin nicht schärfer unter Strafe stellen, angeblich, weil es so etwas in Deutschland sowieso nicht gebe. Nun warten die Vereinten Nationen nur noch auf Unterschriften von Staaten wie Syrien, Nordkorea, Sudan und Somalia.

Die großen Vier

Die Namen der unzähligen kleinen Spezialistenfirmen in der »Vermögensverteidigungsindustrie« kennen nur Eingeweihte. Anders ist das bei den vier großen Wirtschaftsprüfungsgesellschaften: EY (Ernst & Young), Deloitte, PwC (PriceWaterhouseCoopers) und KPMG. Man spricht ehrfürchtig von den »Big Four«. Diese vier dominieren das globale Bilanzprüfungsgeschäft der größten und wichtigsten Unternehmen der Welt. Sie sind auch im deutlich lukrativeren Beratungsgeschäft tätig, sowohl im öffentlichen als auch im privaten Auftrag. EY und Co. beraten weltweit Regierungen bei Gesetzesvorhaben – etwa im Finanzbereich und auch im Kampf gegen Geldwäsche. Die Big Four kontrollieren im Auftrag von Bankaufsichtsbehörden, ob sich bestimmte Kreditinstitute an die Regeln halten. Im Wirtschaftsleben fädeln sie Firmenfusionen und Übernahmegeschäfte ein. Daneben erfüllen sie in der globalen Wirtschaft als Wirtschaftsprüfer eine andere, vielleicht sogar noch wichtigere Funktion: Die Big Four und ihre kleineren Mitbewerber stellen sicher, dass der Finanzkapitalismus eine verlässliche Recheneinheit besitzt: saubere Bilanzbücher. Die Wirtschaftsprüfer erfüllen mit ihren Prüfungsleistungen eine quasiöffentliche Aufgabe. Sie stehen »oft an vorderster Front, um die Integrität der Finanzberichterstattung zu gewährleisten«, wie die Wirtschaftsprüfervereinigung *International Federation of Accountants* feststellt. Börsen, Investoren, Staaten und Privathaushalte verlassen sich bei ihren wirtschaftlichen Entscheidungen direkt oder indirekt auf das Testat der Wirtschaftsprüfer. Angesichts ihrer herausragenden Stellung hat sich die Branche einen Ehrenkodex gegeben. Dieser formuliert sechs Arbeitsprinzipien: Integrität, Objektivität, fachliche Kompetenz, Sorgfalt, Vertraulichkeit und professionelles Verhalten.

Trotz dieser guten Vorsätze waren die Big Four in der Vergangenheit immer wieder in Finanzskandale verwickelt. Bereits eine einfache Internetsuche zeigt: Beim Thema Steueroptimierung und Steuervermeidung stößt man immer wieder auf diese vier Firmen. So enthüllt eine Recherche der britischen BBC die Verwicklung von EY in eine Operation mit Goldschmuggel, Geldwäsche und Organisierter Kriminalität, die sich von Großbritannien bis in die Vereinigten Arabischen Emirate erstreckt.[142] Der Vorwurf: EY habe es versäumt, verdächtige Aktivitäten in einer der größten Goldraffinerien der Welt zu melden, und habe dann einen Compliance-Bericht geändert, um das Verbrechen zu verbergen. EY weist die Vorwürfe zurück, verzichtet aber nach einigen abschlägigen Gerichtsurteilen darauf, weiter juristisch dagegen vorzugehen.

EY ist auch in Deutschland bekannt. Als Abschlussprüfer des Finanzkonzerns Wirecard übersieht die Firma jahrelang, wie sich das einstige deutsche Vorzeigeunternehmen kriminalisiert. Auch bei der US-Bank Lehman Brothers, deren Pleite 2008 die Welt in die globale Finanzkrise stürzt, prüft EY, damals noch ausgeschrieben als »Ernst & Young« firmierend, die Bücher.

Es soll an dieser Stelle nicht darum gehen, die vielen Fälle aufzuzählen, in denen die Big Four eine unrühmliche Rolle gespielt haben. Es geht vielmehr um die Konsequenzen, die all diese Fälle nach sich ziehen. Der ehemalige PwC-Direktor und Whistleblower Mauro Botta warnt 2019 eindringlich: »Diese vier Institutionen sind diejenigen, denen jeder Investor vertraut, wenn es um die Meldung von Problemen in den von ihnen geprüften Unternehmen geht, etwa bei Betrug. Per Definition sollten sie einen viel höheren Standard haben. Die Tatsache, dass sie das nicht tun – darüber sollte sich jeder Sorgen machen.«[143]

Doch Steueroptimierung, Steuervermeidung und vor allem die Verschleierung zweifelhafter Vermögen sind offensichtlich ein viel zu lukratives Geschäft. Anwaltskanzleien, Steuerberater und Wirtschaftsprüfer haben in den letzten fünfzehn Jahren begonnen, ihre Dienste auch den Kleptokraten anzubieten. Der Journalist Ben Judah spricht von »Washingtoner Lobbyisten mit Konten mit Verbindungen zum Kreml bis hin zu New Yorker Anwaltskanzleien mit Klienten aus der chinesischen Apparatschikszene«.[144] Kleptokratien sind Herrschaftsformen, in denen die Herrschenden volle Kontrolle und Verfügungsgewalt über die Vermögen der Bevölkerung haben. Die Politikberaterin Sarah Chayes – sie betreute zwischen 2002 und 2009 in Afghanistan Entwicklungsprojekte – sagt: »Die Kleptokratie ist für das 21. Jahrhundert das, was Faschismus und Kommunismus für einen Großteil des 20. Jahrhunderts waren.«[145] Der Westen sei mitschuldig an der Aufrechterhaltung kleptokratischer Netzwerke, weil er erlaube, diesen illegalen Reichtum direkt in große Zentren wie New York und London zu leiten. Oder anders ausgedrückt: Viele westliche Beraterfirmen agieren wie Trojanische Pferde – sie diskreditieren und gefährden die westliche Demokratie, in der sie eine Ausbildung erhalten haben und selbst leben.

Ein Grund für den Missstand ist die dezentrale Struktur der Wirtschaftsprüfungsfirmen, was die Durchsetzung einheitlicher Regeln erschwert. Eine Untersuchung des *International Consortium of Investigative Journalists* (ICIJ) aus dem Jahr 2014 über korrupte Praktiken bei führenden Wirtschaftsprüfungsfirmen stellt fest, dass diese »als dezentrale Allianzen lokaler Partnerschaften in verschiedenen Ländern« geführt sind. Diese Dezentralisierung erlaube es, lukrative öffentliche Aufträge mit potenziell korrupten Kunden anzunehmen, ohne dass eine sinnvolle Kontrolle durch das zentrale Management stattfindet. Die Geschäfte der Big-Four-Kanzleien bilden das »Herzstück in der Welt dieser Steueroasen«, heißt es in der Untersuchung weiter.[146]

Die Fachleute aus westlichen Wirtschaftsprüfungsgesellschaften stärken damit den Einfluss von antidemokratischen Kräften in der westlichen Welt und sind darüber hinaus zu Großimporteuren von transnationaler Korruption geworden.

Warum lässt der Westen das zu, warum existieren die Offshore-Steuerfluchtzentren immer noch? Die nüchterne wie bittere Erkenntnis lautet: Die Macht der Finanzindustrie scheint schlicht zu stark zu sein. Eine Studie der Bürgerbewegung Finanzwende aus dem Dezember 2020 stellt fest, dass die Finanzindustrie mehr als 200 Millionen Euro pro Jahr allein für die Lobbyarbeit in Deutschland ausgibt. Mehr als 250 verschiedene Organisationen aus Finanzlobby und erweiterter Finanzlobby versuchen in den Jahren 2014 bis 2020, die deutsche Politik zu beeinflussen. Die mehr als 1500 Lobbyisten kommen aus den Bereichen Banken, Versicherungsunternehmen, Fonds, Börsen oder Zahlungsdienstleister. Zählt man noch die erweiterte Finanzlobby hinzu, beispielsweise Teile der Immobilienbranche, Wirtschaftsprüfer, Anwaltschaft oder Glücksspielbranche, ist die Anzahl noch höher. Die Experten von Finanzwende analysieren für ihre Studie die Stellungnahmen von Verbänden und Unternehmen zu den Referentenentwürfen – diese sind die Vorstufe von Gesetzesinitiativen. Das Zahlenverhältnis zwischen Finanzlobby auf der einen und der Zivilgesellschaft auf der anderen Seite liegt der Studie zufolge bei neun zu eins. Das bedeutet: Auf eine Stellungnahme von Verbraucherschützern und anderen Vertretern der Zivilgesellschaft kommen damit neun Expertisen seitens der Finanzlobby.

»Ich wusste immer, dass der Einfluss immens ist«, sagt Gerhard Schick, früherer Grünen-Bundestagsabgeordneter und Vorstand der Bürgerbewegung Finanzwende. »Aber dass diese Schieflage im Vergleich zur Zivilgesellschaft so groß ist, hat mich erschreckt.«[147] Die Ampel-Koalition der neuen Bundesregierung hat 2022 endlich ein Lobbyregister eingeführt. Die Kontakte von Lobbyisten zu Ministerien müssen fortan ab Referentenebene offengelegt, die Einflüsse von Lobbyisten bei Gesetzesentwürfen (»Lobby-Fußspur«) sollen ebenfalls transparent gemacht werden. Die Bürger haben Zugriff auf das Lobbyregister – wo sich Interessenvertreter aller Couleur mit Namen, Tätigkeiten sowie Interessen registrieren und auch Angaben zu ihren Auftraggebern machen.

Das Wichtigste in Kürze

- In den westlichen demokratischen Staaten bestens ausgebildete Rechtsanwälte und Wirtschaftsprüfer helfen Kriminellen, Autokraten und Kleptokraten gegen hohes Honorar, illegal erwirtschaftete oder geraubte Vermögen sicher in anonymen Offshore-Firmen zu verstecken. Die Branche agiert wie ein Trojanisches Pferd, denn sie importiert durch ihr unethisches Verhalten Korruption und erzeugt Armut, Flucht sowie Elend.
- Afrika könnte aufgrund seiner Rohstoffvorkommen ein reicher Kontinent sein. Doch Kleptokraten, Rohstofffirmen und kriminelle Banden plündern das Volksvermögen. Die gestohlenen Gelder liegen überwiegend auf Konten westlicher Banken. Diese Vermögen sollten, wie es beispielsweise der nigerianische Präsident Muhammadu Buhari fordert, konfisziert und an die betroffenen Länder zurückgegeben werden. Wenn das geraubte Geld zurückfließt, bekämen die dort lebenden Menschen eine bessere Überlebensperspektive und müssten somit ihre Heimat nicht mehr auf lebensgefährlichen Fluchtrouten verlassen.
- Der Skandal ist: Die windigen Geschäfte der Crime Enabler kommen häufig durch Whistleblower und Journalisten ans Licht – nicht etwa durch die Ermittlungsarbeit von Polizei- und Aufsichtsbehörden. Die Politik müsste den Aufsichtsbehörden mehr Personal und effektivere Ermittlungsrechte geben. Doch das geschieht nicht. Ein Grund: Die Lobbyisten des Finanzsektors haben offenbar zu viel Einfluss auf die Gesetzgebung.

8

Wieso ist auch die Deutsche Bank immer wieder involviert?

Auch die Geschichte der Deutschen Bank gehört in die Annalen der Geldwäsche. Deutschlands größtes und wichtigstes Kreditinstitut hat schon in den Dreißigerjahren eine kriminelle Verschleierung und Verschiebung geraubter Vermögen betrieben. »Im Jahr 1936 versuchte die Deutsche Bank, alle ihre ausländischen Guthaben zu verschleiern ... Zur Tarnung ihres Vermögens im Ausland ergriff die Deutsche Bank Maßnahmen, die vermutlich dazu bestimmt waren, sie gegen Forderungen von Personen zu schützen, die durch politische, rassische oder religiöse Verfolgung gezwungen waren, Deutschland zu verlassen.«[148] So steht es im OMGUS-Abschlussbericht der US-Armee aus dem Jahr 1945.

Das *Office of Military Government for Germany, United States* (OMGUS) – das Amt der Militärregierung für Deutschland – ist bis 1949 die höchste Verwaltungseinrichtung der amerikanischen Besatzungszone. Nach Kriegsende unterstützt die Behörde die Entnazifizierung in Deutschland und beschafft detaillierte Informationen über die Verstrickungen der deutschen Wirtschaft in die NS-Herrschaft. Ihre Berichte finden Eingang in die Nürnberger Prozesse. Der Vermögensraub jüdischer Vermögen ist dokumentiert, bereits aufgrund der willkürlichen »Judenvermögensabgabe« von 1938 müssen deutsche Juden dem

Nazireich bis zu 96 Prozent ihres Vermögens abliefern, wenn sie ihre Heimat in Richtung eines für sicher gehaltenen Landes verlassen wollen. Bei diesem Vermögensraub wird die Nazibürokratie von deutschen Banken unterstützt, die nicht nur viel Geld »verdienen«, sondern in vorauseilendem Gehorsam den Verkauf von Vermögenswerten durch jüdische Bürger melden. Die Deutsche Bank steht im Fokus dieser umfangreichen Ermittlungen nach Weltkriegsende. Auf Basis der recherchierten Informationen kommt das OMGUS zu dem Urteil: »Es wird empfohlen, dass die Deutsche Bank liquidiert wird, die verantwortlichen Mitarbeiter der Deutschen Bank angeklagt und als Kriegsverbrecher vor Gericht gestellt werden.«[149]

Die Empfehlung wird bekanntlich nicht umgesetzt, denn dem Amt der US-Militärregierung fehlt die Befugnis, Strafverfahren gegen deutsche Unternehmen einzuleiten. Zudem haben die für eine Liquidierung zuständigen US-Stellen aufgrund des herannahenden Kalten Krieges gar kein Interesse an der Zerschlagung von Deutschlands wichtigster Bank. Der OMGUS-Bericht mit seinen 300 eng beschriebenen Seiten ist lesenswert. Die Lektüre führt in die Methoden der Geldwäsche ein, ohne den Begriff zu verwenden.

Angesichts dieser langen Vorgeschichte stellt sich natürlich die Frage: Hat die Deutsche Bank aus ihrer Geschichte gelernt und fortan die redlichen Geschäfte den unredlichen vorgezogen? Nicht immer. Allein die letzten zwanzig Jahre sind gespickt mit Skandalen und Strafen. Die Manipulationen wichtiger Leitzinssätze wie Euribor und Libor kosten die Deutsche Bank 2015 rund 3 Milliarden Euro Geldbuße. Dazu kommen Verstöße gegen das Iran-Embargo in den USA (2015) und in Deutschland. Im Zusammenhang mit dem Vorwurf des Steuerbetrugs mit CO_2-Zertifikaten führen rund 500 Ermittler am 12. Dezember 2012 in der Frankfurter Zentrale eine Razzia durch. Fünf Mitarbeiter der Bank werden wegen des Verdachts der Geldwäsche und der Vertuschung von Beweisen verhaftet. Einige kamen vor Gericht, einer musste ins Gefängnis.[150]

Die Deutsche Bank verdient auch an Subprime-Krediten. Der Preiseinbruch dieser extrem riskanten Wertpapiere gilt als Auslöser der globalen Finanzkrise ab 2008. Wie viele andere Banken auch hat die Deutsche Bank diese schlecht abgesicherten US-Hypotheken zu komplexen Finanzprodukten gebündelt und weiterverkauft, bis sie praktisch über Nacht wertlos werden. Doch die Deutsche Bank hat damals intern längst auf den Crash gewettet und dadurch viel Geld verdient. Das Institut muss 2016 für das Hintergehen der eigenen Kundschaft rund 7 Milliarden Dollar Strafe zahlen.

Die Deutsche Bank betreut immer wieder auch zwielichtige Kunden, ab 2013 beispielsweise den US-Milliardär Jeffrey Epstein, dessen kriminelle Vorgeschichte damals bereits bekannt ist. Die Deutsche Bank sei bei dessen verdächtigen Geldabhebungen nicht aktiv geworden, so die Begründung der US-Finanzaufsicht in New York. Es geht um Zahlungen im Zusammenhang mit dem sexuellen Missbrauch von Minderjährigen. Dafür wird Mitte 2020 eine Strafe von 150 Millionen Dollar fällig. Der wegen Sexualverbrechen verurteilte Epstein nahm sich bereits 2019 im Gefängnis das Leben.[151]

Die Deutsche Bank agierte auch als Hausbank der Trump Organization, als diese für amerikanische Banken schon nicht mehr kreditwürdig war. Das Verhältnis der Deutschen Bank zu Donald Trump beschäftigt zwei Untersuchungsausschüsse des US-Kongresses. Nach bisher unbestätigten Berichten waren die Kredite der Deutschen Bank an Trump durch russische Oligarchen verbürgt.

Wenn man diese Finanzskandale »made in Germany« so kurz gebündelt liest, könnte man sich fragen: *Ist die Deutsche Bank eine kriminelle Vereinigung?* Diese Frage stellt der Jurist Wolfgang Hetzer 2014 in einem Fachaufsatz.[152] Hetzer ist bis zu seiner Pensionierung Abteilungsleiter beim Europäischen Amt für Betrugsbekämpfung in Brüssel (OLAF) und vorher im Bundeskanzleramt mit den Themen Korruption und Organisierte Kriminalität betraut.

Hetzers pointierte Zuspitzung hat sich die Deutsche Bank selbst zuzuschreiben. Das 1870 gegründete Institut scheint fast überall dabei gewesen zu sein, wo man sich in der Finanzbranche die Finger schmutzig machen konnte. Das gilt auch für Geldwäsche. Über die Moskauer Niederlassung der Deutschen Bank können Kriminelle zwischen 2012 und 2014 mindestens 10 Milliarden Dollar waschen. Der Trick: sogenannte Spiegelgeschäfte. Die zweifelhaften Kunden weisen die Handelsabteilung des deutschen Bankinstituts an, an der Moskauer Börse mit russischen Rubeln Aktien zu kaufen. Im selben Moment verkauft die Bank diese Aktien im Auftrag über die Niederlassung in London – in Dollar. Bei den Deals entstehen zwar geringe Verluste, doch das ist den Kriminellen egal: Hauptsache, das Geld wird gewaschen. Für dieses Vergehen muss die Deutsche Bank in den USA und Großbritannien rund 600 Millionen Euro Strafe zahlen – in Deutschland wird nichts fällig, weil die gesetzlichen Voraussetzungen für solch hohe Geldbußen fehlen.

Sogar die oft als schlafmützig kritisierte deutsche Finanzaufsicht BaFin greift bei der Deutschen Bank in den letzten Jahren immer wieder durch. Im Jahr 2015 sorgt die Behörde dafür, dass die gesamte Führungsriege der Deutschen Bank gehen muss. Gründe dafür sind der Libor-Skandal – hier manipulieren viele internationale Banken den wichtigen Marktzins Libor – und die Spiegelgeschäfte in Moskau. Im Jahr 2018 durchsuchen 175 Fahnder – öffentlichkeitswirksam in Uniform – die Zwillingstürme der Bankzentrale in Frankfurt am Main. Der Verdacht: Geldwäsche. Einige Mitarbeiter des Instituts sollen Kunden bei der Gründung von Offshore-Gesellschaften geholfen haben. Die BaFin setzt der Führungsriege der Deutschen Bank im selben Jahr einen Sonderbeauftragten vor die Nase. Ein bis dato einmaliger Vorgang in der deutschen Finanzindustrie. Der Sonderaufpasser soll sicherstellen, dass die Deutsche Bank effektivere Maßnahmen bei der Bekämpfung der Geldwäsche und Terrorismusfinanzierung ergreift. Die Bank sagt zwar, sie habe daraufhin noch mehr in die Bekämpfung von Geldwäsche investiert und die Kontrollen verbessert, doch das Mandat des Sonderbeauftragten wird 2021 sogar verlängert, weil die Geldwäschebekämpfung laut BaFin immer noch große Mängel aufweist. Auch die New Yorker Bankenaufsicht bei der Notenbank Federal Reserve geht in ihren internen Prüfungsberichten mit der Deutschen Bank hart ins Gericht. Die US-Niederlassung des größten deutschen Geldinstituts erfülle die Anforderungen eines »gut gemanagten« Instituts nicht, so die US-Aufseher in einem Bericht von 2020. Es gebe Schwächen bei der Abwehr von Geldwäsche.

Die Deutsche Bank ist auch am bislang größten Geldwäscheskandal Europas beteiligt, der sein Zentrum bei der dänischen Danske Bank hat. Es lohnt sich, einen genaueren Blick auf diesen Fall zu werfen. Er verdeutlicht die grundlegenden strukturellen Schwächen der Geldwäschebekämpfung im internationalen Bankensektor. Die Danske Bank transferiert und wäscht über ihre Dependance in Estland zwischen 2007 und 2015 rund 220 Milliarden Euro für kriminelle Banden, vor allem aus Russland. Die Deutsche Bank agiert als Korrespondenzbank für die Danske Bank. Korrespondenzbank bedeutet: Eine global tätige Großbank mit weltweit vielen Tochtergesellschaften, hier die Deutsche Bank, überweist im Auftrag einer kleinen und international schlecht verdrahteten Bank, hier die Estland-Filiale der Danske Bank, das angewiesene Geld in Form einer Dollar-Transaktion gegen Gebühr weiter. Der Vorwurf der Ermittler: Die Deutsche Bank hätte genauer prüfen müssen, für welche Kunden sie das Geld im Auftrag der Danske überweist, und Verdacht schöpfen müssen, weil aus einer kleinen estnischen Bank jeden Tag so viel Kundengeld abfließt.

Was bei der Danske Bank in Estland passiert, wird Gegenstand von Debatten und einer Anhörung im Europäischen Parlament. Dort erläutert Howard Wilkinson, der als Whistleblower den Skandal bekannt macht, im November 2018 den Abgeordneten in Brüssel das Versagen aller Kontrollen bei seinem ehemaligen Arbeitgeber. Der Brite arbeitet bis 2014 bei der Danske Bank in Estland und informiert die Bankzentrale in Kopenhagen in einem offiziellen Whistleblower-Bericht darüber, dass in Estland verdächtige Kunden regelmäßig viel Geld überweisen. Doch seine Warnung wird ignoriert. »Die Banken müssen checken, ob das Geld, das sie überweisen, sauber ist und wo das Geld am Ende hinfließt. Aber vor allem müssen Banken ihre Kundschaft überprüfen. Das hat die Danske Bank nicht getan«, gibt Wilkinson zu Protokoll.[153] So fließen damals jeden Tag zig Millionen Dollar aus Russland in die weite Welt – mit einem kurzen Boxenstopp in Estland.

Wilkinson macht das misstrauisch. Er überprüft einen Kunden selbst, und zwar die Firma Lantana Trade mit Sitz in London. »Die Informationen zu britischen Firmen sind öffentlich zugänglich, im britischen Handelsregister Companies House«, erzählt Wilkinson in der US-Sendung

60 Minutes. »Die Anfrage kostete 1 Pfund.« Er findet heraus, dass die Firma seit Langem »ruht«, sprich: Sie ist inaktiv. Dennoch überweist Lantana Trade jeden Tag Millionen von Dollar. Das passt nicht zusammen. Wilkinson stellt fest, dass seine zuständigen Compliance-Kollegen diese Überprüfung nicht vorgenommen haben. Er checkt danach andere Firmen im Kundenstamm der Danske Bank. Die allermeisten haben ihren Sitz in London und »ruhen«. Trotzdem überweisen sie jeden Tag zig Millionen Dollar von ihrem Konto bei der kleinen Danske-Bankfiliale in Estland. »Die großen Korrespondenzbanken hätten sofort misstrauisch werden müssen, wenn sie so viel Geld im Auftrag einer kleinen, unbedeutenden Bankfiliale in Estland durchleiten«, sagt auch Wilkinsons US-Anwalt Stephen Kohn, der regelmäßig Whistleblower vertritt.

Whistleblower nehmen Gefahren für Leib, Leben und Beruf in Kauf, um die Öffentlichkeit über kriminelle Machenschaften zu informieren. Dennoch genießen diese Menschen selbst in den westlichen Demokratien nicht den Schutz, der ihnen gebührt. Der australische Journalist und Wikileaks-Gründer Julian Assange sitzt seit Jahren in London fest und wehrt sich gegen die Auslieferung in die USA, wo ihm wegen Geheimnisverrats lebenslange Haft droht. Der ehemalige CIA-Geheimdienstmitarbeiter und Whistleblower Edward Snowden, der 2013 auf Basis von streng geheimen Dokumenten die Massenüberwachung der US-amerikanischen National Security Agency (NSA) und des britischen Abhördienstes GCHQ enthüllt, erhält Asyl in Russland – nicht aber in einem EU-Staat. Auch in der Schweiz müssen Hinweisgeber mit strafrechtlicher Verfolgung rechnen, wenn sie auf Missstände aufmerksam machen.[154]

Damit zurück zu dem Whistleblower Wilkinson: Er verlässt die Danske Bank, wie gesagt, im Jahr 2014. Der Skandal kommt erst 2018 durch Recherchen der dänischen Zeitung *Berlingske,* die auch mit Wilkinson Kontakt aufnimmt, an die Öffentlichkeit. Die involvierten Großbanken für das Korrespondenzbankgeschäft haben ihre Geschäfte mit der Danske-Filiale in Estland zu diesem Zeitpunkt bereits beendet. Still und heimlich. Sie machen über ihre Gründe und ihren Verdacht allerdings keine Meldung bei den zuständigen Aufsichtsbehörden zur Geldwäschebekämpfung. »Ich habe nur an der Oberfläche gekratzt«, sagt Wilkinson, der seither in Angst vor der Rache russischer Krimineller leben muss.

Das Journalistennetzwerk OCCRP hat am Beispiel des »Russian Laundromat« (siehe auch Kapitel 2) rekonstruiert, wie komplex und nahezu undurchschaubar illegale Finanztransaktionen grundsätzlich ablaufen. In diesem Fall haben 19 russische Banken ab 2011 innerhalb von drei Jahren via 5100 Unternehmen mit Konten bei über 700 Banken in knapp 100 Ländern rund 20 Milliarden Dollar gewaschen. Diese Reise wäre für Menschen eine Odyssee – doch das Geld aus dem »russischen Waschsalon« reist diese Strecke binnen weniger Tage. Denn in der EU gibt es immer eine Bank, die es mit den Kontrollen nicht so genau nimmt. Das reicht vollkommen. Dieses eine Institut dient dann als Einfallstor für Geldwäscher. So ist es in Estland bei der Danske Bank geschehen. Wenn eine estnische Bank das Geld eines russischen Kunden annimmt, gehen andere EU-Banken davon aus, dass die estnischen Kollegen den Kunden gründlich geprüft haben. Und verzichten deshalb häufig auf eine weitere Prüfung, bevor sie selbst das Geld durchleiten.

Die Durchleitung von Geld ist die eine Sache. Etwas ganz anderes ist das direkte Geschäft zwischen Bank und Kunden. Da gibt es klare Vorschriften. Die Institute müssen ihre Kunden genau prüfen, bevor sie ihnen ein Konto und andere Geschäftsbeziehungen anbieten. Das betrifft sowohl deren Kreditwürdigkeit als auch deren eingebrachte Vermögen. Folgende Fragen sollen dabei beantwortet werden: Woher kommt das Geld, das einbezahlt werden soll? Gehört es einer Firma? Wer ist der wahre Eigentümer dieser Firma? Die Banken müssen wissen, ob ihr potenzieller Kunde auf Sanktionslisten steht, ob er nur Strohmann ist und wer in diesem Fall hinter den betreuten Firmen steht. Fachleute nennen dieses Prinzip KYC: »Know your customer.« Mancher sagt auch: »Know your criminal.« Dieses KYC-Prinzip folgt international aus den Geldwäschegesetzen und ist weltweit gesetzlich vorgeschrieben. Die Compliance-Abteilungen der Banken sollen sicherstellen, dass zwielichtige Kundschaft, die hohe Provisionen, aber im Zweifel viel Ärger mit den Justizbehörden verspricht, abgelehnt wird. Die staatlichen Aufsichtsbehörden wiederum müssen regelmäßig kontrollieren, ob die Bank geeignete Kontrollprozesse eingeführt hat, um verdächtige Firmen und Privatkunden auszusortieren. Diese Prozesse sind sehr aufwendig. »Die dazu einsetzbaren Datenbanken hinken immer hinterher. Die Kriminellen setzen immer neue Strohmänner ein«, erzählt ein Compliance-Experte. »Überkomplexe Firmenstrukturen sind einerseits immer verdächtig. Andererseits gibt es manchmal legale Gründe für eine komplexe Struktur.« Die Kernfrage, ob der Kunde die Wahrheit sagt, lässt sich dann nur noch schwer überprüfen.

Darüber hinaus sind Banken gesetzlich dazu verpflichtet, bei der zuständigen Sammelstelle FIU Meldung zu machen, wenn ihnen die Transaktion eines Kunden verdächtig vorkommt. Dieser Pflicht kommen die Institute inzwischen akribisch nach. Allerdings melden sie auch die kleinste Kleinigkeit, mit der Folge, dass die notorisch unterbesetzten Behörden nicht hinterherkommen, die wirklich handfesten Geldwäschefälle herauszufiltern. »Wenn ein Kunde bei uns ein Konto hat, dann muss man ihm auch vertrauen. Bis es Warnmeldungen gibt. Man prüft immer, ob das Kundenverhalten plausibel ist in Relation zur Mehrheit der vergleichbaren Transaktionen. Da kann vieles unschuldig wirken. Ein Pakistaner überweist einen Teil seines Gehalts an seine Familie nach Pakistan. Pakistan ist Risikostaat – da gibt es eine Warnmeldung. Das kann etwas bedeuten, muss es aber nicht«, so der Compliance-Experte weiter. Aber die Bank wird die Warnmeldung auf jeden Fall an die FIU übermitteln, schon allein damit sie sich hinterher keinen Vorwurf gefallen lassen muss. Die Konsequenz: Die Sammelstelle FIU erstickt an den vielen Meldungen.

Die Überlastung staatlicher Behörden macht auch die Veröffentlichung der *FinCEN Files* deutlich. Das Financial Crimes Enforcement Network (FinCEN) ist das amerikanische Pendant zur deutschen FIU. Diese Behörde sammelt Geldwäscheverdachtsmeldungen der amerikanischen Banken. Im Jahr 2020 nutzt ein weltweites Konsortium von Journalisten einen Datensatz, der Journalisten von BuzzFeed News zugespielt wurde, und durchforstet Millionen von Dokumenten. Die Journalisten können verdächtige Überweisungen aus den Jahren 1999 bis 2017 einsehen, deren Gesamtvolumen sich auf mehr als 2 Billionen Dollar beläuft. Die Recherchen geben erstmals Einblick in ein System, das seinen eigentlichen Zweck häufig verfehlt, nämlich Geldwäsche zu verhindern. Die *FinCEN Files* zeigen schwarz auf weiß, dass große Banken, darunter deutsche Geldhäuser, regelmäßig Geld verdächtiger Kunden überweisen, ohne wirklich den Zweck der Überweisung zu kennen. Und selbst wenn die Banken verdächtige Überweisungen melden, tun sie dies oft erst Jahre später. Die zuständigen Aufsichtsbehörden sind häufig unterbesetzt, sodass sie den Verdachtsfällen gar nicht nachgehen können. Aus den Dokumenten geht beispielsweise hervor, wie die Großbank JP Morgan Chase mehr als 1 Milliarde Dollar für eine Firma überweist, die nach Einschätzung der Bank in Verbindung zu einem Mann namens Semjon Mogilewitsch steht.[155] Der wird als ranghohes Mitglied der russischen Mafia gesucht – laut amerikanischem FBI ist er der »gefährlichste Gangster der Welt«. Das FBI wirft ihm Mordaufträge, Waffenhandel, Erpressung und Drogenhandel vor. Er soll ein Vermögen von zehn Milliarden Dollar besitzen.[156] Konfrontiert mit der Information aus den FinCEN Files teilt die Bank mit, man halte sich an das Gesetz.

Viele Kreditinstitute halten sich an die gesetzlichen Vorschriften zur Bekämpfung der Geldwäsche, doch sie tun mitunter gerade so viel, wie sie tun müssen. Im Februar 2017 warnen die drei europäischen Aufsichtsbehörden – die Europäische Bankenaufsichtsbehörde (EBA), die Europäische Aufsichtsbehörde für das Versicherungswesen und die betriebliche Altersversorgung (EIOPA) und die Europäische Wertpapier- und Marktaufsichtsbehörde (ESMA) – in einer gemeinsamen Stellungnahme an die Europäische Kommission davor, dass die Abwehrmaßnahmen der EU gegen Geldwäsche durch kriminelle und terroristische Vereinigungen zu schwach sind. Es mangele dem Finanzsektor an Bewusstsein, Fähigkeit und Bereitschaft, seine Rolle wahrzunehmen.[157]

Strafgelder allein reichen nicht

Im Jahr 2020 bezahlen Finanzinstitute weltweit rund 10,4 Milliarden Dollar an Bußgeldern wegen Verletzung von Vorschriften zur Geldwäschebekämpfung. Die weltweite Gesamtsumme der Strafgelder für diese Art von Verstößen hat sich seit 2008 auf 46,4 Milliarden Dollar erhöht. Im Jahr 2020 werden 198 Geldbußen gegen Finanzinstitute für diese Vergehen verhängt, was einem Anstieg von 141 Prozent im Vergleich zum Vorjahr entspricht.[158] Sicherlich handelt es sich hierbei um eine ganze Menge Geld. Allerdings scheinen Banken diese Bußgelder als gut verdaubaren, weil von der Steuer absetzbaren Kollateralschaden anzusehen. Die Profitmarge bei Geschäften mit zwielichtigen Kunden ist wohl höher.

»Wir müssen neu anfangen. Der Finanzsektor ist ein kriminalitätsförderndes Umfeld«, fordert deshalb die Aktivistin Anthea Lawson.[159] »Die Androhung einer Gefängnisstrafe wäre viel überzeugender als die Androhung einer hohen Geldstrafe«, meint Jim Richards, ehemaliger Direktor für Geldwäschebekämpfung bei der US-Bank Wells Fargo.[160] Tatsächlich scheint die Abschreckungswirkung der Geldstrafen gering zu sein, und zwar solange die Höhe dieser Strafen die Banken nicht in ihrer Existenz gefährdet – oder die verantwortlichen Manager mit ihren persönlichen Vermögen in Haftung genommen werden. Anders ist es kaum zu erklären, warum Banken immer wieder als Wiederholungstäter auffällig werden:

Goldman Sachs muss 2020 eine Milliardenstrafe akzeptieren wegen ihrer Rolle in der Korruptions- und Geldwäscheaffäre beim malaysischen Staatsfonds 1MDB. Die US-Großbank soll Regierungsvertreter in Malaysia und Abu Dhabi mit Schmiergeldern von mehr als 1 Milliarde Dollar bestochen haben.

Ebenfalls 2020 klagt die Schweizer Staatsanwaltschaft die Credit Suisse und einen ihrer ehemaligen Bankmanager an. Es geht um Geldwäsche eines bulgarischen Drogenrings. Die in Zürich ansässige Bank habe es versäumt, alle »angemessenen und erforderlichen« organisatorischen Maßnahmen zu ergreifen, um die Geldwäsche von Bargeld zu verhindern, das aus dem Verkauf von Kokain stammte und dann zum Kauf von Immobilien in der Schweiz und in Bulgarien verwendet wurde.

Ein französisches Gericht verurteilt 2019 die Schweizer Bank UBS zu einer Buße von 3,7 Milliarden Euro und Schadenersatz von 800 Millionen Euro. Dem Institut und einigen früheren Mitarbeitern wird vorgeworfen, Steuerflüchtlingen aus Frankreich zwischen 2004 und 2012 systematisch geholfen zu haben, Geld in der Schweiz zu verstecken. So habe die UBS Schweizer Kundenberater zu Golfturnieren, klassischen Konzerten und Jagdveranstaltungen gesandt, um illegal neue Kunden anzuwerben.

Der Fall UBS ist auch für Deutschland interessant, denn die Bank hilft damals durch das Führen entsprechender Konten auch deutschen Steuerhinterziehern. Das Landgericht Bochum verhängt bereits 2014 in dieser Causa 300 Millionen Euro Strafe. In den USA bekennt sich die UBS im Jahr 2009 schuldig, Kunden bei der Steuerhinterziehung geholfen zu haben. Ein Vorstandsmitglied der UBS muss damals als Zeuge vor dem Untersuchungsausschuss im US-Senat aussagen. Es handelt sich um Mark Branson, den Chef der Vermögensverwaltung bei der UBS. Die peinliche Befragung in den USA schadet Branson übrigens nicht. Im Gegenteil: Er wird danach Chef der Schweizer Finanzaufsicht und steht seit August 2021 an der Spitze der deutschen Finanzaufsicht BaFin.

Diese Fälle zeigen exemplarisch, dass Banken immer wieder mit dem Geldwäschegesetz in Konflikt kommen. Wenn man die vorsätzlichen Vergehen der Banken einmal ausklammert, so ist dieser Missstand auch hausgemacht. Der Fehler liegt oftmals im IT-System. Es gibt immer noch viele Banken, bei denen wichtige Kunden- und Transaktionsdaten, die eigentlich zusammengehören, in verschiedenen und nicht miteinander vernetzten Datenbanken liegen. Manchmal existieren die Kundeninformationen sogar nur in Papierform. Dieses Durcheinander findet man oft bei Kreditinstituten, deren IT-Systeme nach der Geschäftsfusion mit einer anderen Bank nicht harmonisiert wurden.

Darüber hinaus tauschen Banken ihre Daten zu verdächtigen Kunden und Finanztransaktionen nicht aus. Sie dürfen das nicht – aus Datenschutzgründen. Sie möchten das aber auch nicht, weil sie fürchten, dass Kunden von der Konkurrenz abgeworben werden. [161] Dabei könnte ein Pool dieser Informationen helfen, Geldwäsche effektiver zu bekämpfen. Doch selbst der Datenaustausch zwischen den nationalen FIUs in der EU funktioniert nicht gut. Eigentlich sollten die nationalen Behörden sofort melden, wenn eine bearbeitete Bankenverdachtsmeldung auch eine internationale Dimension hat. Dafür wurde ab 2016 bei Europol die zentrale Sammelstelle FIU.net eingerichtet, sie sollte den Informationsaustausch zwischen den nationalen Behörden institutionalisieren und automatisierte Querschnittsanalysen zu verdächtigen Bankkunden erleichtern. Doch die strengen Datenschutzregeln in der EU schoben diesem Plan einen Riegel vor. Europol darf Personendaten von Verdächtigen nicht ohne Weiteres weitergeben. FIU.net soll nun bei der Europäischen Bankenaufsicht EBA angesiedelt werden – bis dahin liegt das Projekt auf Eis.[162]

Die internationale Geldwäschebekämpfung im Bankensektor krankt also zum einen daran, dass Banken ihre Kundendaten zu verdächtigen Transaktionen nicht austauschen dürfen – obwohl dies den holistischen Blick auf mögliche internationale Geldwäschestrukturen mit vielen Beteiligten ermöglichen würde. Zum anderen haben die nationalen FIUs den Scheuklappenblick. In der EU gibt es beispielsweise keinen einheitlichen technischen Standard, um Verdachtsmeldungen auszutauschen, einige EU-Staaten arbeiten noch mit Papier, andere haben nicht genügend Personal, um die Verdachtsmeldungen effektiv zu bearbeiten. In einem Bericht der EU-Kommission heißt es, dass die FIUs im Jahr 2018 insgesamt nur in 100 Fällen grenzüberschreitend Informationen übermittelten. Nur 16 der 28 EU-Staaten haben FIU.net überhaupt genutzt – bis das Projekt dann 2019 wegen Datenschutzbedingungen vorerst begraben wird.[163]

Es stellt sich generell die Frage, ob man den Informationspool für eine effektive Geldwäschebekämpfung nicht deutlich erweitern müsste. Die Verdachtsmeldungen der Banken sind das eine, doch wäre es nicht besser, wenn diese Daten mit den Informationen bei Börsen, Bankaufsichtsbehörden, Strafverfolgern abgeglichen würden – und das auf internationaler Ebene?

Es gibt Projekte, die versuchen, Datenschutz mit dem Erkenntnisinteresse der Behörden zu versöhnen, zum Beispiel im Rahmen des europäischen Gaia-X, das eine vernetzte und sichere Dateninfrastruktur in Europa schaffen soll. Wissenschaft, Politik und Wirtschaft arbeiten bei deren Entwicklung Hand in Hand. In Hessen kümmert sich die Landesregierung um den Aufbau einer Datenbank mit Finanzinformationen, unter Berücksichtigung des Datenschutzes. Das Stichwort lautet »verteiltes Lernen«. Es funktioniert so: Man organisiert einen Datenpool und setzt einen Treuhänder ein, der Zugriff bekommt auf anonymisierte Daten der Banken, der Börsen, der Investmentfonds und diese mit den Informationen der Bankenaufsicht und der FIU zusammenführt. Diese riesigen Datenmengen (Big Data) werden mit selbstlernenden Algorithmen durchleuchtet. So lassen sich verdächtige Muster bei Finanztransaktionen viel besser erkennen. Der Vorteil im Kampf gegen illegale Finanzgeschäfte und Geldwäsche ist: Der Informationswert aus einem Netzwerk von vielen Finanzfirmen ist für die Aufsichtsbehörde tausendfach höher, als wenn man immer nur eine Bank sieht. Doch es wird noch eine Weile dauern, bis solche Datenpools im Kampf gegen die Finanzkriminalität genutzt werden können.

SWIFT, aber nicht swift genug

Das wichtigste Netzwerk für Banküberweisungen betreibt seit 1973 die Society for Worldwide Interbank Financial Telecommunication, kurz: SWIFT. Die Organisation hat ihren Sitz in Belgien. Mehr als 11 000 Banken, Börsen und Finanzdienstleister in 210 Ländern nutzen das gesicherte Nachrichtensystem, über das pro Tag rund fünf Billionen Dollar auf Bankkonten angewiesen werden. Beispiel: Kunde A möchte Geld an Kunde B im Ausland überweisen. Dann schickt die Bank des Kunden A eine standardisierte SWIFT-Nachricht an die Bank des Kunden B – darauf vermerkt: der Absender, der Betrag, die Kontonummer und der SWIFT-Code (BIC-Code) der Bank. Mithilfe dieser Informationen nimmt Bank B die Gutschrift vor. Jede Banküberweisung hinterlässt damit Spuren im SWIFT-Netzwerk, verdächtige Überweisungen melden die Banken bei der FIU. Doch wie oben beschrieben tauschen die Banken ihre Verdachtsmeldungen nicht aus.

Die Banken sehen via SWIFT auch nicht die vollständigen Transaktionsketten, sondern nur den Absender der letzten Überweisung. Doch SWIFT ist im Besitz all dieser Daten, die auf den Firmenservern gespeichert werden.

Das britische Tax Justice Network, das sich dem Kampf gegen Steuerhinterziehung verschrieben hat, fordert SWIFT daher auf, die vorhandenen Daten mit den Behörden zu teilen, damit Banken und andere Finanzdienstleister illegale Finanzströme im Zusammenhang mit Geldwäsche, Korruption und Steuermissbrauch besser identifizieren können. »Der SWIFT-Nachrichtenstandard zentralisiert Informationen grenzüberschreitender Überweisungen. Eine internationale Organisation sollte Zugang zu anonymisierten SWIFT-Daten haben, um Muster und Strukturen bestimmter Geldflüsse über Landesgrenzen hinweg zu erkennen.« Darüber hinaus, so die Forderung, solle SWIFT anonymisierte und aggregierte Daten über alle internationalen Überweisungen auf Länderebene veröffentlichen. Die Zivilgesellschaft und investigative Journalisten sollten Zugang bekommen, um Behörden besser zu kontrollieren.[164]

Eine Umsetzung dieser Ideen ist jedoch nicht in Sicht. Die Kriminellen haben weiterhin leichtes Spiel. Folgender Fall aus der Praxis dokumentiert das Problem: Alexander Resch aus der Abteilung Financial Crimes bei Interpol in Lyon hat erlebt, wie sich Ermittler und Kriminelle ein »Hase und Igel«-Rennen liefern. Es geht um die Betrugsmasche »CEO-Fraud«, bei der sich Kriminelle in einer E-Mail als Chef der Firma ausgeben und arglosen Mitarbeitern den Auftrag erteilen, einen hohen Geldbetrag ins Ausland zu überweisen. In diesem Fall, der sich in Süddeutschland zuträgt, stellen die Ermittler fest, dass das ergaunerte Geld in Höhe von 2 Millionen Euro am 8. April 2020 auf ein Zielkonto bei einer polnischen Bank überwiesen wird. »Wir waren immer einen Tag hinterher«, erinnert sich Resch im persönlichen Gespräch, denn am 9. April wird das Geld schon vom polnischen Konto (Layer 1) nach Hongkong (Layer 2) transferiert. Dort wird der Betrag in vier kleinere Beträge gestückelt und auf Konten in Großbritannien und Singapur überwiesen (Layer 3). In Singapur wird der Betrag noch am selben Tag erneut zweigeteilt und weiter nach Großbritannien geschickt (ebenfalls Layer 3). Das britische Zielkonto ist identisch mit dem, auf das schon die erste Tranche von Layer 2 geflossen ist. Von dort geht das Geld, immer aufs Neue gestückelt, weiter auf die Reise nach Malaysia und wieder nach Singapur. Der Fall belegt: Finanzermittler können die Spuren des Geldes verfolgen, manchmal haben sie auch Erfolg und können Gelder auf einem Zielkonto sichern – aber viel zu oft sind die Behörden zu langsam und holen das in Windeseile transferierte Geld nicht mehr ein. Die Nachverfolgung dauert zu lange. Der Grund: Bürokratie.

»Warum reagiert die Bank in Polen nicht? Wir kennen diese Bank schon lange, sie ist auffällig. Aber ohne Rechtshilfeersuchen stoppen die polnischen Behörden den Geldfluss nicht. Doch ein solches Gesuch braucht zu viel Zeit«, sagt Resch. Es ist oft das gleiche logistische Problem: Während Kriminelle ihre Geldtransfers in wenigen Minuten weiterleiten, müssen nationale Polizeibehörden erst Kontakt mit den Kollegen im Ausland aufnehmen. Darüber hinaus, so der Interpol-Mann, gebe es keine Verpflichtung für Banken, Geldabflüsse vom ursprünglichen Zielkonto (Layer 1) auf weitere Zielkonten nachzuverfolgen und von den nächsten Banken zurückzurufen (Recall). Auf den CEO-Fraud-Fall bezogen bedeutet das: Eine deutsche Bank, von deren Konto das erschlichene Geld nach Polen überwiesen wurde, kann den Betrag von der polnischen Bank zurückrufen. Wenn er noch da ist. Ist das Geld schon gen Übersee unterwegs, beginnt das Elend, »denn die polnische Bank ist rechtlich nicht verpflichtet, den weitergeleiteten Betrag vom nächsten Zielkonto in Hongkong zurückzurufen und die dortige Bank über den kriminellen Ursprung zu informieren«, sagt Resch. »Das ist ein Riesenproblem.«

Das Wichtigste in Kürze

- Die Deutsche Bank war in ihrer Geschichte in viele Geldwäscheskandale verwickelt. Wie andere internationale Großbanken auch hat das größte deutsche Kreditinstitut lange Zeit zu wenig getan, um verdächtige Kundschaft zu identifizieren und sich von ihr zu trennen.

- Durch das internationale Bankensystem fließen nahezu alle inkriminierten Gelder dieser Welt. Willige Kreditinstitute könnten verdächtige Zahlungen stoppen. Sie haben die Systeme dafür. Doch das tun sie viel zu selten.

- Ein Grund: Für sie ist es sehr lukrativ, zweifelhafte Kundschaft zu bedienen. Die Profite aus diesen Geschäften sind höher als die drohenden Strafen.

- Das internationale Zahlungssystem SWIFT besitzt die Daten von Milliarden internationaler Überweisungen. Experten fordern, dass diese Informationen den Behörden zur Verfügung gestellt werden. Das geschieht bislang nicht. Die Gesetze zum Datenschutz müssten geändert werden. Es ist technisch möglich, Kundendaten anonymisiert zu sammeln und auf verdächtige Transaktionen hin zu analysieren.

- Die Aufsichtsbehörden müssen die Banken viel strenger auf Geldwäsche kontrollieren. Die Strafen für Banker sollten abschrecken. Doch Geldbußen machen rücksichtslosen Bankvorständen wenig Angst. Anders wäre das bei drohenden langjährigen Gefängnisstrafen.

9

Wie ist das Versagen der deutschen Behörden zu erklären?

An einem Herbsttag des Jahres 2018 staunen selbst erfahrene Geldwäschebeauftragte einer Bank in Hessen nicht schlecht. Der Kunde möchte 500 Millionen Euro überweisen. Dieser unfassbar hohe Betrag ist auf der Durchreise. Das Geld hat seinen Ursprung in einem Verdachtsland außerhalb der EU und soll dann, sozusagen mit kurzem Boxenstopp bei einer hiesigen Korrespondenzbank, durchgeleitet werden in einen anderen Staat außerhalb der EU, dem Vernehmen nach keine lupenreine Demokratie. Der naheliegende Verdacht: Geldwäsche oder Terrorismusfinanzierung.

Die Bank macht ordnungsgemäß sofort Meldung bei der FIU. Dort, wo alle Verdachtsmeldungen geprüft werden, zückt man das schärfste Schwert und erlässt eine »Sofortmaßnahme« nach dem Geldwäschegesetz. Die 500-Millionen-Überweisung ist damit für erst einmal dreißig Tage gesperrt. Umgehend telefonieren Mitarbeiter der FIU mit der zuständigen Staatsanwaltschaft und dem Landeskriminalamt, um auszuloten, ob die beschafften Indizien ausreichen für ein Ermittlungsverfahren. Doch es reicht nicht. Der strafprozessuale Anfangsverdacht lässt sich nicht erhärten, und deshalb wird die Zahlung am Ende doch mit flauem Gefühl im Magen freigegeben.

Dieser Fall ist exemplarisch für den Alltag der Geldwäschebekämpfung in Deutschland. Einerseits identifiziert die Bank die verdächtige Überweisung und meldet sie sofort. Andererseits gibt die Behörde am Ende grünes Licht. Das mutmaßlich schmutzige Geld in Form von Wertpapieren kommt allen Zweifeln zum Trotz beim Empfänger an.

Die Financial Intelligence Unit (auch: Zentralstelle für Finanztransaktionsuntersuchungen) ist eine Behörde des Bundes bei der Generalzolldirektion. Sie untersteht der Rechtsaufsicht des Bundesfinanzministeriums und hat mit rund 400 Mitarbeitern beim Zollkriminalamt (ZKA) in Köln ihre Dependance. In dem Gebäudekomplex, der früheren Hermann-Göring-Kaserne, hatten belgische Truppen bis 1994 einen Stützpunkt. Dann kam der Zoll. Für die FIU sollen dort und in Dresden bis 2026 insgesamt rund 700 Fachleute arbeiten.

Die FIU ist ein wichtiger Filter in der Geldwäschebekämpfung. Banken, Finanzdienstleister, aber auch Mitglieder des Nichtfinanzsektors wie Immobilienmakler, Kryptotauschbörsen, Notare, Juweliere, Glücksspielanbieter, Autohändler und weitere Güterhändler müssen der FIU Meldung machen, wenn ihnen ein Geschäft mit Kunden verdächtig vorkommt. Beispielsweise ist die hohe Barzahlung beim Auto- oder Schmuckkauf ein starkes Indiz für mögliche Geldwäsche. Die Behörde ist im besten Fall ein Seismograf für kriminelle Geldwäscheaktivitäten. Hat ein Verpflichteter den Verdacht, dass eine Transaktion im Zusammenhang mit Geldwäsche oder Terrorismusfinanzierung steht, muss er die Transaktion anhalten. Das gilt für eine Bank ebenso wie für einen Juwelier. Dann beginnt die Wartezeit. Innerhalb von drei Tagen muss die FIU den Vorfall geprüft und – sollte sich der Verdacht erhärten – an die Staatsanwaltschaft weitergegeben haben.

Geschieht dies nicht, bedeutet das grünes Licht für die Banküberweisung und den Verkauf des Schmuckstücks.

Diese Dreitagefrist wird oft gerissen. Dann gehen die verdächtigen Zahlungen durch, ohne rechtzeitig geprüft worden zu sein. Der simple Grund: Die FIU ist überfordert, ihr fehlen für ein effizientes Abarbeiten der Meldungen genügend Mitarbeiter und Informationszugänge.

Die FIU setzt bei ihrer Bewertung der vielen Verdachtsmeldungen den »risikobasierten Ansatz« ein. Hierbei handelt es sich um eine umstrittene Strategie, vor allem da eine Software die Vorauswahl der Meldungen trifft. Darüber hinaus soll es sich bei der eingesetzten Software bei der FIU um einen Prototypen handeln, dem die Datenbasis fehlt. Dadurch gehen der Behörde viele Verdachtsmeldungen durch die Lappen, die erst später, wenn Zeit dafür ist, händisch bearbeitet werden.

Die Bundesländer haben das Bundesfinanzministerium seit 2017 immer wieder auf die Probleme und darüber hinaus auch auf die mögliche Rechtswidrigkeit des risikobasierten Ansatzes hingewiesen. Das Ministerium aber rührt sich nicht. Deshalb gibt es nun richtig Ärger. Die Staatsanwaltschaft Osnabrück meint, der risikobasierte Ansatz der FIU könnte sogar den Tatbestand der Strafvereitelung erfüllen. Deshalb durchsucht die Behörde kurz vor der Bundestagswahl 2021 das Bundesfinanz- und Bundesjustizministerium. Ein mediales Großereignis: Exekutive durchsucht Legislative. Die SPD wittert eine Instrumentalisierung der Justiz im Wahlkampf. Die Staatsanwaltschaft Osnabrück rechtfertigt sich, zwischen der FIU und den nun durchsuchten Ministerien habe es umfangreiche Kommunikation gegeben. Gab es Absprachen? Wurden Mitarbeiter beeinflusst? Man wolle, so die Staatsanwaltschaft, mögliche konkrete Beschuldigte identifizieren.

Das Ermittlungsverfahren der Staatsanwaltschaft Osnabrück gegen die FIU wegen des Verdachts der Strafvereitelung im Amt läuft seit Jahren. Der Ausgangspunkt ist die Verdachtsmeldung einer Bank in Osnabrück im Juni 2018. Dabei geht es um eine Überweisung nach Afrika über mehr als 1 Million Euro. Hintergrund der Zahlung seien möglicherweise Terrorismusfinanzierung sowie Waffen- und Drogenhandel, so der Verdacht des Kreditinstituts. Also gibt die Bank ihren Verdacht an die FIU weiter. »Die FIU nahm diese Meldung zur Kenntnis, leitete sie aber nicht an deutsche Strafverfolgungsbehörden weiter. Daher sei es nicht möglich gewesen, die Zahlung zu stoppen«, so die Staatsanwaltschaft, die im Februar 2020 ein Ermittlungsverfahren einleitet. Im Juli 2020 durchsuchen die Ermittler die FIU-Zentrale in Köln. Es ist mehr als peinlich, wenn eine zuständige Geldwäschekontrollbehörde unter Strafvereitelungsverdacht steht.

Die Arbeitsbelastung für die Behörde wächst unterdessen. Die Zahl der Verdachtsmeldungen steigt massiv an: Im Jahr 2020 sind es rund 144 000, für 2021 werden über 200 000 Verdachtsmeldungen erwartet. Der Großteil der Meldungen kommt aus dem Finanzsektor, hier vor allem von den Banken. Lediglich 2 Prozent der Hinweise gibt der Nichtfinanzsektor, wo Kriminelle es besonders leicht haben, ihr Geld zu waschen (siehe Kapitel 2). Immobilienmakler zum Beispiel geben 2020 gerade einmal 135 Meldungen ab.

In Ermittlerkreisen kursieren die wildesten Geschichten über die katastrophale Arbeit der FIU. »Eine Gruppe Italiener zahlt bei der Bank Bargeld ein in Höhe von 30 000 Euro. Das Institut meldet den Vorgang mit dem Verdacht der Schutzgelderpressung im Mai 2020 an die FIU. Erst im Januar 2021 kommt der Vorgang zu den Ermittlern. Die Videoüberwachung bei der Bank war gelöscht, das Konto geleert«, berichtet ein Fahnder. So etwas passiere immer wieder.

Vielleicht liegt das auch an der Arbeitsweise: Bei der FIU holt man dem Vernehmen nach nämlich nur selten »große Fische« aus dem Meldungspool. Meist geht es um Kleinbetrugsfälle, bei denen der Bank auffällt, dass nach Ebay-Geschäften auf einem Konto verdächtige Beträge eingehen. Ertrinkt die Behörde womöglich in einem Meer von (selbst gewähltem) Kleinkram? Fahnder bestätigen auch diesen Befund und berichten, dass die werthaltigsten Ermittlungsverfahren zur Geldwäsche über die Vortatermittlung kommen, beispielsweise als Beifang im Zuge einer Drogenstraftat. »Wenn wir wegen Steuerbetrugs oder Rauschgift ermitteln und bei der Bank anfragen, dann erhalten wir werthaltige Informationen. Aber nur dann.«

Der Bundesrechnungshof übergibt dem Haushaltsausschuss des Deutschen Bundestages am 11. September 2020 einen vertraulichen Bericht über die Bekämpfung der Geldwäsche und Terrorismusfinanzierung durch die FIU. In dem Bericht heißt es schonungslos: »Die FIU kann auf die regionalen Polizeidaten in den Vorgangsbearbeitungssystemen der Länderpolizeien nicht elektronisch zugreifen. Die Datenbestände der Länderpolizeien enthalten Informationen zur Organisierten Kriminalität und des Staatsschutzes. Die FIU kann auch auf einen Großteil wichtiger Steuerdaten der Finanzverwaltungen des Bundes und der Länder nicht elektronisch zugreifen, insbesondere auf die verschiedenen steuerlichen Veranlagungsdaten. Die FIU kann damit die in sie gesetzten Erwartungen nur unzureichend erfüllen. Es besteht vor allem die Gefahr, dass die FIU

- Sachverhalte mit Bezug zu Geldwäsche oder Terrorismusfinanzierung nicht erkennt beziehungsweise erkennen kann und infolgedessen nicht an die Strafverfolgungsbehörden weiterleitet,
- mit unvollständigen Informationen angereicherte Sachverhalte übermittelt,
- Sachverhalte nicht in angemessener Zeit bearbeiten kann und
- damit ihrem gesetzlichen Auftrag, insbesondere ihrer Filterfunktion, nicht gerecht wird.[165]

Der Bericht des Bundesrechnungshofs ist ein Alarmsignal: Selten ist das Versagen einer Bundesregierung von der Konzeption bis zur Umsetzung einer auch international wichtigen Kontrollbehörde so schonungslos offengelegt worden. Der Austausch der FIU mit den Ermittlungsbehörden bleibe »bürokratisch und kompliziert«, sagt auch der EU-Parlamentarier der Grünen Sven Giegold. Die FIU kann beispielsweise nicht auf Knopfdruck herausfinden, ob gegen eine Person, die bei einer Bank eine verdächtige Überweisung gemacht hat, bei der Polizei bereits ein Ermittlungsverfahren läuft. »Die Strafverfolgungsbehörden wiederum können auf die Verdachtsmeldungen bei der FIU nicht elektronisch zugreifen, sondern erhalten die Informationen nur auf händische Anfrage per E-Mail oder sogar in Papierform«, so Giegold.

Desaströs aus Tradition?

Die gut zwanzigjährige Geschichte der Behörde stand nie unter einem guten Stern. Die Gründung der FIU erfolgt auf internationalen Druck aus den USA nach 9/11. In Deutschland stemmen sich Lobbyisten, insbesondere die der Banken und Notare, massiv dagegen. Der damalige Bundesinnenminister Otto Schily setzt sich schließlich durch und weist das Bundeskriminalamt an, »Nägel mit Köpfen zu machen«. Die FIU wird 2002 beim BKA angesiedelt, bei Spezialisten, die sich schon lange mit Geldwäschebekämpfung beschäftigen. Im Bundesfinanzministerium sorgt dies für Ärger. Man selbst möchte die Zuständigkeit haben. Es folgen erhebliche Grabenkriege zwischen den beiden Ministerien.

Dessen ungeachtet fehlen der FIU auch unter den Fittichen des BKA Personal und politische Rückendeckung. Das hat Konsequenzen, weil die FIU auch international eingebunden ist. Sie muss einen sicheren Austausch von Erfahrung und Finanzinformationen zur Bekämpfung von Geldwäsche und Terrorismusfinanzierung mit anderen FIUs ermöglichen. Dieser Austausch findet innerhalb der Vereinigung der weltweit über 160 internationalen FIUs, der sogenannten Egmont Group of Financial Intelligence Units, kurz: Egmont-Gruppe, statt. Die Egmont-Gruppe entsteht 1995 aus einer kleinen Anzahl nationaler Agenturen, die damals noch als »Financial Disclosure Units« bezeichnet wurden. Die Kooperation zwischen den FIUs funktioniert allerdings nicht gut, deshalb kommt es zu einem Eklat: Die Egmont-Gruppe kündigt den deutschen Vertretern nach Informationen der Autoren 2016 die Mitgliedschaft.

Nach dieser Ohrfeige steht fest, dass ein Neuanfang nötig ist. Das Bundesinnenministerium unter Thomas de Maizière hätte das Personal beim BKA aufstocken und auch die Abläufe für den Informationsaustausch verbessern können. Doch stattdessen gibt sich das inzwischen desinteressierte Ministerium geschlagen. Das Bundesfinanzministerium übernimmt die Führung. Auf Bestreben von Bundesfinanzminister Wolfgang Schäuble soll die FIU weg vom BKA und künftig unter dem Dach des Zolls arbeiten. Dies geschieht 2017 – gegen den ausdrücklichen Rat der Experten.

Das politische Desinteresse Deutschlands am Kampf gegen die Finanzkriminalität missfällt dem obersten internationalen Antigeldwäsche-Gremium, der Financial Action Task Force (FATF), schon lange. Die zwischenstaatliche Organisation wird 1989 von den G-7 und der Europäischen Kommission gegründet. Heute verzeichnet die FATF 37 Mitgliedsstaaten plus die EU-Kommission und den Golf-Kooperationsrat. Das Sekretariat der Organisation befindet sich bei der OECD in Paris. Weltweit haben sich über 180 Länder verpflichtet, die vierzig FATF-Empfehlungen zu übernehmen, deren Umsetzung in nationales Recht von internationalen Gutachtern regelmäßig überprüft und beurteilt wird. Der Zufall will es, dass die FATF-Teams 2021 in Deutschland eine Prüfung durchführen, just zu dem Zeitpunkt, da ein Deutscher als Präsident an der Spitze der FATF steht. Es ist der Ministerialdirigent und Unterabteilungsleiter im Bundesfinanzministerium Marcus Pleyer, der dort für die Geldwäschebekämpfung im Land mitverantwortlich ist – unter Bundesfinanzminister Olaf Scholz. Pleyers Doppelrolle als Präsident der Kontrollinstitution einerseits und Mitverantwortlicher für den desaströsen Zustand der FIU andererseits legt einen möglichen Interessenkonflikt nahe, auch wenn Pleyer sagt, »er sei bei der FATF aus allem, was die Prüfung Deutschlands angeht, raus«.

Pleyer kennt die mangelhafte deutsche Geldwäschebekämpfung aus erster Hand. Bereits unter Schäuble bekommt er 2011 als dessen Büroleiter hautnah mit, wie holprig die Geldwäscheaufsicht etwa im Immobiliensektor und bei den Casinos funktioniert. Damals veröffentlicht die FATF auch das Ergebnis ihrer ersten Deutschland-

Prüfung. Das Urteil ist vernichtend, denn Deutschland erfüllt gerade einmal fünf von damals noch 49 Empfehlungen vollständig. Daneben wird fünfmal die Note mangelhaft (»non-compliant«), fünfzehnmal die Note befriedigend (»partially compliant«) und fünfundzwanzigmal die Note größtenteils erfüllt (»largely compliant«) und nur fünfmal die Note konform (compliant) vergeben. Warum damals 49 Empfehlungen? Als Reaktion auf die Ereignisse des 11. September 2001 hatte die FATF im Oktober 2001 zusätzlich das Mandat zur Bekämpfung der Terrorismusfinanzierung erhalten. Die von der FATF in diesem Zusammenhang veröffentlichten neun »speziellen Empfehlungen« wurden 2012 in die ursprünglich 40 Empfehlungen integriert. Zwar reagiert die Bundesrepublik auf den desaströsen FATF-Bericht mit neuen Gesetzen, wirklich effizienter wird der Kampf gegen Geldwäsche aber nicht. Das belegt auch der fatale Umzug der FIU zum Zoll. Der Jurist Pleyer ist als Mitglied des Lenkungsausschusses für den umstrittenen Neuaufbau der zentralen Geldwäschemeldestelle beim Zoll mitverantwortlich. Diese Information ist übrigens inzwischen aus seinem FATF-Lebenslauf verschwunden. Das Bundesfinanzministerium begründet die Auslassung damit, dass die FIU inzwischen etabliert sei. Das ist sie wohl, aber in welchem Zustand? Die Expertenteams der FATF sollen es herausfinden. Die Veröffentlichung des Prüfungsresultats ist für Juni 2022 geplant.

Ein Schwerpunkt der Überprüfung soll auch die Frage sein, ob die deutsche FIU für ihre Aufgabe gut genug gerüstet ist. Dass es dort schlimme Mängel gibt, hat der Bundesrechnungshof ja bereits festgestellt. Es ist nur aus einem Grund vorstellbar, dass die Prüfer der FATF zu einem völlig anderen Ergebnis kommen werden – dann nämlich, wenn nicht genau genug hingeschaut wurde.

Fällt das Ergebnis desaströs aus, könnte Deutschland im schlimmsten Fall auf der »grauen Liste« landen, zusammen mit Ländern wie der Türkei, Syrien und Pakistan. Bei der »grauen Liste« handelt es sich um eine globale Aufstellung der Länder, die unter verstärkter Beobachtung wegen Mängeln in der Umsetzung der FATF-Standards stehen. Der Schaden für den Wirtschaftsstandort Deutschland könnte im Falle einer solchen Herabstufung massiv ausfallen. Ausländische Banken und Unternehmen müssten dann bei ihren Deutschlandgeschäften genauere Kontrollen auf Geldwäscheverdacht durchführen. Das kostet Zeit und Geld, mancher Geschäftspartner könnte sich deshalb von deutschen Firmen und Banken abwenden.

Wirecard – keiner fühlt sich zuständig

Wie schlimm es um die Geldwäschekontrolle durch die deutsche FIU steht, zeigt auch der Skandal um das einstige Vorzeigeunternehmen Wirecard. Nach dem Zusammenbruch des Konzerns 2020 kommt heraus, dass die Commerzbank der FIU bereits im Februar 2019 eine umfangreiche Geldwäscheverdachtsmeldung übergeben hat. Darin enthalten: eine Liste von 343 auffälligen Zahlungen von Konten der Wirecard Bank. Die Commerzbank tut sogar noch mehr: Sie schickt der FIU eine Sachverhaltsdarstellung, in der die Geldwäschebekämpfer der Bank, als eine Art Zusatzservice, ein wenig Ordnung in die Excel-Liste bringen. Daraus geht hervor, dass sechzehn Auftraggeber der verdächtigen Überweisungen über die Wirecard Bank dieselbe Adresse in Singapur haben.[166]

Für Profis sind das klare Alarmsignale, doch die FIU reagiert nicht. Es dauert fast eineinhalb Jahre, bis die Behörde die Verdachtsmeldungen an die zuständigen Ermittlungsbehörden weiterleitet. Zu spät, denn damals ist Wirecard bereits insolvent und der Betrugsskandal offenbar. Die Schlafmützigkeit macht Experten fassungslos: »Wäre so ein Ding in einem Landeskriminalamt angekommen, dann wäre man damit sofort zur Staatsanwaltschaft gelaufen«, sagt Sebastian Fiedler, Vorsitzender des BDK. Dessen Aussage steht in scharfem Kontrast zur Aussage des FIU-Chefs Christof Schulte, der die Verdachtsmeldung der Commerzbank in einer Befragung als »keine besonders gute« bezeichnet.[167] »Das Chaos bei der FIU ist ein Sicherheitsrisiko für Deutschland. Wir brauchen eine Finanzpolizei mit kriminalistischer Expertise«, sagt der Bundestagsabgeordnete der Linkspartei Fabio De Masi im September 2021 in einer Pressemitteilung. »Auch bei Wirecard hat die FIU Strafvereitelung zu verantworten.«

Der Betrugsskandal Wirecard belegt gleich auf mehreren Feldern die Unzulänglichkeiten der Geldwäschebekämpfung in Deutschland. Der Finanzkonzern taucht beispielsweise 2017 in Geldwäscheermittlungen gegen die italienische Mafiaorganisation 'Ndrangheta auf.[168] Darüber hinaus betreut Wirecard zweifelhafte Kundschaft aus postsowjetischen Oligarchenkreisen. Auch die Glücksspielindustrie gehört zum Kundenkreis – Wirecard leitet als deren Zahlungsdienstleister verdächtige Überweisungen weiter. Darüber hinaus, so ergeben Zeugenaussagen, werden regelmäßig enorm hohe Bargeldbeträge bei der hauseigenen Wirecard Bank abgehoben und rausgetragen – eingeschweißt in Plastik. Der abgetauchte Wirecard-Vorstand Jan Marsalek kann kurz vor seiner Flucht noch ein großes Vermögen nach Russland transferieren – in Bitcoin. Das Wirecard-Desaster kostet Anleger und Banken Milliarden Euro. Der Ruf der deutschen Aufsichtsbehörden ist dahin. Wie konnten die Verdachtsmomente nur so lange ignoriert werden?

Die Staatsanwaltschaft München I ermittelt bereits zwischen 2010 und 2012 gegen Verantwortliche der Wirecard-Gruppe wegen Geldwäscheverdachts. In dem Ermittlungsverfahren geht es um Finanztransaktionen für Onlineglücksspiel-Anbieter in den USA, die Wirecard abwickelt. Im Rahmen der Ermittlungen steht die Staatsanwaltschaft damals auch in Kontakt mit der BaFin. Die Aufsichtsbehörde veranlasst 2010 eine Sonderprüfung bei Wirecard und stellt »zahlreiche Mängel bei der Geldwäscheprävention« fest. Allerdings seien die festgestellten organisatorischen Mängel nicht so gravierend gewesen, dass aufsichtsrechtliche Maßnahmen veranlasst werden.[169] Im Februar 2012 wird das staatsanwaltliche Verfahren eingestellt, »da ein Tatnachweis nicht zu führen war«, teilte eine Sprecherin der Staatsanwaltschaft München I dem Wirtschaftsmagazin *Capital* im Jahr 2020 mit. Aber ist das ein Grund, alle Vorsicht in den Wind zu schlagen?

Die Politiker sehen Wirecard als ihren »Darling«, man ist geradezu stolz auf dieses »Kompetenzzentrum«. Die Bundesregierung setzt sich sogar in China für Wirecard ein. Da wundert es kaum, dass der Wirecard-Manager Oliver Bellenhaus im Jahr 2011 – die ersten Ermittlungen gegen Wirecard laufen da noch – als Sachverständiger im Finanzausschuss des Bundestages Folgendes zum Besten geben darf: »Uns liegt es auch am Herzen, Geldwäsche zu bekämpfen. Ich denke, wir haben das auch über die letzten fünf Jahre erfolgreich gezeigt und erfolgreich betrieben.«[170] Bellenhaus sitzt inzwischen in Untersuchungshaft und hat über den Betrug ausgepackt.[171]

Der ganze Wirecard-Skandal hätte vielleicht verhindert werden können, wenn die deutschen Aufsichtsbehörden ihre Pflicht zur Geldwäschebekämpfung ernst nähmen. Die Wirtschaftsprüfer, Finanzbehörden, aber auch die Geldwäscheaufsicht hätten zum Beispiel den jahrelangen

Recherchen der *Financial Times* nachgehen können – die britische Zeitung hatte Wirecard in vielen Berichten Vorwürfe gemacht, die Bilanzen zu fälschen. Stattdessen stellt die BaFin Strafanzeige gegen die Journalisten – wegen des Verdachts der Marktmanipulation. Dabei gibt es bereits klare Verdachtsindizien gegen den deutschen Finanzkonzern. Beispielsweise ist es damals ein offenes Geheimnis, dass Wirecard mit der Zahlungsabwicklung für Pornoseiten und Onlineglücksspiel viel Geld verdient. Beide Sektoren gelten als Hotspots für Geldwäsche. Darüber hinaus kauft Wirecard andere Unternehmen zu völlig überhöhten Preisen auf – eine klassische Methode von Geldwäschern: »Wenn Käufer und Verkäufer derselben kriminellen Organisation angehören, bleibt es ruhig. Der Fluss der gefälschten Einkaufsrechnungen für die Verkäufe und die Zusendung leerer Kartons durch den Verkäufer sind für Prüfer mehr als ausreichende Beweise der vorgeblichen Legalität«, sagt Dick Crijns vom niederländischen Antigeldwäschenetzwerk AMLC.[172] In dem Gremium arbeiten Polizei, Staatsanwaltschaft und Aufsichtsbehörden mit Banken, Wirtschaftsprüfungsgesellschaften und Notaren bei der Entwicklung von Methoden zur Geldwäschebekämpfung zusammen.

Doch die Aufsichtsbehörden in Deutschland haben ein Problem. Es herrscht ein Kompetenzwirrwarr: Niemand weiß, wer zuständig dafür ist, den Konzern auf die Umsetzung der Regeln zur Geldwäscheprävention hin zu kontrollieren. Der parlamentarische Untersuchungsausschuss zum Wirecard-Skandal weist 2021 nach, dass Wirecard aufgrund dieser Unsicherheit von niemandem beaufsichtigt wird.[173] Die BaFin schiebt der Bezirksregierung Niederbayern die Verantwortung zu, die diese zurückweist. Das Ergebnis: Wirecard wird von niemandem ordentlich auf Geldwäsche hin kontrolliert.

»Es gibt eine Gesetzeslücke«, sagt der Jurist Lars Haffke, Wissenschaftlicher Mitarbeiter an der TU München im Bereich Corporate Governance. Die BaFin sei nur für die Aufsicht der Wirecard Bank AG zuständig. »Die Wirecard AG als Ganzes fiel unten durch, weil die Aufsichtsbehörden der Länder, in diesem Fall die Bezirksregierung Niederbayern, nur für die Geldwäschekontrolle des Nichtfinanzsektors zuständig sind«, sagt Haffke. »Reine Dienstleister wie die Wirecard AG, die nicht anderweitig dem Geldwäschegesetz unterliegen, konnten ohne Aufsicht agieren.«

Die Bundesländer sind also dafür zuständig, den Nichtfinanzsektor zu überwachen – dazu gehörte auch die Wirecard AG. Diese Anforderung gilt seit 1993, damals tritt das Geldwäschegesetz in Kraft. Die Überforderung der Bundesländer bei der Erfüllung ihrer Aufgabe sowie die ungeklärten Zuständigkeiten sind immer wieder Thema unter Experten. Doch die Politik ignoriert die Warnungen. Der frühere Abteilungsleiter Öffentliche Sicherheit im Bundesinnenministerium und spätere Präsident des Bundesnachrichtendienstes Gerhard Schindler behauptet noch 2009 gegenüber dem Petitionsausschuss des Deutschen Bundestages, es gebe keine ungeklärten Zuständigkeiten zwischen Bundes- und Landesbehörden in der Geldwäschebekämpfung. Das stimmt jedoch nicht, wie die EU-Kommission wenig später in einem Vertragsverletzungsverfahren feststellt. Doch selbst dieser Rüffel aus Brüssel weckt Berlin nicht auf. Die Aufgabenteilung zwischen Bund und Ländern in der Geldwäscheprävention funktioniert bis zum heutigen Tag nicht oder nur schlecht – Wirecard ist da nur die Spitze des Eisbergs.

Dreißig Jahre Stau

Bereits in einem früheren Verfahren diktiert die EU-Kommission der Bundesregierung, wie das Geldwäschegesetz anzuwenden sei, denn die Bundesländer haben es versäumt, die für die geldwäscherechtliche Aufsicht verantwortlichen Länderbehörden zu bestimmen. Dies hat zur Folge, dass diese geldwäscherechtliche Aufsicht in Deutschland bis 2010 nicht existiert. Einer der Autoren dieses Buches (Andreas Frank) reicht dagegen 2004 Beschwerde bei der EU-Kommission ein, die ein Jahr später das Aktenzeichen 2005/4572 erhält. Die Brüsseler Behörde eröffnet ein Vertragsverletzungsverfahren gegen Deutschland und gibt den deutschen Politikern entsprechende Anweisungen, diesen Mangel zu beheben.

Danach werden in den Bundesländern die Aufsichtsbehörden zwar bestimmt, aber in jedem Bundesland anders: Die Zuständigkeiten gehen hier an Regierungspräsidien, dort an Bezirksregierungen, anderswo an Ministerien und Ordnungsämter. Das kann am Ende so nicht funktionieren, und die Bundesländer merken bald, dass sie mit dieser Aufgabe überfordert sind. Geldwäsche passiert international, was soll da ein kleiner Beamter im Regierungspräsidium schon tun? In Wolfsburg kümmert sich damals eine Person im Ordnungsamt um die Aufsicht des VW-Konzerns und die anderen Verpflichteten des Nichtfinanzsektors. Dieser Person stehen für die geldwäscherechtliche Aufsicht 10 Prozent der Arbeitszeit zur Verfügung, die restliche Zeit soll der Bekämpfung der Schwarzarbeit und Gewerbeuntersagungen gewidmet werden. Man muss es kaum festhalten, aber: Eine effektive Bekämpfung der Geldwäsche ist so unmöglich.

Folgerichtig bitten die Bundesländer den Bund im Jahr 2012, die geldwäscherechtliche Aufsicht über den Nichtfinanzsektor selbst zu übernehmen. Die Länder argumentieren, dass sie nicht in der Lage seien und niemals sein würden, die Aufsicht über den Nichtfinanzsektor zu führen.[174] Die Bundesländer liefern in der entsprechenden Bundesratsdrucksache auch konkrete Belege für ihre Überforderung – doch die Bundesregierung unter Kanzlerin Merkel lehnt ab.

Die EU-Kommission führt in dreißig Jahren über einhundert Vertragsverletzungsverfahren gegen Mitgliedsstaaten, weil sie die Geldwäscherichtlinie nicht richtig umgesetzt haben, darunter mehrfach gegen Deutschland. Sie ist dafür zuständig, denn die Geldwäschebekämpfung ist Europarecht. Die EU-Kommission forderte die Bundesregierung unter Angela Merkel sogar noch im Jahr 2021 dazu auf, die Vierte Geldwäscherichtlinie ordnungsgemäß umzusetzen. Die Frist zur Umsetzung ist zu diesem Zeitpunkt bereits vier Jahre abgelaufen.

Die Kontrollen des Nichtfinanzsektors auf Geldwäscheprävention sind daher bis zum heutigen Tag unzureichend. Die Aufseher müssten eigentlich regelmäßig bei Immobilienmaklern, im Glücksspielsektor oder bei Juwelieren überprüfen, ob diese Betriebe gut gerüstet sind, um Geldwäschegeschäfte zu verhindern. Dazu gehören Kontrollen, ob die Personalausweise von Kunden bei hohen Bargeldgeschäften tatsächlich kopiert werden. Doch die Maßnahmen fallen je nach Bundesland unterschiedlich scharf aus. Oft haben die Behörden in den Gewerbeaufsichtsämtern und Bezirksregierungen kein geschultes Personal für diese Aufgabe.

Wieder ist es der Bundesrechnungshof, der diese eklatanten Defizite im Jahr 2020 schonungslos moniert.[175] Es gibt im Nichtfinanzsektor immer noch keine wirksame Geldwäscheaufsicht, und das fast dreißig Jahre, nachdem das Geldwäschegesetz in Kraft getreten ist. Der Rechnungshofbericht reiht Versäumnis um Versäumnis auf. So setzen die Länderaufsichten zum Beispiel zu wenig Personal ein, um gebotene intensive und flächendeckende Maßnahmen, insbesondere Vor-Ort-Prüfungen der Verpflichteten, durchführen zu können. Bei einer Gesamtzahl der möglichen Verpflichteten von über 1,1 Millionen entspricht dies einer jährlichen Vor-Ort-Kontrollquote von deutlich unter 0,5 Prozent. Bei dieser Kontrollquote müsste ein Verpflichteter durchschnittlich nur höchstens alle zweihundert Jahre mit einer Vor-Ort-Prüfung rechnen. Die gesetzlichen Anforderungen werden demnach nicht erfüllt.

Es gibt noch weitere Mängel. Den meldepflichtigen Maklern, Notaren oder Juwelieren fehlen Informationszugänge zum PEP-Register. PEP steht für »Politisch Exponierte Personen«. Hierbei handelt es sich unter anderem um Minister, Staatssekretäre, Botschafter, Parlamentarier, hochrangige Vertreter internationaler Organisationen und deren Familien. Dieser Personenkreis soll bei Geldgeschäften grundsätzlich engmaschiger überprüft werden. Aber wie soll ein Juwelier in Deutschland wissen, dass der Kunde vielleicht der Sohn eines sanktionierten Diktators ist? Das geht nur durch den Abruf der aktuellsten Listen. Dafür gibt es spezialisierte Datenanbieter. Doch der Zugang zu diesen Informationen ist teuer. Kleine Juweliere, Auto- und Edelmetallhändler können und wollen sich das nicht leisten.

Es ist ein grundsätzliches Problem: Die deutschen Behörden können den Kampf gegen Geldwäsche auch im Nichtfinanzsektor nicht alleine gewinnen. Der Staat braucht Hilfe. Deshalb müssen seit 1991 die Verpflichteten, also Anwälte, Notare, Immobilienmakler, Juweliere, Autohändler etc., für den Staat die beschriebene Wächterfunktion übernehmen, die die Polizei schon aufgrund des dafür erforderlichen Personalaufwands niemals leisten könnte. Die Verpflichteten handeln mit ihrer Verdachtsmeldung aber oft gegen ihr Eigeninteresse. Ein Juwelier möchte Schmuck verkaufen, die Herkunft des Geldes kann ihm eigentlich egal sein. Das Mindeste, was der Verpflichtete erwarten kann, ist, dass die FIU seine Meldung zügig bearbeitet und Rückmeldung gibt. Aber das funktioniert auch nach über zwanzig Jahren noch nicht – die FIU nahm im Jahr 2001 ihre Arbeit auf.

Gleichzeitig dürften die Bürgerinnen und Bürger eigentlich erwarten, dass staatliche Aufsichtsbehörden regelmäßig prüfen, ob Juweliere oder Immobilienmakler ihrer Meldepflicht nachkommen. Weil diese Kontrollen aber sogar seit über dreißig Jahren weitgehend ausbleiben, muss sich beispielsweise ein Juwelier, der es mit der Geldwäschekontrolle ernst nimmt, fragen, warum er zum eigenen Schaden etwas tut, was der Konkurrent vielleicht nicht tut: Denn mancher Kunde im Schmuckgeschäft macht sofort kehrt, wenn der Juwelier ihn nach dem Personalausweis fragt.

Von wegen »Nichts geht mehr«

Wirecard konnte diese Aufsichtsschwächen auch im Bereich des Glücksspiels ausnutzen. Gerade bei Onlinecasinos sind die Geldflüsse schwer nachvollziehbar. Es ist für Kunden ein Leichtes, ein Konto bei Glücksspielanbietern einzurichten, ohne ernsthaft überprüft zu werden. Häufig betreiben Verbrechersyndikate die Casinos gleich selbst, was die Geldwäsche zusätzlich erleichtert. Die Geldwäschegefahr im Glücksspielsektor steht neben den Spielsuchtgefahren vieler Menschen in scharfem Kontrast zu der Freiheit, die dieser Sektor in Europa und auch in

Deutschland genießt. Das ist also politisch so gewollt, beziehungsweise: Die Konsequenzen werden sehenden Auges in Kauf genommen.

Zur Geldwäsche über Casinos brauchen die Syndikate Banken oder Finanzdienstleister, die nicht so genau hinschauen, wer der Kunde ist. Wirecard ist ein solcher Konzern. In Italien fällt das auf. Stefano Musolino, stellvertretender Staatsanwalt in Reggio Calabria, ist 2015 an der sogenannten *Operazione Gambling* beteiligt. Die italienischen Ermittler führen damals Tausende Razzien in Spielhallen durch. »Ein Wettbüro betrieb mit der 'Ndrangheta ein System zur Geldwäsche«, so das Ermittlungsergebnis von Musolino, um dann die Verbindung nach *Germania* aufzuzeigen. »Wirecard war eine der Banken, die von den kriminellen Organisationen genutzt wurde, um das Geld zu deponieren, das sie mit ihren illegalen Geschäften verdient hatten.«[176] In Deutschland schlägt dieses Ermittlungsergebnis keine hohen Wellen.

Dabei wird der Glücksspielsektor seit jeher für Geldwäsche genutzt, das Internet hat das alte Phänomen nur noch einmal auf ein neues Level gehoben. »Mit dem Onlinegambling hat sich alles verändert. Die Geldwäscher müssen nicht mehr mit Geldtaschen in verrauchte Wettbüros laufen. Die Banden eröffnen eigene Onlinecasinos. So können sie Geld waschen, beispielsweise indem die Kriminellen gegeneinander spielen, um auf diesem Weg Geld zu transferieren«, sagt Helen Ault, Direktorin der Isle of Man Gambling Supervision Commission, im Rahmen einer Onlinefachveranstaltung des International Bankers Forum zur Geldwäschebekämpfung am 18. Juni 2021. »Es gibt Spielsysteme, die Verluste steuern. So versickert das Geld. Das läuft international, wo die Regeln je nach Land unterschiedlich sind.«

Das Wissen um die Geldwäschegefahren im Glücksspielsektor ist also seit Langem vorhanden. Dennoch trommeln »Vorbilder« wie die alten Fußballhelden Oliver Kahn und Lothar Matthäus in Bundesliga-Halbzeitpausen für Sportwetten, ja die ganze Mannschaft des FC Bayern München macht mit. Und was ist schon groß dabei, schließlich haben die beworbenen Glücksspielanbieter ihren Sitz ja in der EU, oder nicht? Das stimmt. Was viele aber nicht wissen: In Deutschland ist es diesen Wettanbietern außerhalb des Bundeslandes Schleswig-Holstein lange verboten, diese Onlinewetten anzubieten. Aber sie tun es trotzdem, über Jahre hinweg. Und die deutsche Justiz duldet es – ein weiteres dieser seltsamen Ereignisse im Zusammenhang mit Geldwäschebekämpfung in Deutschland. Aber es kommt noch »besser«: Mit dem Änderungsvertrag zum bisherigen Glücksspielstaatsvertrag, der am 1. Juli 2021 in Kraft getreten ist, erhalten illegale Anbieter auch noch offiziell eine Lizenz. Deutschland »belohnt« diese Glücksspielanbieter also nachträglich auch noch für ihre jahrelang illegalen Geschäfte.

Banken stehen oft in der Kritik, sie würden verdächtige Zahlungen aus dem Glücksspielsektor viel zu selten melden. Doch dieser Vorwurf stimmt inzwischen nur noch bedingt. Die meisten großen Kreditinstitute in Deutschland möchten die Wettanbieter überhaupt nicht mehr als Kunden haben. Sie wollen mit den offensichtlichen Grauzonen des Wirtschaftslebens – Glücksspiel und Porno – nichts mehr zu tun haben. Doch da haben die Banken die Rechnung ohne den Gesetzgeber gemacht: Dieser zwingt die Banken, diesen Branchen weiter behilflich zu sein.

Man muss kurz ausholen, um diesen Wahnsinn zu erklären. Der Finanzsektor hat sich weltweit aufgefächert, das bedeutet, dass es neben den Vollbanken, die Spareinlagen annehmen dürfen, mittlerweile – mit Umsetzung der EU-Zahlungsdiensterichtlinie 2007 – auch Zahlungsdienstleister gibt. Diese Anbieter, der Name sagt es schon, übernehmen den Zahlungspart zwischen Kunden und Händlern. Es gibt Zahlungsdienstleister, die nur Kontoinformationen bereitstellen, andere saldieren Zahlungen, wieder andere nähern sich durch entsprechende behördliche Zulassungen immer mehr einer Vollbank an. Es ist ein neuer, moderner und in vielen Teilen weniger streng regulierter Bereich des Finanzsektors, der politisch gewollt war, um den »alten« Banken mal Konkurrenz zu machen.

Weil die Banken, wie gesagt, bei bestimmten Kunden aus der Schmuddelecke herauswollen, müssen Glücksspielanbieter und andere Vertreter aus dem wirtschaftlichen Grausektor stattdessen bei Zahlungsdienstleistern anheuern. Diese genießen gesetzlich »erleichterte Anforderungen« bei der Geldwäschekontrolle. Das erhöht die Wahrscheinlichkeit, dass bei diesen Finanzfirmen kriminelle Kunden durchs Raster fallen. Dadurch sind die vielen neuen Zahlungsdienstleister wie PayPal, Payoneer oder Klarna geradezu prädestiniert dafür, missbraucht zu werden, beispielsweise von Wettanbietern, die ihre eigene Kundschaft nur rudimentär auf Geldwäscheverdacht überprüfen.

So weit, so gut, doch das ist noch nicht das Ende der Geschichte. Zahlungsdienstleistern fehlt häufig die vollständige Infrastruktur, um Zahlungen auch verbindlich abzuwickeln. Sie müssen sich also, so komisch das klingt, für die Abwicklung ihrer Kundenzahlungen – wir sind immer noch bei Glücksspiel und Porno – eine Bank suchen. Die Banken holen sich die Schmuddelkundschaft also durch die Hintertür wieder herein. Sie tun das nicht freiwillig. Sie müssen das tun. So will es das Gesetz. Dieser »Kontrahierungszwang« ist in Paragraf 56 des Zahlungsdiensteaufsichtsgesetzes (ZAG) vorgeschrieben und Ausfluss der europäischen Zahlungsdiensterichtlinie (PSD 2). Das Gesetz schreibt seit 2019 vor, dass Banken den Zahlungsdienstleistern eine Schnittstelle zur Verfügung stellen müssen. Darauf werden die Zahlungen ausgeführt – angesichts der Masse jedoch in gebündelter Form. Der Topf mit Abertausenden Einzelüberweisungen ist also eine Blackbox. Die Bank weiß nicht, was da im Einzelnen drin ist. Zwar haben die Großbanken eigene Überwachungssysteme, um verdächtige Zahlungen zu identifizieren. Doch »wenn man die Blackboxes der Zahlungsdienstleister alle in das Monitoring einpflegen würde, dann würden die heutigen Ausstattungen der Banken komplett in die Knie gehen«, klagt ein Geldwäschebeauftragter. Die Kontrollsysteme der Banken schlagen daher nur manchmal an – in den allermeisten Fällen müssen die Banken die Gelder durchleiten: praktisch ohne Prüfung.

Die Banken verpflichten den Zahlungsdienstleister in der Regel zwar darauf, dass er Transaktionen aus bestimmten Geschäftsfeldern wie Rotlicht, Wett- und Glücksspiel *nicht* an die Bank weiterleitet, aber: Kennt der Zahlungsdienstleister seine Kunden überhaupt gut genug, die sich hinter Offshore-Konstruktionen verbergen können? Eher nicht. Ein Banker kann seinen Sarkasmus nicht verbergen: »Ich würde mir Drogen per Post schicken lassen und per PayPal bezahlen. Meine Bank weiß nicht, wofür ich das Geld verwendet habe.« Selbst bei der BaFin räumt man ein, dass das Problem besteht und national kaum lösbar ist. Der Kontrahierungszwang folgt europäischer Gesetzgebung, und viele Zahlungsanbieter, die in Deutschland ihre Dienste anbieten, kommen aus dem EU-Ausland, zum Beispiel aus Malta, das für seine laschen Kontrollen bei der Geldwäsche berüchtigt ist.

Auch Wirecard war übrigens ein Zahlungsdienstleister. Der niederländische Geldwäscheexperte Dick Crijns hält

Wirecard rückblickend sogar für die potenziell perfekte Geldwaschmaschine. »Wirecard war ein großer Finanzdienstleister und in einem respektablen Land wie Deutschland an der Börse notiert. Eine kriminelle Organisation findet dort genug Gelegenheiten, um hohe Geldbeträge zu überweisen sowie Firmenbeteiligungen und eigene Aktien zu kaufen«, schreibt Crijns in seiner Analyse.[177] Weil diese Art von Geschäften für einen Konzern wie Wirecard grundsätzlich völlig normal sind, fallen sie nicht sofort auf. Sie sind unverdächtig, solange man nicht genau draufschaut. Die Konsequenz: Eine kriminelle Organisation kann dort leicht Unterschlupf finden, sei es als lukrativer Kunde, sei es als Teilhaber.

Das Wichtigste in Kürze

- Die deutsche Politik nimmt den Kampf gegen Geldwäsche und Terrorismusfinanzierung nicht ernst genug. EU-Vertragsverletzungsverfahren waren nötig, um die Bundesregierung mit fast zwanzig Jahren Verspätung zur Umsetzung der europäischen Vorschriften zu zwingen.
- Der Fall Wirecard hätte wohl verhindert werden können, wenn die deutschen Behörden die Finanzfirma so geprüft hätten, wie es das Gesetz vorschreibt. Stattdessen wurde Wirecard praktisch gar nicht kontrolliert, weil sich keine Behörde zuständig fühlte.
- Eine der wichtigsten Behörden im Kampf gegen die Geldwäsche kommt ihrem Auftrag nicht nach: Es ist die FIU, wo Verdachtsmeldungen gesammelt und analysiert werden. Die Behörde steht sogar unter dem Verdacht der Strafvereitelung. Die Staatsanwaltschaft ermittelt seit Jahren.

10

Was ist jetzt zu tun im »Geldwäsche-paradies Deutschland«?

Das Besteck zur Rettung der freien Gesellschaft und des Rechtsstaates liegt auf dem Tisch. Dazu braucht es (zunächst) weder Drohnen noch Soldaten auf Schlachtfeldern. Es gibt ein ziviles Instrument, das westliche Demokratien bislang noch nie ernsthaft genutzt haben, nämlich: das Flutlicht kompromisslos auf verdächtige internationale Geldströme richten, um diese bei Bedarf zu stoppen, einzufrieren und zu beschlagnahmen.

Die Kriminalität verbreitet sich aus einem Grund in der Welt: Terroristen, Diktatoren und Mafiagruppen können die schmutzigen Profite aus ihren Geschäften behalten. Verbrechen lohnt sich, könnte man an ihrer Stelle auch sagen. Damit geben sich die Täter aber nicht zufrieden, denn sie setzen diese Gelder als Waffe gegen die Demokratie ein – also sollte die freie Gesellschaft den Spieß umdrehen und diese Waffe gegen die Angreifer richten. Das ist möglich: Jeder dreckige Dollar und Euro fließt, wie wir anhand der vielen Beispiele in diesem Buch gezeigt haben, zu einem bestimmten Zeitpunkt durch das vom Westen dominierte Finanzsystem. Dort gilt es zuzupacken. Man muss dazu die Beweislastumkehr endlich konsequent umsetzen. Das bedeutet: Die Justizbehörden wenden ihr Recht an, verdächtige Vermögen einzufrieren, und zwar so lange, bis die Besitzer vor Gericht erklären, wie sie es verdient und wo sie es versteuert haben. Wenn ihnen dieser Nachweis nicht gelingt, sollte das Vermögen dem Staat und damit der Allgemeinheit zufallen.

Die Einführung dieser Regelung ist überfällig. Bereits in der »Palermo-Konvention« der Vereinten Nationen von 2001, dem Übereinkommen gegen die grenzüberschreitende Organisierte Kriminalität, verpflichten sich die Unterzeichnerstaaten, darunter auch Deutschland, die Geldwäsche zu bestrafen und die Erträge krimineller Geschäfte einzuziehen. In Italien gilt die Beweislastumkehr nach der Beschlagnahmung verdächtiger Mafiavermögen bereits seit den Achtzigerjahren. Doch die Mafiosi haben schnell gelernt: Sie investieren ihr schmutziges Geld stattdessen in Deutschland und anderen EU-Staaten, wo die Beschlagnahmung rechtlich nicht so einfach ist. Hier muss nachgezogen werden.

Allein gegen die Mafia – das funktioniert nicht. Man kann internationale kriminelle Netzwerke nur mit internationalen polizeilichen Netzwerken bekämpfen. Die gesetzlichen Befugnisse müssen dafür überall gleich streng sein, damit die Kriminellen nicht ausweichen können.

Die Verbrechersyndikate rücken immer weiter vor in unser Alltagsleben: Bei unseren Nachbarn in den Niederlanden tobt ein Krieg zwischen Staat und Drogenmafia. Journalisten, Polizisten, Anwälte und Richter, die gegen die Syndikate kämpfen, fürchten um ihr Leben. Wie im Kapitel 4 bereits erwähnt, wird der Journalist Peter R. de Vries im Sommer 2021 mitten in Amsterdam niedergeschossen, weil er einem Kronzeugen in einem Drogenprozess geholfen hat, und stirbt neun Tage später. De Vries nannte die Niederlande einen »Narco-Staat«. Die niederländische Mafia verdient mit dem Verkauf von Kokain Milliarden Euro, sie leistet sich die besten Anwälte und skrupellose Auftragsmörder. Die Kriminellen sind dort ein Staat im Staate. Die Fachzeitschrift *Der Kriminalist* warnt, dass mit der Unterwanderung der Niederlande »nicht allein die Einspeisung illegaler Gelder in den legalen Wirtschaftskreislauf durch klassische Instrumente der Geldwäsche wie etwa Immobilien, Hotels und Restaurants gemeint« sei. Das Konzept gehe inzwischen darüber hinaus: »Makler, Notare, Anwälte, Behörden- und Gemeindemitarbeiter bis hin zu Kunstgalleristen und Autovermietern werden instrumentalisiert und unterstützen damit unwissentlich (oder wissentlich) die Kriminellen dabei, den Anschein der Legalität zu erwecken.«[178] Diese Dinge geschehen auch in Deutschland, weil die Geldwäschekontrollen nicht konsequent genug durchgeführt werden.

Der Exekutivsekretär des internationalen Antigeldwäschegremiums FATF, David Lewis, sagt 2020 in einem Interview mit dem investigativen Journalistennetzwerk ICIJ, dass »die Welt trotz jahrzehntelanger Maßnahmen Mühe hat, im Kampf gegen die Geldwäsche Fortschritte zu erzielen«. Auf die Frage nach der Effektivität des weltweiten Kampfes gegen die Geldwäsche antwortete er: »Alle machen es schlecht.«[179] Im Jahr 2022 beklagt Lewis nach seinem Abschied, dass im FATF-Gremium einige Länder immer wieder Konsensentscheidungen blockieren würden und der FATF die Kragenweite fehle, um es mit dem großen Problem der Finanzkriminalität aufnehmen zu können.[180]

Aber wenn schon nicht die Rechtsstaaten der westlichen Welt stark und willig genug sind, neben Falschparkern und Kleinkriminellen auch die großen Verbrecher zu jagen, wer soll es dann machen?

Wie die Umweltmafia die Klimaziele gefährdet

Inzwischen warnen Experten, dass die mangelhafte Bekämpfung der Finanzkriminalität auch die pünktliche Erreichung der Klimaziele gefährdet. Der Zusammenhang ist klar: Die internationale Umweltmafia verdingt sich als Dienstleister für Staaten und Unternehmen, deren Ziel es ist, die Umweltschutzgesetze zu unterlaufen. Es ist ein gleichermaßen kriminelles wie lukratives Geschäft, bei dem über das internationale Finanzsystem viel Geld fließt. Da überrascht es nicht, dass die G-20-Staats- und Regierungschefs in ihrem Abschlusskommuniqué 2021 erstmals alle Staaten dazu aufrufen, die Geldwäsche der Erlöse durch die Umweltkriminalität zu bekämpfen.[181] Es geht hier um enorm hohe Summen. Die Weltbank taxiert den globalen finanziellen Schaden durch illegale Abholzung von Urwäldern, illegale Fischerei und Wilderei auf bis zu 2 Billionen Dollar jährlich. Andere kriminelle Bereiche, wie die illegale »Entsorgung« von Giftmüll zu Land und auf See sowie die Lieferung von international verbotenen umweltzerstörenden Chemikalien, kommen noch hinzu. Der Klimawandel werde sich daher nur aufhalten lassen, so die Warnung von Interpol, wenn man die umweltschädlichen Aktivitäten der organisierten Mafiabanden stoppe.[182] Die FATF kritisiert in ihrem aktuellen Bericht, dass die Regierungen weltweit viel zu wenig tun, um die Umweltkriminalität durch Antigeldwäschebekämpfung effektiver zu unterbinden. Vielerorts seien Umweltverbrechen nicht umfassend genug unter Strafe gestellt.[183]

Die Umweltkriminalität und ihre Erträge sind zudem eine Gefahr für den Frieden: Terrorgruppen und andere kriminelle Milizen finanzieren ihre Waffen inzwischen zu 38 Prozent aus Umweltverbrechen, so der Interpol-Bericht weiter. Die neue Bundesregierung muss alles tun, um diese Defizite auszumerzen. Der Ruf nach einer Klimaneutralität der deutschen und europäischen Wirtschaft bis 2050 wirkt ansonsten unglaubwürdig.

Auf dem Weg in eine »demokratische Rezession«?

Das Modell des liberal-demokratischen Herrschaftssystems verliert – angesichts der beschriebenen unbefriedigenden Zustände wenig überraschend – zunehmend an gesellschaftlichem Rückhalt. »Zum ersten Mal in diesem Jahrhundert gibt es unter den Ländern mit mehr als einer Million Einwohnern weniger Demokratien als nicht demokratische Regime«, sagt der Historiker Timothy Garton Ash in einem Aufsatz über die Zukunft des Liberalismus.[184] Der Soziologe und Politikwissenschaftler Larry Diamond von der Stanford University spricht von einer »demokratischen Rezession«.[185] »Die Rolle des Geldes in der Politik wird immer größer. Lobbyisten haben immer mehr Einfluss auf die Politik. Und die Politiker sind Teil einer Elite, die vom Großteil der Menschen relativ abgeschottet lebt«, sagt der Harvard-Politikwissenschaftler Yascha Mounk. »Politiker müssen endlich den Mut finden, ihren Spielraum auch voll auszuschöpfen. Dadurch, dass Länder viel mehr gegen die Steuerflucht von Unternehmen tun, viel stärker gegen Steueroasen vorgehen, viel härtere Gefängnisstrafen für Steuersünder durchsetzen.«[186]

Aber ist es wirklich nur der Mut, der den Politikern fehlt? Was ist mit dem Willen?

Und bevor jemand »Neiddebatte« ruft: Hohe Einnahmen sind nicht verwerflich, und hohe Vermögen sind es auch nicht. Verwerflich sind aber Vermögen, die nicht versteuert sind oder durch Verbrechen illegal »verdient« werden. Deshalb muss die Öffentlichkeit wissen, wo verdächtige Vermögen liegen, wem sie gehören, wie sie zustande gekommen sind und ob sie versteuert werden. Die Briefkastenfirma mit einem anonymen Konto – sie gehört schlicht verboten.

Die Bürger dürfen von der reichen Elite und auch von Politikern erwarten, dass sie Fragen zu Einkünften, Nebenjobs und Vermögen im Zweifelsfall vollständig beantworten. Die Forderung der Gesellschaft nach diesen Informationen ist kein unbotmäßiger Angriff auf die Privatsphäre. Vielmehr zeigen die Vermögensbesitzer dadurch, dass sie integer sind. Der Normalbürger macht dies auch – jedes Jahr bei der Steuererklärung.

Apropos Steuer: Die sogenannte »Abgabenordnung«, sie ist das elementare Gesetz für das deutsche Steuerrecht, regelt in dem weithin unbekannten Paragrafen 40 Folgendes: »Für die Besteuerung ist es unerheblich, ob ein Verhalten, das den Tatbestand eines Steuergesetzes ganz oder zum Teil erfüllt, gegen ein gesetzliches Gebot oder Verbot oder gegen die guten Sitten verstößt.« Es ist eine skandalöse, ja fast schon unmoralische Norm, denn sie hebt ausdrücklich hervor, dass der deutsche Staat bei rechtswidrigen Geschäften mitkassieren darf. Motto: Solange der Fiskus seinen Zehnten abschöpft, ist die Herkunft des Geldes egal.

In früheren Zeiten spielte die Moral noch eine größere Rolle: Das Preußische Oberverwaltungsgericht ging in seinen Entscheidungen zu Anfang des 20. Jahrhunderts davon aus, dass eine Besteuerung sittenwidriger Geschäfte einem geordneten Staatswesen zuwiderläuft. »Falls der Staat sittenwidriges Verhalten besteuert, setzt er sich in einen Widerspruch zu seiner eigenen Rechtsordnung«, so die Begründung vor über hundert Jahren.

Und heute? Die angebliche Wertegemeinschaft möchte

explizit am Verbrechen mitverdienen und spielt woanders in der Welt den Moralapostel. Natürlich kann das Finanzamt nicht in allen Fällen wissen, welcher Umsatz kriminellen Ursprungs ist und welcher nicht. Das ist auch nicht die Aufgabe des Finanzamts. Es geht um etwas anderes. Man muss von Politikern in einer Demokratie erwarten können, dass sie alles erdenklich Mögliche unternehmen, um dreckiges Geld zu beschlagnahmen, statt es zu besteuern. Aus dieser Verantwortung darf man die Regierenden nicht entlassen.

Die verantwortlichen Politiker wissen, wie gefährlich Geldwäsche ist. Sie kennen die Berichte der Experten. Darin steht unmissverständlich, dass Terrorismus, Organisierte Kriminalität und ausländische Geheimdienste dunkle Finanzkanäle nutzen, um unsere Demokratie zu unterwandern. Gleichzeitig versäumen es dieselben Politiker, die Kampfschwerter zu wetzen.

Kommt nun die Wende? Die Ampelkoalition aus SPD, Grünen und FDP verspricht im Spätherbst 2021, die Geldwäsche besser zu bekämpfen. Ihr dazu vorgestellter umfangreicher Maßnahmenkatalog bestätigt in weiten Teilen die Defizite der vergangenen Jahrzehnte, die in diesem Buch dargestellt sind und die auch Bundeskanzler Scholz aus seiner Zeit als Finanzminister mit zu verantworten hat. Jetzt ist Christian Lindner auf diesem Posten für den Kampf gegen Schwarzgeld verantwortlich. Schafft er, möchte er die Wende? Zur Erinnerung: Im FDP-Wahlprogramm taucht das Wort Geldwäsche nicht ein einziges Mal auf. Im Februar 2022 trifft Lindner die italienische Finanzpolizei, der FDP-Politiker zeigt sich begeistert über deren knallharte Geldwäschebekämpfung, doch mehr Spielraum für deutsche Behörden hält er nicht für erforderlich.[187] Dabei gäbe es in dieser Hinsicht viel zu tun: Dazu gehört effektivere internationale Behördenkooperation bei Finanzermittlungen gegen Autokraten, Oligarchen und Verbrechersyndikate. Auch sollten die Geheimdienste stärker in die Aufdeckung verdeckter Zahlungen involviert werden – gerade wenn es um die Finanzierung von Sabotage und Desinformationskampagnen durch ausländische, etwa russische, Nachrichtendienste geht, Stichwort hybrider Krieg. Darüber hinaus müssten anonyme Konten und Briefkastenfirmen verboten, die moralisch verwerfliche und zum Teil kriminelle Hilfestellung westlicher Banken, Anwalts- und Beratungsfirmen beim Verstecken von kriminellen Vermögen strenger bestraft werden. Es ist doch so: Wir dürfen nicht länger tolerieren, dass ein hochrangiges Mafia-Mitglied aus Russland sogar mit Fug und Recht behaupten kann: »Wir haben das Beste beider Welten: Russland gibt uns Stärke und Sicherheit. Europa bietet uns Reichtum und Annehmlichkeit.«[188]

Die Gegner der Demokratie setzen Geld als Waffe ein – wir müssen sie ihnen entreißen.

Epilog

von Markus Zydra

Im Februar 2021 telefoniere ich mit Andreas Frank. Wir reden über den Bericht des Bundesrechnungshofs. Der ist ein Knaller: Er besagt, dass die Bundesregierung im Kampf gegen Geldwäsche ihrem gesetzlichen Auftrag nicht gerecht wird. Es fehlt an ausreichend Personal und Schnittstellen für den wichtigen Informationsaustausch zwischen den Aufsichts- und Polizeibehörden. Das ist doch genau das, was Andreas Frank seit fünfundzwanzig Jahren sagt. Der deutsche Staat verletzt das eigene Gesetz. Aber wo bleibt der öffentliche Aufschrei? Nichts! Wir können es nicht fassen – selbst die Opposition im Bundestag hält sich vornehm zurück.

Wir sind auch empört darüber, dass der Bericht des Bundesrechnungshofes als vertrauliche Verschlusssache klassifiziert ist und erst durch ein Leak an die Öffentlichkeit kommt. Diese Geheimniskrämerei schadet der Demokratie, denn es geht um Sachverhalte, die die Öffentlichkeit unmittelbar angehen. Zum Vergleich: Der Bericht des Europäischen Rechnungshofes zur Geldwäschebekämpfung im EU-Finanzsektor ist öffentlich verfügbar.

Andreas Frank setzt sich in diesen Tagen an seinen Schreibtisch, an dem er in den vergangenen fünfundzwanzig Jahren schon so viel geschrieben, gelesen und telefoniert hat. Er formuliert einen Brandbrief an die fünf obersten Verfassungsorgane der Bundesrepublik: Bundesregierung, Bundespräsident, Bundestag, Bundesrat und Bundesverfassungsgericht. Der Brief, in dem die Politiker und Richter mit dem Bericht des Bundesrechnungshofs konfrontiert werden, geht auch an den zuständigen Finanzminister und inzwischen amtierenden Bundeskanzler Olaf Scholz.

In seinem Schreiben fasst Andreas Frank den Inhalt des Mängelberichts des Bundesrechnungshofs zusammen – er möchte wissen, was die Verantwortlichen nun zu unternehmen gedenken. Hier die Reaktionen:

Olaf Scholz antwortet nicht. Er gibt das Schreiben stattdessen weiter an das Referat Bürgerangelegenheiten. Das dortige Team gibt Frank den Hinweis, die einschlägigen Reden und Interviews von Scholz nachzulesen.

Das Bundespräsidialamt informiert Frank darüber, dass der Bundespräsident nach dem Grundgesetz nicht über das Recht verfüge, in die Zuständigkeiten von Bund und Ländern einzugreifen.

Der Bundesratspräsident Reiner Haseloff lässt am 28. September 2021 – sechs Monate nach der Anfrage – ausrichten: »Die mangelhafte Umsetzung der Gesetze beziehungsweise der Aufsicht über die Geldwäschebekämpfung in der Praxis liegt in der Hand der Exekutive. Auf diese haben weder der Bundesrat noch sein Präsident Einfluss.« So ganz stimmt das aber nicht: Die Ministerpräsidenten und Regierungschefs der Länder können als die höchsten Vertreter der Exekutive durchaus dafür sorgen, dass die geldwäscherechtlichen Aufsichtsbehörden über den Nichtfinanzsektor in die Lage versetzt werden, ihren Aufgaben nachzukommen.

Dann die Reaktion des Bundestags: Bitten und Beschwerden, die Bürger an den Deutschen Bundestag oder seinen Präsidenten richten, werden vom Petitionsausschuss des Deutschen Bundestages bearbeitet. Der Brandbrief von Andreas Frank wird unter dem Aktenzeichen Pet 2-19-08-7605-044362 registriert. Der Petitionsausschuss stellt daraufhin eine Anfrage an das Bundesfinanzministerium, ob die Vorwürfe in dem Brandbrief zuträfen. Im Antwortschreiben des Bundesfinanzministeriums wird festgestellt, dass bei der Geldwäschebekämpfung doch alles in Ordnung sei. Eine abschließende Einschätzung des Petitionsausschusses liegt zur Druckfreigabe des Buches nicht vor, da wegen der erfolgten Bundestagswahlen die Vorsitzenden des Petitionsausschusses erst noch benannt werden müssen.

Und das Bundesverfassungsgericht antwortet: »Außerhalb eines zulässigen Verfassungsbeschwerdeverfahrens hat das Bundesverfassungsgericht keine Möglichkeit, auf Anträge Einzelner hin oder von Amts wegen tätig zu werden.« Na also, das war doch was, denn diese Antwort aus Karlsruhe nimmt Andreas Frank als Wink für das weitere Vorgehen. Er reicht im Juni 2021 tatsächlich Verfassungsbeschwerde ein, die Arbeit dauert Wochen – es werden 105 Seiten. Frank verzichtet auf anwaltliche Hilfe, da die von ihm angefragten Professoren für Verfassungsrecht eine Mandatierung mit dem Hinweis ablehnen, sie wollten nicht vom Verfassungsgericht abgestraft werden.

Frank macht es also allein, er meint, das oberste Gericht muss auch Bürgerbeschwerden aus deren Feder akzeptieren. Das ist eine störrische Reaktion, klar. Aber er möchte die Verfassungsrichter mit seinen eigenen Worten davon überzeugen, dass der deutsche Staat durch sein Unterlassen der effektiven Geldwäschebekämpfung sein Leben und sein Recht auf Unversehrtheit gefährdet. Es ist eine Verzweiflungstat, denn im Grunde weiß der mittlerweile Siebzigjährige, dass er keine Chance hat. Aber er möchte nichts unversucht lassen.

Die Verfassungsrichter lehnen die Annahme der Verfassungsbeschwerde zu einer Entscheidung am 28. September 2021 ab (Aktenzeichen 2 BvR 1286/21). Ihr fehle die grundsätzliche verfassungsrechtliche Bedeutung. Die Richter drohen, ihm für künftige Verfahren eine Missbrauchsgebühr bis zu 2600 Euro aufzuerlegen. Ein solcher Missbrauch liegt vor, »wenn die Verfassungsbeschwerde offensichtlich unzulässig oder unbegründet ist und ihre Einlegung deshalb von jedem Einsichtigen als völlig aussichtslos angesehen werden muss«. Diese Drohung empfindet Frank als unbotmäßig – immerhin sei seinem Anliegen die Ernsthaftigkeit kaum abzusprechen.

Eine Möglichkeit gibt es theoretisch noch, Frank könnte eine »Untätigkeitsklage« beim Verwaltungsgericht erheben. Hat er da eine Chance? Er müsste darlegen, dass er von der »Untätigkeit« der Behörden bei der Geldwäschebekämpfung persönlich betroffen ist. Frank prüft die Chancen und fragt schriftlich bei einigen Professoren für Verwaltungsrecht an, ob sie ihn bei dieser Klage begleiten könnten – die Juristen winken ab.

Bundestag, Bundesregierung, Bundesrat, Bundespräsident und Bundesverfassungsgericht – Andreas Frank hat unermüdlich darum gekämpft, dass die Verfassungsorgane »ihre Pflicht tun«, wie er es nennt.

Im Februar 2022 veröffentlichen Journalisten weltweit die »Suisse Secrets«. Die Artikel beschreiben die beschämende Rolle der Schweizer Bank Credit Suisse, die Despoten und anderen Kriminellen jahrzehntelang geholfen hat, verdächtige Vermögen zu verstecken. Das betroffene Institut, aber auch die politische Klasse der Schweiz gibt sich ob der Recherchen empört. Dabei ist die Schweiz immer wieder in Finanzskandale und Steuerhinterziehung verwickelt gewesen – während des Zweiten Weltkriegs und darüber hinaus versteckte der Schweizer Finanzsektor auch Raubgold der Nazis.

Andreas Frank ruft mich nach der Publikation der »Suisse Secrets« an. Er kennt die Credit Suisse. Er hat 2015 vor dem dafür zuständigen US-Arbeitsministerium in Washington gegen die Credit Suisse ausgesagt. Und das kam so: Ermittlungen des US-Senats haben 2014 belegt, dass die Credit Suisse über 22 000 US-Kunden mit Konten in der Schweiz versorgte – darauf lagen über 12 Milliarden Franken. Fast 1500 Konten waren im Namen von Offshore-Mantelgesellschaften eröffnet, um die Eigentumsverhältnisse in den USA zu verschleiern.[189]

Der damalige Vorstandschef der Credit Suisse, Brady Dougan, sagt dazu im Februar 2014 im US-Senat unter Eid aus, dass die Geschäftsleitung der Schweizer Bank nichts von irgendwelchen Konten zur Steuerhinterziehung gewusst habe.

Andreas Frank aber hatte andere Informationen. Aufgrund von Recherchen zur Geldwäsche erhält er 2007 Einblick in den Nachlass eines ehemaligen Spielbankunternehmers und stellt damals fest, dass die Credit Suisse diesem Kunden geholfen hat, in Deutschland Steuern zu hinterziehen. Diese Hilfe ging so weit, dass die Bank dem Kunden einen Scheinwohnsitz in der Schweiz einrichtete, gegenüber Behörden falsche Angaben machte und Geldkuriere der Bank große Bargeldbeträge undeklariert an den Wohnort des Kunden lieferten. In mehreren Treffen mit hochrangigen Mitarbeitern der Bank an obskuren Orten in Zürich erhält Frank damals die Bestätigung, dass die Beihilfe zur Steuerhinterziehung zum Kerngeschäft der Bank gehört.

Frank informiert daraufhin den zuständigen Chef des Private Banking bei der Bank schriftlich darüber, dass die

Credit Suisse ihrer Kundschaft aktiv bei der Steuerhinterziehung behilflich ist. Die persönliche Sekretärin des Private-Banking-Chefs der Credit Suisse bestätigt 2007 den Eingang des Schreibens. Mit diesem Eingangsschreiben kann Andreas Frank beweisen, dass die Geschäftsführung des Schweizer Kreditinstituts sehr wohl Bescheid wusste über die Umtriebe – anders also, als es der Credit-Suisse-Chef 2014 im US-Senat behaupten sollte. Für die Credit Suisse stand wegen dessen Aussage vor dem US-Senat viel auf dem Spiel. Sollte die Bank die Unwahrheit gesagt haben, wären die US-Behörden verpflichtet gewesen, der Credit Suisse die Banklizenz in den USA zu entziehen.

Ralph Nader, der bekannte US-Verbraucheranwalt, James Henry vom Tax Justice Network, Andreas Frank und 13 andere Aufrechte, darunter zwei Holocaust-Überlebende, wollen das zuständige US-Arbeitsministerium über ihre Erkenntnisse informieren. Sie erhalten einen Termin. Alle Petenten halten am 15. Januar 2015 im Ministerium in Washington ihre Rede. Andreas Frank war um 13.50 Uhr dran, er sprach 20 Minuten. Bei der Anhörung ging es darum, ob die Credit Suisse nach ihrem Schuldeingeständnis weiter eine Genehmigung für das lukrative US-Pensionskassengeschäft erhalten würde – was die 16 Petenten mit ihren Rechercheergebnissen verhindern wollten.

Allein – es half nichts. Die gegnerischen Anwälte waren stärker. Die Credit Suisse ist bis zum heutigen Tage in den USA aktiv.

»War dein Einsatz in den vergangenen über 20 Jahren umsonst?«, frage ich ihn in diesen Tagen, da Putins Armee in der Ukraine einmarschiert und der mit geheimen Finanztransaktionen bezahlte hybride Krieg gegen die Demokratie seine Eskalation erfährt. Frank überlegt: »Er war in weiten Teilen vergeblich. Illegale Geldströme gefährden die Demokratie. Demokratisch gewählte Politiker wissen das. Dennoch unterlassen sie das Notwendige.«

Warum ist das so? Andreas Frank zuckt mit den Schultern: »Das ist genau die Frage, die ich mir immer wieder stelle.«

Literatur

Belton, Catherine: *Putins Netz. Wie sich der KGB Russland zurückholte und dann den Westen ins Auge fasste.* HarperCollins 2022

Bullough, Oliver: *Land des Geldes. Warum Diebe und Betrüger die Welt beherrschen.* Antje Kunstmann 2020

Burgis, Tom: *Der Fluch des Reichtums. Warlords, Konzerne, Schmuggler und die Plünderung Afrikas.* Westend 2016

Cassara, John A.: *Trade-Based Money Laundering. The Next Frontier in International Money Laundering Enforcement.* Wiley 2016

Collins, Chuck: *The Wealth Hoarders. How Billionaires Pay Millions to Hide Trillions.* Polity 2021

Enrich, David: *Dark Towers. Die Deutsche Bank, Donald Trump und eine Spur der Verwüstung.* Redline 2020

Enzensberger, Hans Magnus (Hrsg.): *OMGUS. Ermittlungen gegen die Deutsche Bank.* Zweitausendeins 1985

Fiedler, Ingo: *Das Geldwäscherisiko verschiedener Glücksspielarten.* Springer Gabler 2017

Geoghegan, Peter: *Democracy For Sale. Dark Money and Dirty Politics.* Apollo 2020

Gnisa, Jens: *Das Ende der Gerechtigkeit. Ein Richter schlägt Alarm.* Herder 2017

Hetzer, Wolfgang: *Ist die Deutsche Bank eine kriminelle Vereinigung?* Westend 2015

Hollingsworth, Mark: *Londongrad. From Russia with Cash.* Harper-Collins 2010

Klebnikow, Paul: *Der Pate des Kreml. Boris Beresowski und die Macht der Oligarchen.* Econ 2001

Laabs, Dirk: *Bad Bank. Aufstieg und Fall der Deutschen Bank.* DVA 2018

Mattioli, Sandro/Palladino, Andrea: *Die Müllmafia. Das kriminelle Netzwerk in Europa*. Herbig 2011

Meiler, Oliver: *Agromafia*. DTV 2021

Obermayer, Bastian/Obermaier, Frederik: *Panama Papers. Die Geschichte einer weltweiten Enthüllung*. Kiepenheuer & Witsch 2016

Robinson, Jeffrey: *The Laundrymen. Inside The World's Third Largest Business*. Pennstreet 1996

Roth, Jürgen: *Mafialand Deutschland*. Heyne 2009

Schraven, David/Meuser, Maik: *Die Mafia in Deutschland. Kronzeugin Maria G. packt aus*. Econ 2017

Schütz, Hans Peter: *Wolfgang Schäuble. Zwei Leben*. Droemer 2012

Werner, Thomas Achim: *Wachstumsbranche Geldwäsche: Die Ökonomisierung der Organisierten Kriminalität*. Edition Sigma 1996

Weitere Lektüretipps:

Mit der Bekämpfung der Geldwäsche und der Finanzierung des Terrors sind viele internationale Organisationen seit Jahrzehnten befasst: die Financial Action Task Force (FATF), der Internationale Währungsfonds (IWF), die Weltbank, das Büro der Vereinten Nationen für Drogen- und Verbrechensbekämpfung (UNODC), Interpol und Europol, um die wichtigsten zu nennen. Neben diesen zwischenstaatlichen Organisationen beschäftigt sich eine Unzahl von Nichtregierungsorganisationen und nationalen Institutionen mit dem Thema. Auch der Europarat und das Europäische Parlament haben wichtige Bestandsaufnahmen zum Thema verfasst. Diese angesehenen Institutionen veröffentlichen fortlaufend eine Vielzahl präziser Berichte zum Stand der Bekämpfung der Geldwäsche und Terrorfinanzierung und geben der Politik Handlungsanweisungen. Dieses Buch stützt sich als Informationsquelle auch auf die Berichte dieser Institutionen.

Eine Auswahl:

European Stability Initiative: »Im Europäischen Sumpf (Kaviardiplomatie II) – Staatsanwälte, Korruption und der Europarat«, https://www.esiweb.org/publications/im-europaischen-sumpf-kaviardiplomatie-ii-staatsanwalte-korruption-und-der-europarat

Bundesfinanzministerium: »Erste Nationale Risikoanalyse«, 2018/ 2019, https://www.bundesfinanzministerium.de/Content/DE/ Downloads/Broschueren_Bestellservice/2019-10-19-erste-natio nale-risikoanalyse_2018-2019.pdf?__blob=publicationFile&v=17

De Masi, Fabio; Herweg, Stefan: »Lux Leaks, Panama Papers und Co«, 2017, https://www.fabio-de-masi.de/de/article/1700.wie-die-reichen-m%C3%A4chtigen-und-konzerne-schmutziges-geld-waschen-und-uns-bestehlen.html

Finanzwende: »Ungleiches Terrain. Eine Studie zu Größe und Einfluss der Finanzlobby in Deutschland«, 2020, https://www. finanzwende.de/fileadmin/user_upload/Lobbyreport_Finanz wende.pdf

Transparency International Deutschland: »Geldwäschebekämp-fung in Deutschland. Probleme, Lösungsvorschläge, Beispiel-fälle«, 2021, https://www.transparency.de/fileadmin/Redaktion/ Publikationen/2021/Studie_Geldwa__sche-in-Deutschland_210826.pdf

Europäisches Parlament: »Untersuchung von Geldwäsche, Steu-ervermeidung und Steuerhinterziehung«, 2017, https://www. europarl.europa.eu/doceo/document/A-8-2017-0357_DE.pdf

Bundeskriminalamt: »Bundeslagebild Korruption«, 2020, https:// www.bka.de/SharedDocs/Downloads/DE/Publikationen/Jahres berichteUndLagebilder/Korruption/ korruptionBundeslagebild2020.html

Transparency International: »European Getaway inside the murky world of golden visas«, 2018, https://images.transparencycdn. org/images/2018_report_GoldenVisas_English.pdf

Transparency International UK: »At Your Service. Investigating how UK businesses and institutions help corrupt individuals and regimes launder their money and reputations«, 2019, https://www.transparency.org.uk/sites/default/files/pdf/publica tions/TIUK_AtYourService_WEB.pdf

Internationaler Währungsfonds: »IMF and the Fight Against Money Laundering and the Financing of Terrorism«, 2016, https://www.imf.org/en/About/Factsheets/ Sheets/2016/08/01/16/31/Fight-Against-Money-Laundering-the-Financing-of-Terrorism (Englisch)

Carnegie Endowment for International Peace: https://carnegie

endowment.org/2021/10/07/five-things-united-states-can-do-to-stop-being-haven-for-dirty-money-pub-85530 (Englisch)

Intelligence and Security Committee of Parliament: »Russia«, 2021, https://isc.independent.gov.uk/wp-content/uploads/2021/01/20200721_HC632_CCS001_CCS1019402408-001_ISC_Russia_Report_Web_Accessible.pdf (Englisch)

Münchener Sicherheitskonferenz: »Transnational Security Report«, 2020, https://securityconference.org/publikationen/transnational-security-report/ (Englisch)

Europäische Versammlung des Europarats: Resolution 2279 (2019), »Laundromats: responding to new challenges in the international fight against organised crime, corruption and money laundering«, https://assembly.coe.int/nw/xml/XRef/Xref-XML2HTML-en.asp?fileid=27674&lang=en# (Englisch)

Global Financial Integrity: https://gfintegrity.org/ (Englisch)

OECD: »Anti-corruption & integrity hub«, https://www.oecd.org/corruption-integrity/ (Englisch)

International Consortium of Investigative Journalists: https://www.icij.org/ (Englisch)

Organized Crime and Corruption Reporting Project: https://www.occrp.org/en (Englisch)

Coda Media, »Oligarchy«:
https://www.codastory.com/newsletters/oligarchy/ (Englisch)

Anmerkungen

1   Meike Schreiber, Jan Willmroth, Markus Zydra: »Schein-
    wirtschaft«, Süddeutsche Zeitung. 8. Juni 2019. https://
    www.sueddeutsche.de/wirtschaft/kriminalitaet-
    geldwaesche-banken-immobilien-1.4478595 (zuletzt abge-
    rufen am 31. Januar 2022).
2   Kai-D. Bussmann: »Dunkelfeldstudie über den Umfang der
    Geldwäsche in Deutschland und über die Geldwäscherisi-
    ken in einzelnen Wirtschaftssektoren«, Martin-Luther-
    Universität Halle-Wittenberg, 2017, https://geldwaesche-
    beauftragte.de/wp-content/uploads/2017/04/Geldwaesche-
    Deutschland-Studie.pdf (zuletzt abgerufen am 3. Dezember
    2021).
3   Richard Messick: »FACTI Background Paper: Beneficial
    Ownership«, The Global Anticorruption Blog, 14. Oktober
    2020, https://globalanticorruptionblog.com/2020/10/14/
    facti-background-paper-beneficial-ownership/ (zuletzt ab-
    gerufen am 3. Dezember 2021).
4   Rhoda Weeks-Brown: »Cleaning Up«, IWF, Dezember 2018,
    https://www.imf.org/external/pubs/ft/fandd/2018/12/imf-anti-
    money-laundering-and-economic-stability-straight.htm (zu-
    letzt abgerufen am 3. Dezember 2021).
5   Thomas Achim Werner: »Geldwäsche – die ökonomische
    Dimension unbekannter Gefahren«, in: *PROKLA. Zeitschrift
    für kritische Sozialwissenschaft*, Heft 103, 26. Jg. 1996, Nr. 2,
    259–281, https://core.ac.uk/download/pdf/229351554.pdf
    (zuletzt abgerufen am 3. Dezember 2021).
6   Jeffrey Robinson: *The Laundrymen. Inside Money Laundering, the
    World's Third-Largest Business*, Arcade Publishing 1996, S. 6 ff.
7   Mary Alice Young, Michael John Woodiwiss: »A world fit
    for money laundering: the Atlantic alliance's under-

mining of organized crime control«, in: *Trends in Organized Crime,* März 2021, https://www.researchgate.net/publication/340926673_A_world_fit_for_money_launderin_the_Atlantic_alliance's_undermining_of_organized_crime_control (zuletzt abgerufen am 3. Dezember 2021).

8   »Macht sich Kriminalität bezahlt? Aufspüren und Abschöpfen von Verbrechensgewinnen«, Arbeitstagung des Bundeskriminalamtes Wiesbaden 10. bis 13. November 1986.

9   Eckart Werthebach: »Organisierte Kriminalität«, in: Zeitschrift für Rechtspolitik, 1994, S. 57 ff.

10 »CSU-Ikone Strauß kassierte Schmiergelder«, *Spiegel Online,* 21. August 2015, https://www.spiegel.de/politik/deutschland/franz-josef-strauss-kassierte-schmiergelder-ueber-briefkastenfirma-a-1049233.html (zuletzt abgerufen am 3. Dezember 2021).

11 Robert Roßmann: »Verstoßen Abgeordnete häufiger gegen Recht und Gesetz als früher?«, *Süddeutsche Zeitung,* 31. März 2021, https://www.sueddeutsche.de/politik/bundestagsabgeordnete-immunitaet-kriminalitaet-1.5251558 (zuletzt abgerufen am 8. Januar 2022).

12 Andreas Glas, Klaus Ott: »Corona-Deals von Sauter & Co: Es hätte noch mehr Geld fließen sollen«, *Süddeutsche Zeitung,* 23. März 2021, https://www.sueddeutsche.de/bayern/csu-maskenaffaere-provisionen-karibik-liechtenstein-1.5243983 (zuletzt abgerufen am 3. Dezember 2021).

13 »Griechischer Ex-Minister wegen Korruptionsverdacht in Haft«, dpa-Meldung auf *Spiegel Online,* 11. April 2012, https://www.spiegel.de/politik/ausland/deutscher-u-boot-deal-belastet-griechischen-ex-minister-tsochatzopoulos-a-826870.html (zuletzt abgerufen am 22. Januar 2022).

14 Hans-Peter Schütz: Wolfgang Schäuble. Zwei Leben, Droemer 2012, 21. Kapitel. Geldwäsche: Ein verpuffter Skandal S. 258.

15 Aus einem Gespräch mit Markus Zydra im September 2019.

16 Annette Sawatzki: »Rechenschaftsberichte der Parteien: Sag, von wem die Spenden sind«, LobbyControl, 12. März 2020, https://www.lobbycontrol.de/2020/03/rechenschaftsberichte-der-parteien-sag-von-wem-die-spenden-sind/ (zuletzt abgerufen am 3. Dezember 2021).

17 Pressemitteilung: »Gauselmann zu Parteispenden: Wir haben nichts zu verbergen«, 24. September 2012, https://www.presseportal.de/pm/13139/2331511 (zuletzt abgerufen am 15. Januar 2022).

18 Annette Sawatzki: »Parteienfinanzierung: Lammert fordert Licht«, LobbyControl, 1. Februar 2017, https://www.lobbycontrol.de/2017/02/lammerts-mahnbescheid-an-die-groko/ (zuletzt abgerufen am 3. Dezember 2021).

19 Ulrich Stoll, Marcus Bensmann: »AfD-Spendenaffäre. Neue Spur führt in die Schweiz«, 16. Juni 2021, https://www.zdf.de/nachrichten/politik/afd-spendenaffaere-petry-conle-meuthen-102.html (zuletzt abgerufen am 15. Januar 2022).

20 Wissenschaftliche Dienste des Deutschen Bundestages: »Indirekte Parteienfinanzierung durch Wahlwerbung«, 11. April 2018, https://wwwsbundestag.de/resource/blob/554938/07d9b67c5fdd3a45452aa31d81f1556c/WD-3-097-18-pdf-data.pdf (zuletzt abgerufen am 3. Dezember 2021).

21 Kathrin Anhold: »Jahresbericht 2020/21«, LobbyControl, 20. Juli 2021, https://www.lobbycontrol.de/wp-content/uploads/LobbyControl-Jahresbericht_20-21-210630-web2.pdf (zuletzt abgerufen am 13. Januar 2022).

22 David Montero: Kick-back. Exposing the Global Corporate Bribery Network, Viking 2018, S. 5 ff.

23 Deutscher Bundestag: »Schlussbericht der Enquete-Kommission. Globalisierung der Weltwirtschaft«, Juni 2002, S. 80, https://dserver.bundestag.de/btd/14/092/1409200.pdf (zuletzt abgerufen am 16. Januar 2022).

24 Nina Bovensiepen, Mauritius Much, Isabel Pfaff: »Die russische Spur in die Maximilianstraße«, *Süddeutsche Zeitung,* 4. Oktober 2021, https://projekte.sueddeutsche.de/artikel/politik/die-russische-spur-in-die-maximilianstrasse-e522938/ (zuletzt abgerufen am 3. Dezember 2021).

25 Andreas Meyer: »Rostock verkauft keine Flächen mehr«, *Ostsee-Zeitung,* 14. November 2018, https://www.ostsee-zeitung.de/Mecklenburg/Rostock/Rostock-will-keine-Flaechen-mehr-verkaufen (zuletzt abgerufen am 13. Januar 2022).

26 Markus Zydra: »Woher das Geld kommt.« In *Süddeutsche Zeitung,* 12. November 2019. https://www.sueddeutsche.de/wirtschaft/geldwaeschekontrolle-woher-das-geld-kommt-1.4678472 (zuletzt abgerufen am 11. Januar 2022).

27   Bundesfinanzministerium: »Erste Nationale Risikoanalyse.
      Bekämpfung von Geldwäsche und Terrorismusfinanzie-
      rung 2018/2019«, https://www.bundesfinanzministerium.
      de/Content/DE/Downloads/Broschueren_Bestellservice/2019-
      10-19-erste-nationale-risikoanalyse_2018–2019.pdf?__
      blob=publicationFile&v=7 (zuletzt abgerufen am 22. Januar
      2022).

28   Ulrich Coenen: »Schloss Bühlerhöhe in der Krise«, *Badische
      Neueste Nachrichten,* 11. März 2020, https://bnn.de/mittel
      baden/buehl/schloss-buehlerhoehe-in-der-krise-warum-
      verlaufen-kaufangebote-immer-im-sand (zuletzt abgerufen
      am 22. Januar 2022).

29   Linda Grotholt, Niklas Resch, Volker Roth, Marc-André
      Kruppa: »Mieten landen in der Karibik«, Tagesschau,
      3. Februar 2021, https://www.tagesschau.de/investigativ/
      steuertricks-immobilien-101.html (zuletzt abgerufen am
      22. Januar 2022).

30   Tagesschau: »Scholz verteidigt Bargeldgeschäfte«, 31. Juli
      2019, https://www.tagesschau.de/inland/interview-olaf-
      scholz-geldwaesche-101.html (zuletzt abgerufen am
      22. Januar 2022).

31   Markus Zydra: »Woher das Geld kommt«, *Süddeutsche Zei-
      tung,* 12. November 2019, https://www.sueddeutsche.de/
      wirtschaft/geldwaeschekontrolle-woher-das-geld-kommt-
      1.4678472 (zuletzt abgerufen am 15. Januar 2022).

32   Ingo Malcher: »Deutschland ist ein Geldwäsche-Paradies«
      13. November 2019, *DIE ZEIT,* Nr. 47/2019, https://www.zeit.
      de/2019/47/geldwaesche-kriminalitaet-drogen-menschen
      handel-bargeld-ermittlungen (zuletzt abgerufen am
      20. Januar 2022).

33   Will Neal, Ilya Lozovsky: »Explaining the U.K.'s »Unexplai-
      ned Wealth Order, Organized Crime And Corruption Re-
      porting Project OCCRP, 20. April 2021, https://www.occrp.
      org/en/what-is-unexplained-wealth/explaining-the-uks-
      unexplained-wealth-order (zuletzt abgerufen am
      20. Januar 2022).

34   Coda Live mit Oliver Bullough: »Crazy Rich Russians«, You-
      Tube, 6. Mai 2021, https://www.youtube.com/watch?
      v=W8DtZe9bKAw (zuletzt abgerufen am 20. Januar 2022).

35   Christoph Trautvetter, »Wem gehört die Stadt?«, Rosa-
      Luxemburg-Stiftung, Oktober 2020, https://www.rosalux.

de/fileadmin/rls_uploads/pdfs/Studien/Studien_13-20_
Wem_gehoert_die_Stadt.pdf (zuletzt abgerufen am
15. Januar 2022).

36   Deutscher Bundestag Finanzausschuss, Wortprotokoll
Öffentliche Anhörung, 6. November 2019, Seite 8, https://
www.steuerberater-center.de/media/Protokoll_2019-11-06.
pdf (zuletzt abgerufen am 15. Januar 2022).

37   Mitteilung der Italienischen Botschaft zum Schutz des
Opfers und des Gedenkens der Antimafia-Richter Giovanni
Falcone und Paolo Borsellino, 04.12.2020: https://
ambberlino.esteri.it/ambasciata_berlino/de/ambasciata/
news/dall-ambasciata/2020/12/memoria-dei-magistrati-
giovanni.html (zuletzt abgerufen am 9. Januar 2022).

38   Landgericht Frankfurt, 25. November 2020, Az.: 2–06 O
322/19

39   Norbert Höfler und Sandro Mattioli: »Organisiertes Verbrechen. Sie drohen, streiten, gehen gemeinsam in den Puff.
Auf einmaliger Dienstreise mit der Mafia«, *Stern*, 5. Dezember 2018, https://www.stern.de/panorama/stern-crime/
-ndrangheta-clan–auf-mafia-dienstreise-durch-deutschland-
8478634.html (zuletzt abgerufen am 20. Januar 2022).

40   SWR – Südwestrundfunk: »Italiens Antimafia-Staatsanwalt
Gratteri kritisiert nach Razzia deutsche Behörden«, Interview mit »Zur Sache Baden-Württemberg«, 5. April 2018,
https://www.presseportal.de/pm/7169/3908333 (zuletzt
abgerufen am 20. Januar 2022).

41   Stefan Mayr, Markus Zydra: »Operation Styx«, *Süddeutsche
Zeitung*, 3. Oktober 2020, https://www.sueddeutsche.de/
wirtschaft/mafia-ndrangheta-
stuttgart-1.5052052?reduced=true (zuletzt abgerufen am
20. Januar 2022).

42   Margherita Bettoni, Axel Hemmerling, Ludwig Kendzia:
»Mafia-Kolonie Ostdeutschland. Der blinde Fleck der Deutschen Einheit«, Die Story im Ersten, 22. Februar 2021,
https://www.daserste.de/information/reportage-doku
mentation/dokus/sendung/mafia-kolonie-ostdeutschland-
100.html, (zuletzt abgerufen am 21. Januar 2022).

43   Öffentliche Anhörung Finanzausschuss des Bundestages
zum Gesetzentwurf eines Gesetzes zur Ergänzung des
Geldwäschegesetzes, 22.10.2012, S. 10 ff., Wortprotokoll
Nr. 17/108 BT-Drucksache 17/10745, https://www.bundes

gerichtshof.de/SharedDocs/Downloads/DE/Bibliothek/
Gesetzesmaterialien/17_wp/geldwaescheergg/wortproto.
pdf;jsessionid=15B86F87E6053D6DF13F98B97994AB12.2_
cid286?__blob=publicationFile&v=1 (zuletzt abgerufen
am 22. Januar 2022).

44 Europol: »European Union Serious and Organised Crime
Threat Assessment 2017«, aktualisierter Bericht 2021,
https://www.europol.europa.eu/publications-events/main-
reports/european-union-serious-and-organised-crime-
threat-assessment-2017 (zuletzt abgerufen am 20. Januar
2022).

45 Rajeev Syal: »Drug money saved banks in global crisis,
claims UN advisor«, *The Guardian,* 13. Dezember 2009,
https://www.theguardian.com/global/2009/dec/13/drug-
money-banks-saved-un-cfief-claims (zuletzt abgerufen am
20. Januar 2022).

46 Alexander Ritzmann, Hans-Jakob Schindler, Thorsten Hin-
drichs, Maximilian Kreter: »Finanzierungsmuster und
Netzwerke gewaltorientierter rechtsextremer Akteur:in-
nen in Deutschland«, Counter Extremism Project (CEP),
2. September 2021, https://www.counterextremism.com/
sites/default/files/2021−09/CEP%20Report_O%CC%
88ffentlich%20Finanzierungsmuster%20und%20
Netzwerke%20gewaltorientierter%20rechtsextremer%20
Akteurinnen%20in%20Deutschland_September%20
2021_0.pdf (zuletzt abgerufen am 20. Januar 2022).

47 Hearing Before The Committee On Foreign Affairs House
Of Representatives: »Undermining Democratic Institutions
And Splintering NATO; Russian Disinformation Aims«, US
Congress, 9. März 2017, https://www.govinfo.gov/content/
pkg/CHRG-115hhrg24584/pdf/CHRG-115hhrg24584.pdf
(zuletzt abgerufen am 20. Januar 2022).

48 US-Präsident Joe Biden: »Memorandum on Establishing
the Fight Against Corruption as a Core United States National Security Interest«, 3. Juni 2021, https://www.white
house.gov/briefing-room/presidential-actions/2021/06/03/
memorandum-on-establishing-the-fight-against-corruption-
as-a-core-united-states-national-security-interest/ (zuletzt
abgerufen am 20. Januar 2022).

49 Josh Rudolph: »The rise of the foreign funds that distort
western politics«, in: *Financial Times,* 21. September 2020

https://www.ft.com/content/339cfdcd-a292-4d1c-8259-7d53f7e22425 (zuletzt abgerufen am 20. Januar 2022).

50   Thorsten Benner: »Handlanger für Autokraten«, *Zeit,* 26. Februar 2018, https://www.zeit.de/politik/ausland/2018−02/lobbyismus-demokratie-politiker-robert-mueller-gesetze (zuletzt abgerufen am 21. Januar 2022).

51   US-Kongress: »Kleptocrats of The Kremlin: Ties Between Business and Power In Russia«, 20. Juli 2017, https://www.csce.gov/sites/helsinkicommission.house.gov/files/Kleptocrats.pdf (zuletzt abgerufen am 20 Januar 2022).

52   U. S. Department of Justice: »Report On The Investigation Into Russian Interference In The 2016 Presidential Election«, 29. August 2019, https://www.justice.gov/archives/sco/file/1373816/download (zuletzt abgerufen am 20. Januar 2022).

53   Rat der EU: »Erklärung des Hohen Vertreters im Namen der Europäischen Union zur Achtung der demokratischen Prozesse der EU«, 24. September 2021, https://www.consilium.europa.eu/de/press/press-releases/2021/09/24/declaration-by-the-high-representative-on-behalf-of-the-european-union-on-respect-for-the-eu-s-democratic-processes/ (zuletzt abgerufen am 20. Januar 2022).

54   Heather A. Conley, James Mina, Ruslan Stefanov, Martin Vladimirov: »The Kremlin Playbook. Understanding Russian Influence in Central and Eastern Europe«, Center for Strategic and International Studies (CSIS), 13. Oktober 2016, https://www.csis.org/analysis/kremlin-playbook (zuletzt abgerufen am 20. Januar 2022).

55   Guy Verhofstadt: »Europe needs a collective defence strategy to counter Russia«, *The Guardian,* 22. März 2018, https://www.theguardian.com/commentisfree/2018/mar/22/europe-collective-defence-strategy-counter-russia-putin (zuletzt abgerufen am 20. Januar 2022).

56   *Der Spiegel:* »Portugal beklagt schlechte Zusammenarbeit beim Aufklären der U-Boot-Affäre«, 16. Januar 2015, https://www.spiegel.de/spiegel/vorab/u-boot-affaere-portugal-beklagt-schlechte-zusammenarbeit-a-1013438.html (zuletzt abgerufen am 20. Januar 2022).

57   Peter Müller: »Was José Barroso wirklich für Goldman Sachs tut«, *Der Spiegel,* 20. Februar 2018, https://www.spiegel.de/wirtschaft/soziales/jose-manuel-barroso-

lobbyiert-fuer-goldman-sachs-a-1194344.html (zuletzt
abgerufen am 20 Januar 2022).

58   Werner Mussler: »Luxleaks-Papiere: Neue Vorwürfe gegen
Juncker wegen Luxemburger Zeit«, FAZ, 2. Januar 2017,
https://www.faz.net/aktuell/wirtschaft/wirtschaftspolitik/
luxleaks-papiere-neue-vorwuerfe-gegen-juncker-wegen-
luxemburger-zeit-14601703.html (zuletzt abgerufen am
20. Januar2022).

59   Lisa Louis: »Lagarde-Urteil – die Großen lässt man laufen«,
Deutsche Welle (DW), 20. Dezember 2016, https://www.dw.
com/de/lagarde-urteil-die-gro%C3%9Fen-l%C3%A4sst-man-
laufen/a-36841621 (zuletzt abgerufen am 20. Januar 2022).

60   Alina Harastasanu: »Romania's Minister of Justice admits
to lying to the European Court of Human Rights«, Global
Risk Insights, 21. Oktober 2016, https://globalriskinsights.
com/contact-us/ (zuletzt abgerufen am 20. Januar 2022).

61   »Mehr als eine halbe Milliarde für externe Berater«, dpa-
Meldung in Süddeutsche Zeitung, 31. Januar 2020, https://
www.sueddeutsche.de/politik/bundesregierung-berater-
1.4779293 (zuletzt abgerufen am 20. Januar 2022).

62   Zeit Online: »Rechnungshof wirft Verteidigungsministerium
Rechtsbruch vor«, 4. Dezember 2018, https://www.zeit.de/
politik/deutschland/2018–12/berater-affaere-ursula-von-
der-leyen-rechnungshof-verteidigungsministerium-
rechtsbrueche (zuletzt abgerufen am 20. Januar 2022).

63   Peter Müller: »EU-Kommission Spesenaffäre gefährdet von
der Leyens polnischen Kandidaten«, Der Spiegel, 6. September 2019, https://www.spiegel.de/politik/ausland/ursula-
von-der-leyen-spesenaffaere-gefaehrdet-kommissions
kandidaten-a-1285610.html (zuletzt abgerufen am
20. Januar 2022).

64   Sam Morgan: »Belgian Commissioner-pick faces corruption probe«, EURACTIV, 16. September 2019, https://www.
euractiv.com/section/politics/news/belgian-commissioner-
pick-faces-corruption-probe (zuletzt abgerufen am
21. Januar 2022).

65   Simon Marks: »Belgium raised ›liberating‹ Libyan funds as
it sought cash for companies«, POLITICO, 20. Februar 2019,
https://www.politico.eu/article/belgium-sought-to-pay-its-
companies-from-frozen-libyan-funds/ (zuletzt abgerufen
am 21. Januar 2022).

66 Nina Katzemich: »Team von der Leyen: Eine Kommission, ›die mehr erreichen will‹«, LobbyControl, 19. September 2019, https://www.lobbycontrol.de/2019/09/team-von-der-leyen-eine-kommission-die-mehr-erreichen-will/ (zuletzt abgerufen am 21. Januar 2022).

67 Claudia von Salzen: »Bekam auch der CDU-Politiker Axel Fischer Geld aus Aserbaidschan?«, *Der Tagesspiegel,* 28. Juni 2021, https://www.tagesspiegel.de/politik/lobbyist-lintner-kann-sich-nicht-erinnern-bekam-auch-der-cdu-politiker-axel-fischer-geld-aus-aserbaidschan/27372672.html (zuletzt abgerufen am 21. Januar 2022).

68 Sabine am Orde: »Wir brauchen Transparenz«, *TAZ,* 26. März 2021, https://taz.de/Aserbaidschan-Verbindungen-der-Union/!5757324/ (zuletzt abgerufen am 21. Januar 2022).

69 Papst Franziskus: »Seilschaft der Korrupten«, Bulletin Vatikanisches Presseamt, 10. November 2017, https://www.vatican.va/content/francesco/de/cotidie/2017/documents/papa-francesco-cotidie_20171110_seilschaft-der-korrupten.html (zuletzt abgerufen am 21. Januar 2022).

70 John Girling: »Corruption, Capitalism and Democracy«, Routledge 1997, zitiert aus: Ed Brown et al.: »Key Myths about Corruption«, Workshop on Corruption, 6. November 2004, https://assets.publishing.service.gov.uk/media/57a08ccfed915d622c0015c3/WEDC-corruptionmyths.pdf (zuletzt abgerufen am 21. Januar 2022).

71 Rex Nutting: »World Bank chief charges corruption«, UPI, 1. Oktober 1996, https://www.upi.com/Archives/1996/10/01/World-Bank-chief-charges-corruption/4876844142400/ (zuletzt abgerufen am 24. Januar 2022).

72 Afra Raymond: »Three myths about corruption«, YouTube, 20. Februar 2013, https://www.youtube.com/watch?v=yq3TQoMjXTw (zuletzt abgerufen am 21. Januar 2022).

73 Stephen Johnson: »Corruption is costing the global economy $3.6 trillion dollars every year«, World Economic Forum, 13. Dezember 2018, https://www.weforum.org/agenda/2018/12/the-global-economy-loses-3–6-trillion-to-corruption-each-year-says-u-n (zuletzt abgerufen am 21. Januar 2022).

74 Louise Rozès Moscovenko: »Corruption: un coût de près de 1000 milliards d'euros par an pour l'UE«, EURACTIV,

19. November 2020, https://www.euractiv.fr/section/
l-europe-dans-le-monde/news/corruption-un-cout-de-pres-
de-1-000-milliards-deuros-par-an-pour-lue/ (zuletzt abgerufen am 21. Januar 2022).

75   Juhan Parts: »Ukraine: EU-Hilfe für Reformen ist unwirk-
sam gegen Korruption auf höchster Ebene«, Pressemitteilung Europäischer Rechnungshof, 23. September 2021,
https://www.eca.europa.eu/Lists/ECADocuments/INSR21_
23/INSR_fight-against-grand-corruption-in-Ukraine_DE.pdf
(zuletzt abgerufen am 21. Januar 2022).

76   Markus Zydra: »Das ist brandgefährlich«, *Süddeutsche
Zeitung,* 19. August 2021, https://www.sueddeutsche.de/
wirtschaft/geldwaesche-finanzkriminalitaet-bundestags
wahlkampf-1.5387044 (zuletzt abgerufen am 15. Januar
2022).

77   Matthew Agius: »Yorgen Fenech in quarantine, court told,
constitutional case adjourned«, *MaltaToday,* 10. Januar
2022, https://www.maltatoday.com.mt/news/court_and_
police/114272/yorgen_fenech_in_quarantine_court_told_
constitutional_case_deferred#.YesX6_gxmUl (zuletzt
abgerufen am 21. Januar 2022).

78   Gerd Höhler: »Zypern sammelt goldene Pässe wieder ein«,
Handelsblatt, 17. Oktober 2021, https://www.handelsblatt.
com/politik/international/europaeische-union-eu-
staatsbuergerschaft-zypern-sammelt-goldene-paesse-
wieder-ein/27713018.html?ticket=ST-3248179-
GcVmXT31CJHqFW1h1nIC-ap3 (zuletzt abgerufen am
22. Januar 2022).

79   Markus Zydra: »EU-Pass für Kriminelle«, *Süddeutsche Zeitung,* 24. September 2020, https://www.sueddeutsche.de/
wirtschaft/geldwaesche-eu-pass-fuer-kriminelle-1.5043803
(zuletzt abgerufen am 3. Dezember 2021).

80   Al Jazeera Investigative Unit: »Cypriot parliament speaker
quits after passport scheme scandal«, ab Minute 46, Al
Jazeera, 15. Oktober 2020, https://www.aljazeera.com/
news/2020/10/15/cyprus-house-speaker-resigns-following-al-
jazeera-investigation (zuletzt abgerufen am 21. Januar 2022).

81   Transparency International: »Global Corruption Barometer 2021«, TI, 4. Juni 2021, https://www.transparency.de/
publikationen/gcb-2021/?L=0 (zuletzt abgerufen am
21. Januar 2022).

82 Jack Reed: »Russian Financial Influence«, Congressional Record, 28. Februar 2018, https://irp.fas.org/congress/2018_cr/022818-reed.html (zuletzt abgerufen am 16. Januar 2022).

83 Bundesregierung »Gemeinsam für die Menschen. Weißbuch Multilateralismus der Bundesregierung«, Auswärtiges Amt, 20. Mai 2021, https://www.auswaertiges-amt.de/blob/2460050/c43d710424e1f0c2d16e86a70f35ad02/weissbuch-multilateralismus-data.pdf (zuletzt abgerufen am 21. Januar 2022).

84 Siegfried Lautsch: »Der hybride Krieg. Eine Einschätzung der russischen Sicht«. April 2018, S. 10 ff. Österreichische Militärische Zeitschrift.

85 Commission on Security and Cooperation in Europe: »Kleptocrats of the Kremlin«, 20. Juli 2017, https://www.csce.gov/sites/helsinkicommission.house.gov/files/Kleptocrats.pdf (zuletzt abgerufen am 22. Januar 2022).

86 Irina Filatova: »Studie: Kreml-gesteuerte Mafia unterwandert Europa«, *DW*, 28. April 2017, https://www.dw.com/de/studie-kreml-gesteuerte-mafia-unterwandert-europa/a-38627363 (zuletzt abgerufen am 21. Januar 2022).

87 Mark Galeotti: »Gangster Geopolitics: The Kremlin's Use of Criminals as Assets Abroad«, Harvard Kennedy School's Belfer Center for Science and International Affairs, 17. Januar 2019, https://www.russiamatters.org/analysis/gangster-geopolitics-kremlins-use-criminals-assets-abroad (zuletzt abgerufen am 21. Januar 2022).

88 Intelligence and Security Committee of the UK Parliament: »Russia«, House of Commons, 21. Juli 2020, https://isc.independent.gov.uk/wp-content/uploads/2021/03/CCS207_CCS0221966010−001_Russia-Report-v02-Web_Accessible.pdf (zuletzt abgerufen am 21. Januar 2022).

89 Mark Galeotti: »Crimintern: How The Kremlin Uses Russia's Criminal Networks In Europe«, European Council on Foreign Relations (ECFR), 18. April 2017, https://ecfr.eu/wp-content/uploads/ECFR208_-_CRIMINTERM_-_HOW_RUSSIAN_ORGANISED_CRIME_OPERATES_IN_EUROPE02.pdf (zuletzt abgerufen am 21. Januar 2022).

90 US-Senator Jack Reed: »Floor Statement on Russian Hybrid Warfare: Russian Financial Influence«, US-Senat, 28. Februar 2018, https://irp.fas.org/congress/2018_cr/022818-reed.html (zuletzt abgerufen am 21. Januar 2022).

91 Joshua Yaffa: »How Bill Browder Became Russia's Most Wanted Man«, *The New Yorker,* 13. August 2018, https://www.newyorker.com/magazine/2018/08/20/how-bill-browder-became-russias-most-wanted-man (zuletzt abgerufen am 21. Januar 2022).

92 Anders Åslund, Julia Friedlander: »Defending the United States against Russian dark money«, Atlantic Council, 17. November 2020, https://www.atlanticcouncil.org/in-depth-research-reports/report/defending-the-united-states-against-russian-dark-money/#h-executive-summary (zuletzt abgerufen am 21. Januar 2022).

93 Oliver Bullough: »Land des Geldes. Moneyland. Warum Diebe und Betrüger die Welt beherrschen«, Verlag Antje Kunstmann, 2020, S. 30.

94 Intelligence and Security Committee of Parliament: Russia Presented to Parliament pursuant to section 3 of the Justice and Security Act 2013 Ordered by the House of Commons to be printed on 21 July 2020. https://isc.independent.gov.uk/wp-content/uploads/2021/01/20200721_HC632_CCS001_CCS1019402408-001_ISC_Russia_Report_Web_Accessible.pdf (zuletzt abgerufen am 23. Januar 2022).

95 John Heathershaw et al.: »The UKs Kleptocracy Problem«, Dezember 2021, https://www.chathamhouse.org/2021/12/uks-kleptocracy-problem (zuletzt aufgerufen am 15. Januar 2022).

96 »Deutschland steht besonders im Fokus russischer Desinformation«, dpa-Meldung in: *Süddeutsche Zeitung,* 9. März 2021, https://www.sueddeutsche.de/politik/deutschland-russland-desinformation-kampagnen-medien-1.5229205 (zuletzt abgerufen am 23. Januar 2023).

97 Carole Cadwalladr: »Facebooks role in Brexit – and the threat to democracy«. Ted-Talk, April 2019, https://www.ted.com/talks/carole_cadwalladr_facebook_s_role_in_brexit_and_the_threat_to_democracy/transcript (zuletzt aufgerufen am 16. Januar 2022).

98 Moritz Honert: »Herr Wylie, wie hackt man eine Demokratie?«, *Tagesspiegel,* 15. Juni 2020, https://www.tagesspiegel.de/gesellschaft/er-deckte-den-cambridge-analytica-skandal-auf-herr-wylie-wie-hackt-man-eine-demokratie/25908692.html (zuletzt abgerufen am 16. Januar 2022).

99 Peter Geoghegan: »Democracy For sale. Dark Money and Dirty Politics«, Head of Zeus, 2020, S. 6.

100 Ebenda, S. 7.

101 Deborah Haynes: »Grey Zone. The Gathering Storm«. Sky News Podcast, 2021, https://podcasts.apple.com/us/podcast/episode-one-the-gathering-storm/id1547225334?i=1000504906568 (zuletzt abgerufen am 16. Januar 2022).

102 Markus Balser, Daniel Brössler: »Wie Falschinformationen die Bundestagswahl beeinflussen können.« *Süddeutsche Zeitung,* 23. Mai 2021, https://sz.de/1.5301618 (zuletzt abgerufen am 16. Januar 2022).

103 Britischer Geheimdienst- und Sicherheitsausschuss: »Russia«, 21. Juli 2020, https://isc.independent.gov.uk/wp-content/uploads/2021/01/20200721_HC632_CCS001_CCS1019402408-001_ISC_Russia_Report_Web_Accessible.pdf (zuletzt abgerufen am 16. Januar 2022).

104 Nahal Toosi: »Biden wants Putin behave – so why not go after his money?«, *Politico,* 27. Juli 2021, https://www.politico.com/news/2021/07/27/russian-critics-biden-putin-relationship-500818 (zuletzt abgerufen am 16. Januar 2022).

105 Anders Åslund: »Anti-Corruption Crusader Navalnys Appeal From His Russian Prison Cell«, 23. August 2021, https://www.justsecurity.org/77952/anti-corruption-crusader-navalnys-appeal-from-his-russian-prison-cell/ (zuletzt abgerufen am 15. Januar 2022).

106 *Der Spiegel* (online): »Rätselraten um Putins Jacht«, 8. Februar 2022, https://www.spiegel.de/wirtschaft/unternehmen/wladimir-putins-jacht-warum-verliess-sie-hamburg-so-ploetzlich-a-a7ef183c-24b0-407d-96e6-c160c3c5c95e (zuletzt abgerufen am 9. Februar 2022).

107 European Parliament Resolution: »Russia, the case of Alexei Navalny, military build-up on Ukraine's border and Russian attack in the Czech Republic«, 29. April 2021, https://www.europarl.europa.eu/doceo/document/TA-9-2021-0159_EN.html (zuletzt abgerufen am 21. Januar 2022).

108 Mathias Brüggmann, Dana Heide: »Russland und China wollen sich vom globalen Zahlungsverkehr abkoppeln«, *Handelsblatt,* 22. März 2021, https://www.handelsblatt.com/politik/international/finanzsystem-russland-und-china-wollen-sich-vom-globalen-zahlungsverkehr-abkoppeln/

27030548.html?ticket=ST-963088-jzHHXPkR5Td6OQq9u19t-cas01.example.org (zuletzt abgerufen am 21. Januar 2022).

109 IPC Acute Food Insecurity Analysis: »Afghanistan«, Oktober 2021, S. 1, https://www.ipcinfo.org/fileadmin/user_upload/ipcinfo/docs/IPC_Afghanistan_AcuteFoodInsec_2021Oct2022Mar_report.pdf (zuletzt abgerufen am 23. Januar 2022).

110 UNODC: »Afghanistans Drug Industry«, 2010, S. 218 ff., https://www.unodc.org/pdf/afg/publications/afghanistan_drug_industry.pdf (zuletzt abgerufen am 23. Januar 2022).

111 FATF-Report: »Ethnically or Racially Motivated Terrorism Financing«, Juni 2021, S. 5, https://www.fatf-gafi.org/media/fatf/documents/reports/Ethnically-or-racially-motivated-terrorism-financing.pdf (zuletzt abgerufen am 23. Januar 2022).

112 European Monitoring Centre for Drugs and Drug Addiction: »Methamphetamine from Afghanistan: ›signals indicate that Europe should be better prepared‹«, 29. September 2021, https://www.emcdda.europa.eu/news/2021/methamphetamine-afghanistan-signals-indicate-europe-should-be-better-prepared_en (zuletzt abgerufen am 31. Januar 2022).

113 Tom Keatinge, Florence Keen: »Advancing a Risk-Based Response to Terrorist Finance«, Royal United Services Institute for Defence and Security Studies, März 2020, S. 8, https://static.rusi.org/20202001_ctf_final_web_copy_2.pdf (zuletzt abgerufen am 16. Januar 2022).

114 Deutscher Bundestag. Wissenschaftliche Dienste: »Sachstand Hawala Banking. Strafrechtliche Regelungen«, 3. Dezember 2019, https://www.bundestag.de/resource/blob/677264/6a18373b2c8475deb2e82a5a97bc2381/WD-7-188-19-pdf-data.pdf (zuletzt abgerufen am 22. Januar 2022).

115 Volkmar Kabisch, Jan Strozyk, Benedikt Strunz: »Die Libanon-Connection«, NDR, 2019, https://www.swr.de/swr2/doku-und-feature/swr2-feature-2019-11-20-102.pdf (zuletzt abgerufen am 23. Januar 2022).

116 Guido Steinberg: »Die Achse des Widerstands. Irans Expansion im Nahen Osten stößt an die Grenzen«, Juli 2021, https://www.swp-berlin.org/publikation/die-achse-des-widerstands (zuletzt abgerufen am 23. Januar 2022).

117 FATF Report: »Emerging Terrorist Financing Risks«, Oktober 2015, S. 17, https://www.fatf-gafi.org/media/fatf/docu ments/reports/Emerging-Terrorist-Financing-Risks.pdf (zuletzt abgerufen am 16. Januar 2022).

118 Bundesinnenministerium: »Drei Spendensammelvereine wegen Terrorfinanzierung verboten«, Pressemitteilung, 19. Mai 2021, https://www.bmi.bund.de/SharedDocs/ pressemitteilungen/DE/2021/05/verbotsverfahren-hisballah-spenden.html (zuletzt abgerufen am 23. Januar 2023).

119 Stefan Melichar: »Causa Muslimbrüder: Beschuldigter mit Verbindung zu Saudi-Milliardär«, Profil, 28. November 2020, https://www.profil.at/oesterreich/causa-muslim brueder-beschuldigter-mit-verbindung-zu-saudi-milliardaer/ 401112699 (zuletzt abgerufen am 23. Januar 2022).

120 Udi Levy, Jeffrey Gedmin: »The man who follows the money«, American Purpose, 2. April 2021, https://www. americanpurpose.com/articles/the-man-who-follows-the-money/ (zuletzt abgerufen am 23. Januar 2022).

121 Axel Spilcker: »Terrorgruppen kassieren Millionen durch organisierten Umsatz-Steuerbetrug«, *Focus*, 17. September 2017, https://www.focus.de/finanzen/news/economic-dschihad-terrorgruppen-kassieren-millionen-durch-organisierten-umsatz-steuerbetrug_id_7603110.html (zuletzt abgerufen am 23. Januar 2023).

122 Nikolaus Doll: »Corona-Hilfen für islamische Extremisten und Terrorfinanzierung«, *Welt*, 14. März 2021, https://www. welt.de/politik/deutschland/article228201629/Corona-Hilfen-fuer-islamische-Extremisten-Bandenmaessiges-Vorgehen.html (zuletzt abgerufen am 23. Januar 2022).

123 Conflict Armament Research: »Procurement Networks Behind Islamic State Improvised Weapon Programmes«, Dezember 2020, https://www.conflictarm.com/reports/ procurement-networks-behind-islamic-state-improvised-weapon-programmes/ (zuletzt abgerufen am 23. Januar 2022)

124 US-Justizministerium: »Cryptocurrency«, Oktober 2020, S. 13 ff., https://www.justice.gov/archives/ag/page/file/ 1326061/download (zuletzt abgerufen am 23. Januar 2022).

125 Drug Enforcement Administration: »National Drug Threat Assessment 2020«, März 2021, S. 93, https://www.dea.gov/ sites/default/files/2021-02/DIR-008-21 %202020%20

National%20Drug%20Threat%20Assessment_WEB.pdf (zuletzt abgerufen am 23.Januar 2022).

126 Hannah Murphy: »The rise of crypto laundries: how criminals cash out of bitcoin«, *Financial Times*, 28.Mai 2021, https://www.ft.com/content/4169ea4b-d6d7-4a2e-bc91-480550c2f539 (zuletzt abgerufen am 23.Januar 2022).

127 Matthew T. Page, Jodi Vittori: »Dubai's Role in Facilitating Corruption and Global Illicit Financial Flows«, Carnegie Endowment for International Peace, 7.Juli 2020, Summary S.1 ff., https://carnegieendowment.org/2020/07/07/dubai-s-role-in-facilitating-corruption-and-global-illicit-financial-flows-pub-82180 (zuletzt abgerufen am 23.Januar 2022).

128 Jörg Schmitt, Nils Wischmeyer: »Gangsters Paradise«, *SZ*, 3.Oktober 2021, https://projekte.sueddeutsche.de/artikel/politik/pandora-papers-dubai-ist-das-neue-panama-e846396/ (zuletzt abgerufen am 23.Januar 2022).

129 Gespräch mit BKA-Vizepräsidentin Martina Link, geführt von Markus Zydra beim Bundeskriminalamt in Wiesbaden im September 2021.

130 Amtsblatt der Europäischen Union: »RICHTLINIE (EU) 2018/843 DES EUROPÄISCHEN PARLAMENTS UND DES RATES, 30.Mai 2018, S.1, https://eur-lex.europa.eu/legal-content/DE/TXT/PDF/?uri=CELEX:32018L0843&from=EN (zuletzt abgerufen am 16.Januar 2022).

131 BBC: »Nigerian President Buhari not demanding Cameron apology«, 11.Mai 2016, https://www.bbc.com/news/world-africa-36265998 (zuletzt abgerufen am 16.Januar 2022).

132 Münchner Sicherheitskonferenz: »The Other Pandemic – Illicit Financial Flows and COVID-19«, Veranstaltungsbericht, 20.Oktober 2020, https://securityconference.org/news/meldung/muenchner-sicherheitskonferenz-veranstaltet-virtuellen-roundtable-zu-transnationaler-sicherheit/ (zuletzt abgerufen am 22.Januar 2022).

133 Europäisches Parlament: »Bericht über die Untersuchung von Geldwäsche, Steuervermeidung und Steuerhinterziehung«, 16.November 2017, S.42, https://www.europarl.europa.eu/doceo/document/A-8-2017-0357_DE.pdf (zuletzt abgerufen am 22.Januar 2022).

134 Ebenda

135 Kieron Monks: »Why the wealth of Africa does not make Africans wealthy«, CNN, 2.Januar 2018, https://edition.cnn.

com/2016/04/18/africa/looting-machine-tom-burgis-africa/index.html (zuletzt abgerufen am 16. Januar 2022).

136 Clarisse Juompan-Yakam, Francois Soudan: »Achille Mbembe: La mémoire des luttes anticoloniales réveille des questions dérangeantes«, *Jeune Afrique,* 29. August 2020, https://www.jeuneafrique.com/mag/1033801/culture/achille-mbembe-la-memoire-des-luttes-anticoloniales-reveille-des-questions-derangeantes/ (zuletzt abgerufen am 16. Januar 2022).

137 Brenda Medina: »How the world's richest defend their wealth, with help from a dedicated industry«, ICIJ, Interview mit Chuck Collins, 1. Juni 2021, https://www.icij.org/inside-icij/2021/06/how-the-worlds-richest-defend-their-wealth-with-help-from-a-dedicated-industry/ (zuletzt abgerufen am 23. Januar 2022).

138 Emma Agyemang: »From Panama to the Pandora Papers«, *Financial Times,* 6. Oktober 2021, https://www.ft.com/content/1fe7a5a1-7515-4226-8906-b9c1eaecc455 (zuletzt abgerufen am 16. Januar 2022).

139 Richard Messick: »FACTI Backgroundpaper. Beneficial Ownership«, The Global Anti-Corruption Blog, 14. Oktober 2020, https://globalanticorruptionblog.com/2020/10/14/facti-background-paper-beneficial-ownership/ (zuletzt abgerufen am 17. Januar 2022).

140 Zitiert in: Richard Messick: »FACTI Backgroundpaper. Beneficial Ownership«, The Global Anti-Corruption Blog, 14. Oktober 2020, https://globalanticorruptionblog.com/2020/10/14/facti-background-paper-beneficial-ownership/ (zuletzt abgerufen am 17. Januar 2022).

141 Richard Messick: »Three Measures to Put Corruption Enablers out of Business«, The Global Anti-Corruption Blog, 18. November 2020, https://globalanticorruptionblog.com/2020/11/18/time-to-crack-down-on-lawyers-accountants-and-other-corruption-enablers/ (zuletzt abgerufen am 17. Januar 2022).

142 Andy Verity: »EY drops appeal against $10,8 m whistleblower payment«, BBC, 29. März 2021, https://www.bbc.com/news/business-56564719 (zuletzt abgerufen am 23. Januar 2022).

143 Maureen Heydt: »Unaccountable. The Role of Accountancy Firms in International Financial Scandals«, Global Financial

Integrity, März 2020, https://gfintegrity.org/unaccountable-the-role-of-accountancy-firms-in-international-financial-scandals/ (zuletzt abgerufen am 17. Januar 2022).

144 Ben Judah: »The Enablers. How Western Professionals import Corruption and strengthen Authoritarism«, Hudson Institute, September 2018, https://www.hudson.org/research/14520-the-enablers-how-western-professionals-import-corruption-and-strengthen-authoritarianism (zuletzt abgerufen am 17. Januar 2022).

145 Sarah Chayes in einer Online-Diskussionsrunde des »The Fletcher School's Corruption, Justice and Legitimacy Program and Jonathan M. Tisch College of Civic Life«, 9. Dezember 2020.

146 Michael Hudson, Sasha Chavkin, Bart Mos, Stefan Candea, Fernando Rodrigues: »Big 4 Audit Firms Play Big Role in Offshore Murk«, 5. November 2014, https://www.icij.org/investigations/luxembourg-leaks/big-4-audit-firms-play-big-role-offshore-murk/ (zuletzt abgerufen am 23. Januar 2022).

147 Markus Zydra: »Die Macht des Geldes«, *Süddeutsche Zeitung*, 9. Dezember 2020. https://www.sueddeutsche.de/wirtschaft/finanzwende-lobby-lobbyismus-banken-1.5142155 (zuletzt abgerufen am 15. Januar 2022).

148 Hans Magnus Enzensberger (Hrsg.): OMGUS. Ermittlungen gegen die Deutsche Bank, Greno 1985, S. 282.

149 Ebenda, S. 11.

150 Nachrichtenagentur Reuters: »Razzia bei Deutscher Bank – Fünf Banker verhaftet«, Reuters, 12. Dezember 2012, https://www.reuters.com/article/deutschland-deutsche-bank-co2-betrug2-idDEBEE8BB04020121212 (zuletzt abgerufen am 6. Februar 2022).

151 »Millionenstrafe für Deutsche Bank wegen Geschäften mit Sexualverbrecher Epstein«, Deutsche Welle, 7. Juli 2020, https://www.dw.com/de/millionenstrafe-f%C3%BCr-deutsche-bank-wegen-gesch%C3%A4ften-mit-sexualverbrecher-epstein/a-54081869 (zuletzt abgerufen am 7. Februar 2022).

152 Wolfgang Hetzer: »Ist die Deutsche Bank eine kriminelle Vereinigung?«, *Die Kriminalpolizei*, März 2014, https://www.kriminalpolizei.de/ausgaben/2014/maerz/detailansicht-maerz/artikel/ist-die-deutsche-bank-eine-kriminelle-vereinigung.html (zuletzt abgerufen am 22. Januar 2022).

153 Steve Kroft CBS 60 Minutes: Interview mit Howard Wilkinson, 16. Mai 2019, https://youtu.be/kKsB2AWHlKA (zuletzt abgerufen am 23. Januar 2022).

154 OECD-Bericht: »Implementing The OECD Anti-Bribery Convention PHASE 4 TWO-YEAR FOLLOW-UP REPORT: Switzerland«, 9. November 2020, https://eur01.safelinks.protection. outlook.com/?url=https%3 A%2F%2Fwww.oecd.org%2 Fcorruption%2Fanti-bribery%2FSwitzerland-phase-4- follow-up-report-ENG.pdf&data=04 %7C01%7Cmarkus. zydra%40sz.de%7C5a617367bc544f0c3b3a08d9e4c07cd7%7 C39714495964a40c0b501a86dc79a9ddf%7C0%7C0%7C6377 92338401058654%7CUnknown%7CTWFpbGZsb3d8eyJWIjoi MC4wLjAwMDAiLCJQIjoiV2luMzIiLCJBTiI6Ik1haWwiLCJXV CI6Mn0%3D%7C3000&sdata=020iVzKFKR4J%2FRhTCF CHV%2Bz4uc1rTySjsEKZXr9vAYU%3D&reserved=0 (zuletzt abgerufen am 31. Januar 2022).

155 »FinCEN Files: HSBC moved Ponzi scheme millions despite-warning«, BBC, 20. September 2020, https://www.bbc.com/ news/uk-54225572 (zuletzt abgerufen am 7. Februar 2022).

156 Evelyn Richards: »Boss of Bosses«, *The Sun*, 28. Juli 2020, https://www.thesun.co.uk/news/12243548/who-semion-mogilevich-most-wanted-netflix/ (zuletzt abgerufen am 15. Januar 2022).

157 European Supervisory Authorities: »Joint Opinion of the European Supervisory Authorities on the risks of money laundering and terrorist financing affecting the European Union's financial sector«, 4. Oktober 2019, https://www.eba. europa.eu/sites/default/documents/files/documents/ 10180/2622242/1605240c-57b0-49e1-bccf-60916e28b633/ Joint%20Opinion%20on%20the%20risks%20on%20ML%20 and%20TF%20affecting%20the%20EU%27s%20financial %20sector.pdf?retry=1 (zuletzt abgerufen am 23. Januar 2022).

158 Jaclyn Jaeger: »Fines against financial institutions hit $10,4B in 2020«, *Compliance Week*, 22. Dezember 2020, https://www.complianceweek.com/surveys-and-bench marking/report-fines-against-financial-institutions-hit-104b-in-2020/29869.article (zuletzt abgerufen am 23. Januar 2022).

159 Anthea Lawson auf Twitter: »The financial sector is a criminogenic environment«, 22. September 2020, https://

twitter.com/anthlawson1/status/1308335395864748032
(zuletzt abgerufen am 10. Februar 2022).

160 Peter Stone: »How America Became the Money Laundering
Capital of the World«, *New Republic,* 7. Mai 2021, https://
newrepublic.com/article/162321/america-money-laundering-
capital-fincen (zuletzt abgerufen am 23. Januar 2022).

161 Craig Nelson et al.: »Machine Learning. Uniting Banks
against Money Laundering«, International Center for
Defence and Security, Estonia, Juli 2021, https://icds.ee/wp-
content/uploads/2021/07/ICDS-Brief_Machine-Learning-
Uniting-Banks-Against-Money-Laundering_Stanford-Policy-
Change-Studio_July-2021.pdf (zuletzt abgerufen am
17. Januar 2022).

162 Jon Rees, Sanne Wass: »GDPR clash leaves Europol banned
from hosting financial crime computer network«, S&P
Global Market Intelligence, 20. Februar 2020, https://www.
spglobal.com/marketintelligence/en/news-insights/latest-
news-headlines/gdpr-clash-leaves-europol-banned-from-
hosting-financial-crime-computer-network-57121862
(zuletzt abgerufen am 17. Januar 2022).

163 EU-Kommission: »REPORT FROM THE COMMISSION TO
THE EUROPEAN PARLIAMENT AND THE COUNCIL assessing
the framework for cooperation between Financial Intelligence Units«, 24. Juli 2019, https://ec.europa.eu/info/sites/
default/files/report_assessing_the_framework_for_
financial_intelligence_units_fius_cooperation_with_
third_countries_and_obstacles_and_opportunities_to_
enhance_cooperation_between_financial_intelligence_
units_with.pdf (zuletzt abgerufen am 17. Januar 2022).

164 Andres Knobel: »Data on bank transfers«, Tax Justice Network, 10. Juli 2019, https://taxjustice.net/reports/data-on-
bank-transfers-complementing-automatic-exchange-of-
information-and-detecting-illicit-financial-flows-in-real-
time/ (zuletzt abgerufen am 17. Januar 2022).

165 Bundesrechnungshof: »Bericht über die Bekämpfung der
Geldwäsche und Terrorismusfinanzierung durch die
Financial Intelligence Unit (FIU)«, 11. September 2020.

166 Arne Meyer-Fünffinger, Josef Streule: »Wirecard-Skandal:
Verdachtsmeldung auf dem Silbertablett«, BR24,
5. Juni 2021, https://www.br.de/nachrichten/deutschland-
welt/wirecard-skandal-verdachtsmeldung-auf-dem-

silbertablett,SZNmpOF (zuletzt abgerufen am 23. Januar 2022).

167 Arne Meyer-Fünffinger, Josef Streule: »Wirecard und die ›Mastercard‹ der Commerzbank«, Tagesschau, 9. Juni 2021, https://www.tagesschau.de/inland/wirecard-untersuchungs ausschuss-commerzbank-101.html (zuletzt abgerufen am 23. Januar 2022).

168 Miles Johnson, Dan McCrum: »Wirecard processed payments für mafia-linked casino«, *Financial Times,* 3. August 2020, https://www.ft.com/content/b3eb9a37-ed8a-4218-9064-685b181740f0 (zuletzt abgerufen am 23. Januar 2022).

169 Bayrischer Landtag, Auszug aus Drucksache 18/10867 »Anfragen Dr. Martin Runge zum Plenum zur Plenarsitzung am 21. 10. 2020, Antwort der Staatsregierung«, 19. Oktober 2020, https://www1.bayern.landtag.de/www/ElanTextAblage_ WP18/Drucksachen/Basisdrucksachen/0000007000/ 0000007100_024.pdf (zuletzt abgerufen am 21. Januar 2022).

170 Bundestag Finanzausschuss, 65. Sitzung, 19. Oktober 2011, S. 32, https://www.bundesgerichtshof.de/SharedDocs/ Downloads/DE/Bibliothek/Gesetzesmaterialien/17_wp/ Geldwaeschepraev/wortproto.pdf?__blob=publication File&v=1 (zuletzt abgerufen am 23. Januar 2022).

171 Olaf Storbeck: »Wirecard fraud ›started more than a decade ago‹«, *Financial Times,* 23. März 2021, https://www. ft.com/content/650d7108-dca8-4299-95ad-e68476bc3020 (zuletzt abgerufen am 23. Januar 2022).

172 Dick Crijns: »Wirecard viewed from a money laundering perspective«, Anti Money Laundering Centre NL, 3. August 2020, https://www.amlc.eu/wirecard-viewed-from-a-money-laundering-perspective/ (zuletzt abgerufen am 17. Januar 2022).

173 Deutscher Bundestag: Wirecard-Untersuchungsausschuss. Vorläufiges Stenografisches Protokoll 19/19, 28. Januar 2021.

174 Bundesrat Drucksache 459/1/12, Seite 6, 11. September 2012, https://dserver.bundestag.de/brd/2012/0459-1-12.pdf (zuletzt abgerufen am 23. Januar 2022).

175 »Bericht des Bundesrechnungshofes für den Haushaltsausschuss des Deutschen Bundestages über die Bekämpfung der Geldwäsche und Terrorismusfinanzierung durch die

Financial Intelligence Unit (FIU). Defizite bei der Geld-wäschebekämpfung im Nicht-Finanzsektor«, Gz.: VIII 5 – 2018 – 1071/2 VS-NfD, 16. Dezember 2020.

176 BR Doku: »Der Fall Wirecard: Von Sehern, Blendern und Verblendeten«, 20. Dezember 2020, https://www.youtube.com/watch?v=JoFFBQdAtds (zuletzt abgerufen am 21. Januar 2022).

177 Dick Crijns: a.a.O. https://www.amlc.eu/wirecard-viewed-from-a-money-laundering-perspective/ (zuletzt abgerufen am 23. Januar 2022).

178 Robin Hofmann: »Sind die Niederlande ein Narco-Staat?«, *Der Kriminalist*, 12/21, S. 5 ff.

179 Simon Bowers: »Everybody is doing badly, anti-money-laundering csar warns«, 11. Mai 2020. https://www.icij.org/investigations/panama-papers/everyone-is-doing-badly-anti-money-laundering-czar-warns/ (zuletzt abgerufen am 15. Januar 2022).

180 Koos Couvée: »Ex-FATF Leader Breaks Silence on Resignation, Claims Group Does Not Spur ›Meaningful‹ AML Reform«, ACAMS, 19. Januar 2022 (zuletzt abgerufen am 27. Januar 2022).

181 G20 Italia: Abschlusserklärung, 9./10. Juli 2021, S. 7, https://www.g20.utoronto.ca/2021/Communique-Third-G20-FMCBG-meeting-9-10-July-2021.pdf (zuletzt abgerufen am 23. Januar 2022).

182 Interpol: »World Atlas Of Illicit Flows«, 2018, Seiten 8 ff., https://globalinitiative.net/wp-content/uploads/2018/09/Atlas-Illicit-Flows-FINAL-WEB-VERSION-copia-compressed.pdf (zuletzt abgerufen am 15. Januar 2022).

183 FATF-Report: »Money Laundering From Environmental Crime«, 2021, Seite 7 ff., https://www.fatf-gafi.org/media/fatf/documents/reports/Money-Laundering-from-Environmental-Crime.pdf (zuletzt abgerufen am 15. Januar 2022).

184 Timothy Garton Ash: »Neue Lösungen für neue Probleme: warum (und wie) sich der Liberalismus im 21. Jahrhundert neu erfinden muss«, *NZZ*, 19. Januar 2021, https://www.nzz.ch/feuilleton/timothy-garton-ash-so-gelingt-die-zukunft-des-liberalismus-ld.1596438 (zuletzt abgerufen am 3. Dezember 2021).

185 Martin Wolf: »The fading light of liberal democracy«, *Financial Times*, 22. Dezember 2020.

186 Sebastian Gierke: »Die liberale Demokratie zerfällt ge-
     rade«, *Süddeutsche Zeitung*, 15. Februar 2018.
187 Christian Schubert: »Von Italiens Finanzpolizei lernen«,
     FAZ, 4. Februar 2022, https://www.faz.net/aktuell/
     wirtschaft/von-italiens-finanzpolizei-lernen-17780315.
     html?premium (zuletzt abgerufen am 9. Februar 2022).
188 Mark Galeotti: »How the Kremlin uses Russia's Criminal
     Networks in Europe«, European Council on Foreign Rela-
     tions, April 2017, S. 1, https://ecfr.eu/wp-content/uploads/
     ECFR208_-_CRIMINTERM_-_HOW_RUSSIAN_ORGANISED_
     CRIME_OPERATES_IN_EUROPE02.pdf (zuletzt abgerufen
     am 23. Januar 2022).
189 US-Senat: Senate Hearing Offshore Tax Evasion: The Effort
     To Collect Unpaid Taxes On Billions In Hidden Offshore
     Accounts, 26. Februar 2014, https://www.hsgac.senate.gov/
     subcommittees/investigations/hearings/offshore-tax-
     evasion-the-effort-to-collect-unpaid-taxes-on-billions-in-
     hidden-offshore-accounts (zuletzt abgerufen am 2. März
     2022).

Stimmen zum Buch

»Dieses Buch ist ein brillanter und dringend notwendiger Weckruf dazu, wie Teile unserer Elite korruptem Geld den roten Teppich ausrollen und was wir dagegen tun müssen. Demokratische Aufklärung im besten Sinne. Pflichtlektüre für jeden, dem die Stärkung der Demokratie am Herzen liegt.«
Thorsten Benner,
Direktor des Global Public Policy Institute, Berlin

»Dieses Buch macht eins erschreckend deutlich: Der Gedanke, dass die Politik die Finanzkriminalität in den letzten Jahrzehnten gar nicht mit aller notwendigen und rechtsstaatlichen Macht und mit der dafür notwendigen Personal- und Sachmittelausstattung bekämpfen wollte, ist nicht unbegründet oder gar abwegig. Er drängt sich geradezu auf.«
Frank Buckenhofer,
langjähriger Zollfahnder und Vorsitzender der Gewerkschaft der Polizei (GdP) im Zoll

»Viele Jahre wurde man für den Hinweis, Deutschland würde von schmutzigem Geld unterwandert, müde belächelt. Jetzt rächt sich im Ukraine-Krieg bitter, dass Deutschland ein Shopping-Paradies für Oligarchen und Mafiosi wurde – insbesondere im Immobilienmarkt. Markus Zydra und Andreas Frank sind frühe Mahner. An ihrem Buch kommt daher niemand vorbei, der sich ernsthaft dem Thema Geldwäsche widmet.«
Fabio De Masi,
früherer Bundestagsabgeordneter der Linkspartei und Obmann im Wirecard-Untersuchungsausschuss

»Dieses Buch bietet eine hervorragende Einführung in die bislang unerzählte Geschichte Deutschlands als eines wichtigen ›Zielhafens‹ für schmutziges Geld. Die Autoren machen deutlich, dass dies nur durch Nachlässigkeit oder sogar aktive Komplizenschaft hochrangiger Regierungsvertreter sowie vieler weltweit führender Finanzinstitute, Anwaltskanzleien, Wirtschaftsprüfungsgesellschaften und Lobbyisten möglich war. Das Buch kommt genau zum richtigen Zeitpunkt.«

James S. Henry,
Tax Justice Network.

»Korruption ist Gift für jede demokratische Gesellschaft. Dieses Buch zeigt auf, wie wir auf mafiöse Praktiken reagieren sollten.«

Wolfgang Ischinger,
früherer Diplomat und Chef der Münchner Sicherheitskonferenz

»Messerscharf sezieren Markus Zydra und Andreas Frank die perfiden Strategien, mit denen kriminelle Banden ihr schmutziges Geld erst waschen und dann vor dem Zugriff von Steuer- und Kriminalbeamten verstecken. Spannend wie ein Kriminalroman, führt dieses Buch schonungslos die verstörende Realität vor Augen: Während sich die Finanzkriminalität hierzulande immer weiter ausbreitet, schaut die Politik seit Jahrzehnten tatenlos zu. Eine klare Leseempfehlung nicht nur für Experten, denn Geldwäsche geht uns alle etwas an.«

Sebastian Mack,
Experte für Finanzkriminalität am Jacques Delors Centre

»Andreas Frank und Markus Zydras Buch ist ebenso erschreckend wie ermutigend. Erschreckend, weil sie aufzeigen, wie westliche Demokratien es zulassen, die Feinde von Demokratie, Rechtsstaat und Freiheitlichkeit mit der schärfsten Waffe auszustatten – einem nahezu ungebremsten Zustrom von Geld. Es ist aber auch ermutigend, denn wir haben die Mittel, die von Kriminellen gespeisten Geldströme zu stoppen. Wir müssen sie nur einsetzen.«

Carel Carlowitz Mohn,
stellvertretender Vorsitzender von Transparency International Deutschland e. V.

»Eine großartige Darstellung, wie Geld aus Verbrechen und Steuerhinterziehung unsere Demokratien untergräbt und die Macht von korrupten Regimen und gefährlichen kriminellen Organisationen stärkt. Deutschland war viel zu lange ein Geldwäscheparadies: Die Politik hat viel zu lange passiv zugesehen, wie Verbrecher ungestört die Früchte ihrer kriminellen Aktivitäten genießen konnten. Die Autoren präsentieren ehrgeizige und dennoch realistische Maßnahmen, um organisierten Verbrechern effektiv einen Strich durch die Rechnung zu machen, die es wert sind, debattiert zu werden.«
Lisa Paus,
Bundesfamilienministerin, davor viele Jahre Sprecherin für Finanzpolitik der Bundestagsfraktion Bündnis 90/Die Grünen.

»Die Autoren zeigen, wie sich Regierungen durch ihre Nachlässigkeit bei der Bekämpfung der grenzüberschreitenden Finanzkriminalität mitschuldig gemacht haben. Wir müssen diese Netzwerke offenlegen, denn sie finanzieren Gruppen, die danach trachten, unsere Freiheit zu zerstören.«
Robert Pittenger,
Vorsitzender des Parliamentary Intelligence Security Forum und ehemaliges Mitglied im US-Kongress.

»Den Autoren ist es gelungen, in einer leicht lesbaren Form viele aussagekräftige Informationen und Anekdoten zur Geldwäsche zusammenzustellen sowie wesentliche Parameter zu erläutern, aus denen sich die Gefahren für die Finanzwirtschaft und für die Gesellschaften ergeben, die aus dieser Kriminalitätsform resultieren. Es ist kaum nachvollziehbar, wie fahrlässig auch der deutsche Staat mit diesem eminent wichtigen Thema umgeht und die Strafverfolgung weit unter ihre operativen Möglichkeiten verharren lässt. Offensichtlich ist der Einfluss der Lobbyisten auf die Legislative so groß, eine effektivere Strafverfolgung zu unterbinden – trotz mannigfaltiger internationaler Warnungen und Mahnungen.«
Max-Peter Ratzel,
ehemaliger Direktor der europäischen Polizeibehörde Europol

»Wer noch immer glaubt, Deutschland bliebe von Finanzkriminalität, Geldwäsche und Korruption verschont, sollte dieses Buch lesen. Es verdeutlicht, gut recherchiert und geschrieben, die Gefahr für unsere Sicherheit und Freiheit dadurch. Und zeigt, dass es gar nicht so schwer wäre, etwas zu ändern.«
Gerhard Schick,
Vorstand Bürgerbewegung Finanzwende

Register